EDICIÓN PARA ESCUELA PRIMARIA

Fusión en la fe

Conocer, amar y servir a Cristo en la Iglesia Católica

Gloria Shahin

Prólogo del

Rvdo. Alfred McBride, O.Praem.

The Subcommittee on the Catechism, United States Conference of Catholic Bishops, has found the doctrinal content of this series © 2016, to be in conformity with the Catechism of the Catholic Church.

El Subcomité para el Catecismo de la Conferencia de Obispos Católicos de los Estados Unidos consideró que este texto catequético, copyright 2016, está en conformidad con el Catecismo de la Iglesia Católica.

Our Sunday Visitor

osv.com

faithfusion.com

Our Sunday Visitor Publishing Division
Our Sunday Visitor, Inc.
Huntington, Indiana 46750

Créditos
Revisores y asesores: Heidi Busse; Margaret DeMatteo; Rvdo. Alfred McBride, O.Praem.; Rita Burns-Senseman
Editor Ejecutivo: David Dziena
Diseño de la cubierta, del interior y documentación de fotografías: Lindsey Riesen
Imagen de la cubierta: El diseño artístico es de Jen Norton. Encuentre más información acerca de esta artista y adquiera reproducciones de sus obras en www.JenNortonArtStudio.com

Níhil Óbstat
Mons. Michael Heintz, Ph.D.
Censor Librorum

Imprimátur
✠ Kevin C. Rhoades
Obispo de Fort Wayne-South Bend

El *níhil óbstat* y el *imprimátur* son declaraciones oficiales de que el libro o folleto no contiene ningún error doctrinal ni moral. Dichas declaraciones no implican que quienes han otorgado el *níhil óbstat* o el *imprimátur* estén de acuerdo con el contenido, las opiniones o los enunciados expresados.

Contact:
Our Sunday Visitor Publishing Division
Our Sunday Visitor, Inc.
200 Noll Plaza
Huntington, Indiana 46750
1-800-348-2440
bookpermissions@osv.com

Acknowledgments
Scripture selections taken from the *New American Bible, Revised Edition* © 2010, 1991, 1986, 1970 by the Confraternity of Christian Doctrine, Washington, D.C., and are used by license of the copyright owner. All rights reserved. No part of the *New American Bible* may be reproduced in any form without permission in writing from the copyright owner. Scripture selections in Spanish taken from *La Biblia Latinoamérica, Letra Grande,* © 1972 by Bernardo Hurault and © 1988 by Sociedad Bíblica Católica Internacional (SOBICAIN), Madrid, Spain, and are used by license of the copyright owner. All rights reserved. No part of *La Biblia Latinoamérica* may be reproduced in any form without permission in writing from the copyright owner.

Excerpts from the English translation of the *Catechism of the Catholic Church* for use in the United States of America copyright © 1994, United States Catholic Conference, Inc.—Libreria Editrice Vaticana. English translation of the *Catechism of the Catholic Church:* Modifications from the Editio Typica copyright © 1997, United States Catholic Conference, Inc.—Libreria Editrice Vaticana. Used by permission. All rights reserved. Excerpts from the Spanish translation of the *Catecismo de la Iglesia Católica: Modificaciones basadas en la Editio Typica,* second edition, © 1997, is published for the United States by the United States Catholic Conference, Inc., official agents of Libreria Editrice Vaticana in the United States. Used by permission. All rights reserved.

Excerpts from the English translation of *Rite of Baptism for Children* © 1969, International Commission on English in the Liturgy Corporation (ICEL); excerpts from the English translation of *Rite of Penance* © 1974, ICEL; excerpts from the English translation of *The Roman Missal* © 2010, ICEL. All rights reserved. Excerpts from the Spanish translation of *Ritual del Bautismo de los niños*, 4th edition, © 1975, 2005, Obra Nacional de la Buena Prensa (ONBP), A.C. México, D.F.; excerpts from the Spanish translation of *Ritual de la Penitencia,* 3rd edition, © 1975, 2003, ONBP; excerpts from the Spanish translation of *Misal Romano,* 14th edition, © 1975, 2005, ONBP. All rights reserved.

Printed in 2019
ISBN: 978-1-61278-816-6
Inventory No. X1622

Image Credits: 4, 8 The Crosiers **5, 9** The Crosiers, see pg **170-171** credit **6, 10, 7, 11, 14, 15** Thinkstock **16, 17, 18, 19, 20, 21** Shutterstock **24, 25** Thinkstock **26, 27** Our Sunday Visitor **30, 31** CNS **34, 35** The Crosiers, Shutterstock **36, 37** Shutterstock, Thinkstock **40, 41** Shutterstock **42, 43** Our Sunday Visitor **44, 45** Thinkstock **46, 47** The Crosiers **50, 51** Our Sunday Visitor, Shutterstock **52, 53** Shutterstock **56, 57** Standard Publishing/Licensed from GoodSalt.com **58, 59** DeAgnostini Picture Library/Bridgeman Images **60, 61** Our Sunday Visitor, Thinkstock **62, 63** Our Sunday Visitor **66, 67** Shutterstock, W.P. Wittman, Ltd. **68, 69, 72, 73, 74, 75** Shutterstock **76, 77, 78, 79,** Thinkstock **80, 81** Our Sunday Vistior **82, 83** The Crosiers, Shutterstock **84, 85, 88, 89** Shutterstock **90, 91** Our Sunday Visitor **94, 95** Shutterstock **96, 97** Sam Lucero **98, 99** The Crosiers, CNS **100, 101** Our Sunday Visitor, Shutterstock **104, 105** Shutterstock **106, 107** Private Collection/Bridgeman Images **108, 109, 110, 111** Shutterstock **114, 115** Artwork of Saint Dominic Savio is by Jen Norton. Find more information about this artist and purchase art prints at www.JenNortonArtStudio.com, The Crosiers **116, 117** Thinkstock **120, 121** Shutterstock **122, 123** Jim West/Alamy **126, 127, 128, 129** Shutterstock **130, 131** Artwork of Saint Dismas is by Jen Norton. Find more information about this artist and purchase art prints at www.JenNortonArtStudio.com **132, 133, 136, 137** Shutterstock **140, 141** Jim Olvera **142, 143** Shane Johnson **144, 145** Sam Lucero **146, 147** The Crosiers **148, 149** W.P. Wittman, Ltd. **150, 151** Our Sunday Vistior **154, 155** Artwork of Saint Clare of Assisi is by Jen Norton. Find more information about this artist and purchase art prints at www. JenNortonArtStudio.com, EyePics **156, 157** Shutterstock **160, 161** Jim Olvera **162, 163** Standard Publishing/Licensed from GoodSalt.com **164, 165** Shutterstock **166, 167** W.P. Wittman, Ltd. **168, 169** Shane Johnson **170, 171** Artwork of Saint John the Baptist is by Jen Norton. Find more information about this artist and purchase art prints at www.JenNortonArtStudio.com, Shutterstock **172, 173** Shutterstock **176, 177** Jim Olvera **178, 179** Dioceasan Museum, Wloclawek, PolandAlinari/Bridgeman Images **180, 181** Veer, Thinkstock **182, 183** W.P. Wittman, Ltd. **184, 185** Shutterstock **186, 187** Agnus Images, EyePics **188, 189** Our Sunday Visitor **192, 193** Sam Lucero **194, 195** Our Sunday Visitor, W.P. Wittman Ltd. **198, 199** W.P. Wittman Ltd. **200, 201** Shutterstock **202, 203** Artwork of Saint Joseph is by Jen Norton. Find more information about this artist and purchase art prints at www.JenNortonArtStudio.com, Shutterstock **204, 205** Shutterstock **212, 213** Thinkstock **214, 215** Shutterstock **216, 217** Thinkstock **218, 219** Providence Collection/Licensed from GoodSalt.com **220, 221** Shutterstock **222, 223** Private Collection The Stapleton Collection/Bridgeman Images **224, 225** Thinkstock, Shutterstock **226, 227** Our Sunday Visitor, Shutterstock **228, 229** Thinkstock, Shutterstock **232, 233** Shutterstock **234, 235** Our Sunday Visitor, The Crosiers **236, 237** Shutterstock **238, 239** Thinkstock **240, 241** Shutterstock **242, 243** Artwork of Saint Michael the Archangel is by Jen Norton. Find more information about this artist and purchase art prints at www.JenNortonArtStudio.com, W.P. Wittman Ltd. **244, 245, 248, 249** Thinkstock **250, 251** Our Sunday Vistior **254, 255, 256, 257** Shutterstock **258, 259** The Crosiers, Shutterstock **260, 261** Thinkstock **164, 265** Shutterstock **266, 267** Our Sunday Visitor, The Crosiers **268, 269** Thinkstock, W.P. Wittman Ltd. **272, 273** Shutterstock **274, 275** Our Sunday Visitor, Shutterstock **270, 271** Thinkstock **280, 281** Shutterstock **282, 283** Providence Collection/Licensed from GoodSalt.com **284, 285, 286, 287** Shutterstock **288, 289** Our Sunday Vistior, Veer **290, 291** Newscom, Shutterstock **292, 293** Veer **296, 297** Thinkstock **298, 299** Providence Collection/Licensed from GoodSalt.com **300, 301** Shutterstock **304, 305** Our Sunday Visitor **306, 307** The Crosiers, Shutterstock **308, 309** Thinkstock **312, 313, 316, 317, 318, 319, 320, 321** Shutterstock **322, 323** Providence Collection/Licensed from GoodSalt.com **326, 327** Thinkstock **328, 329** Standard Publishing/Licensed from GoodSalt.com **330, 331** Our Sunday Visitor, Shutterstock **332, 333** CNS **336, 337** The Crosiers **338, 339** Our Sunday Vistior, Providence Collection /Licensed from GoodSalt.com **340, 341** Thinkstock **342, 343** Jim Olvera **344, 345** Thinkstock **346, 347** Our Sunday Visitor, Shutterstock **348, 349** Jim Olvera **352, 353** Jim Olvera **354, 355** Shutterstock **356, 357** Thinkstock **358, 359** Keith Dannemiller/Alamy **362, 363** Shutterstock, Our Sunday Visitor **364, 365** Thinkstock **370, 371** Shutterstock **380, 381** Thinkstock **382, 383** Friedrich Stark/Almay, Thinkstock **384, 385** Providence Collection /Licensed from GoodSalt.com **388, 389** Shutterstock, Jim Olvera **390, 391** Jim Olvera **392, 393** Thinkstock **394, 395** The Crosiers **396, 397** The Annunciation/Henry Ossawa Tanner/Philadelphia Museum of Art **400, 401** Shutterstock **402, 403** The Crosiers **404, 405** Thinkstock **408, 409** ZUMA Press, Inc./Almay **414, 415** CNS **416, 417** DesignPics **420, 421** W.P. Wittman Ltd. **424, 425** The Crosiers **426, 427** Thinkstock **430, 431** Shutterstock **Poster: Side 1:** The Crosiers **Side 2:** The Crosiers, Shutterstock, Providence Collection/Licensed from GoodSalt.com, Providence Collection/Licensed from GoodSalt.com, Standard Publishing/Licensed from GoodSalt.com, Private Collection Ken Welsh/Bridgeman Images, Providence Collection/Licensed from GoodSalt.com, Musee Conde, Chantilly, France/Bridgeman Images, The Crosiers, W.P. Wittman, Ltd.

Webcrafters, Inc.; Madison, WI, United States of America; July 2019; Job Number: WC1904083

"Construyamos nuestra vida de fe sobre la roca, que es Cristo".

— Papa Francisco, en Twitter, 7 de marzo de 2015

"Let us build our lives of faith on the rock who is Christ."

— Pope Francis via Twitter March 7, 2015

Contenido

Unidad 2: La celebración del misterio cristiano

Unidad 3: La vida en Cristo

Unidad 4: La oración cristiana

Nuestros recursos católicos

El póster desplegable de dos carillas presenta:

- Una línea cronológica que incluye los eventos clave de la historia de la Salvación, desde la Creación hasta Pentecostés y la Iglesia Primitiva.
- Grandes personajes de la Biblia (Antiguo y Nuevo Testamento) incluyendo a Abrahán, Noé, María, Jesús y los Apóstoles. Busca la página 384.

Table of Contents

Unit 1: The Profession of Faith

Unit 2: The Celebration of the Christian Mystery

Unit 3: Life in Christ

Unit 4: Christian Prayer

A two-sided pullout poster features:

- A Bible timeline covering key events of Salvation History, from Creation to Pentecost and the Early Church.
- Great People of the Bible includes key Old Testament and New Testament people, including Abraham, Noah, Mary, Jesus, and the Apostles. See page 384.

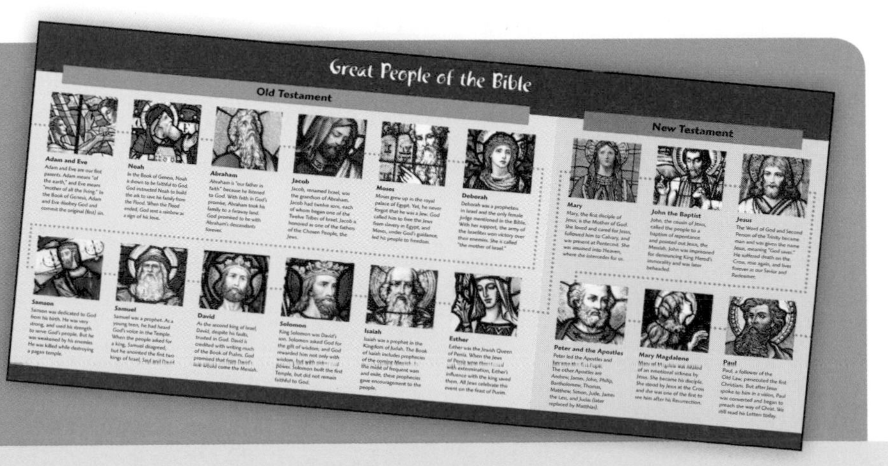

Prólogo

Al leer *Fusión en la fe* me decía a mí mismo "integración", una palabra muy usada en psicología que se encuentra realizada en este texto de fácil uso. Aplaudo a los autores por diseñar un tapiz según un verdadero estilo renacentista en lugar de un instrumento de enseñanza más limitado. No parecen haber omitido nada al buscar formas de hacer la enseñanza católica accesible y la relación con Cristo, posible.

Aquí encontrarán Sagrada Escritura, Sagrada Tradición, liturgia, oración, historia de la Iglesia, vidas de santos, costumbres y prácticas católicas presentadas de manera integrada.

Entretejidas en estos elementos hay formas recurrentes de aplicación a la vida real: ¿Qué significa para ti? ¿Cómo te ayuda a ser mejor católico? ¿Cómo te ayuda a desear lo mejor para ti y para los demás? Los lectores tendrán poca oportunidad de cuestionarse innecesariamente uno u otro aspecto de un tema de enseñanza.

Cada lección contiene la historia de un santo, una práctica que data en la catequesis desde los primeros días de la Iglesia. El poder de un testimonio personal inspira y motiva al oyente a actuar basándose en la enseñanza que se ilustra —y se usa efectivamente en este texto.

Todos se benefician de "ponerse al día" de vez en cuando. Esto es especialmente cierto cuando se está en transición, como sucede durante la preparación para los Sacramentos de la Eucaristía o Confirmación, la participación en el RICA y al iniciarse en la formación en la fe por primera vez (o al repetirla) en los grados más avanzados.

Claro, directo y desafiante, este texto goza de una admirable simplicidad. La sabiduría depurada siempre es admirable.

La autora sabiamente siguió la secuencia de los cuatro pilares del *Catecismo de la Iglesia Católica*: Credo, Liturgia, Vida en Cristo, Oración. Estos pilares llevan al niño a reflexionar acerca de la fe que se profesa, la fe que se celebra, la fe que se practica en la vida moral y la fe que se ora.

Este enfoque invita a los niños a oír la voz del Padre, a ver el rostro de Cristo y a vivir en la casa de la Iglesia con el Espíritu Santo. Además les da un mapa de vida para este mundo y la meta de la vida eterna para el más allá.

Rvdo. Alfred McBride, O.Praem

Foreword

In reading *Faith Fusion* I kept saying to myself, "Wholeness," a buzzword from psychology, but actually fulfilled in this user-friendly text. I commend the author for designing a tapestry in true renaissance style instead of a narrow teaching tool, seeming to have forgotten nothing in thinking of ways to make Catholic teaching accessible and a relationship with Christ credible.

Here you will find prayer, Sacred Scripture, Sacred Tradition, liturgy, saints' lives and Catholic customs and practices presented in an integrated manner.

Woven into these elements are recurrent forms of life applications: What does it mean to you? How does this make you a better Catholic? How does this help you to want the best for yourselves and others? Readers will have little chance to idly wonder over this or that aspect of a teaching.

Every lesson contains a story of a saint, a practice that dates in catechesis from the earliest days of the Church. The power of a personal witness story inspires and motivates the listener to act on the teaching that is illustrated—and is effectively used in this text.

Everyone profits from a "catch-up" from time to time. This is especially true when one is in transition, such as during preparation for the Sacraments of Eucharist or Confirmation, participation in RCIA, and when entering faith formation for the first time (or re-entering) in later grades.

Clear, direct, and challenging, this text owns a simplicity that is admirable. Distilled wisdom always is.

The author wisely followed the sequence of the four pillars of the *Catechism of the Catholic Church:* Creed, Liturgy, Life in Christ, Prayer. These pillars lead the learner to ponder the faith believed, the faith celebrated, the faith in moral practice, and the faith prayed.

This approach invites children to hear the voice of the Father and see the face of Christ and live in the house of the Church with the Holy Spirit. It gives them a map of life for this earth and the goal of eternal life hereafter.

Rev. Alfred McBride, O.Praem

Oración por el discipulado

Dios amoroso,
te doy las gracias por haberme elegido
para ser tu discípulo
y por el don de tu Hijo, Jesús.
Ayúdame a proclamar y a dar testimonio
del Evangelio
en palabra y obra
hoy y todos los días.
Abre mi corazón a los marginados,
a los olvidados, a los solitarios,
a los enfermos y a los pobres.
Concédeme el valor para pensar,
decidir y vivir como cristiano,
obedeciendo con gozo a Dios.
Amén.

*Adaptado de la Homilía del
Santo Padre Francisco,
Basílica de San Pablo
Extramuros, III Domingo
de Pascua, 14 de abril de 2013*

Prayer of Discipleship

Loving God,
I thank you for choosing me
to be your disciple
and for the gift of your Son, Jesus.
Help me proclaim and bear witness
to the Gospel
by word and by deed
today and every day.
Open my heart to the outcast,
the forgotten, the lonely,
the sick, and the poor.
Grant me the courage to think,
choose, and live as a Christian,
joyfully obedient to God.
Amen.

Adapted from the Homily of Pope Francis, Basilica of Saint Paul Outside-the-Walls, Third Sunday of Easter, April 14, 2013

SER CATÓLICOS

Dios nos ama y nos llama por nuestro nombre

Dios es nuestro Padre celestial. Él nos creó por amor. Aun antes de que naciéramos, Dios nos amaba y quería que fuéramos suyos. Somos muy especiales para Dios. Él nos ama sin condiciones. Y Él nos amará para siempre sin importar nada más. En la Biblia leemos:

> Yavé me llamó desde el vientre de mi madre,
> conoció mi nombre desde antes que naciera.
> —Isaiah 49, 1

Estas palabras del Libro de Isaías nos dicen que Dios nos conocía y nos amaba desde antes de nacer. Ellas nos dicen que Dios nos creó para sí mismo, para vivir en felicidad con Él.

¿Qué es amor?

Amor significa ______________________________

____

Estas son maneras en las que muestro mi amor por….

mi familia ______________________________

mis amigos ______________________________

la creación de Dios: ______________________________

Estas son maneras en las que Dios muestra su amor "sin condiciones" por mí:

____

____

____

BEING CATHOLIC

God Loves Us and Calls Us by Name

God is our heavenly Father. He created us out of love. Even before we were born, God loved us and wanted us to belong to him. We are very special to God. He loves us with no strings attached. And he will love us forever no matter what. In the Bible we read:

> Before birth the LORD called me,
> from my mother's womb he gave me my name.
> —Isaiah 49:1

These words from the Book of Isaiah tell us that God knew us and loved us before we were born. They tell us that God created us for himself, to live in happiness with him.

What Is Love?

Love means ______________________________

____

These are ways I show love for …

my family: ______________________________

my friends: ______________________________

God's creation: ______________________________

These are ways God shows love "with no strings attached" for me:

____

____

____

Dios me dio una identidad especial

Dios nos creó a cada uno de nosotros con una identidad única. Cada uno de nosotros tiene un lugar especial en el plan de Dios para el mundo. Tú tienes un lugar especial en tu familia, entre tus amigos, y en cada grupo al que perteneces. Tu identidad comienza con tu nombre. Pero es mucho más que eso. Son también todas las cualidades y talentos especiales que te hacen ser *tú*.

A través de los dones y talentos especiales que Dios te dio, puedes compartir relaciones especiales con otras personas. A través de tus palabras puedes mostrar amor y bondad por los demás, y ayudarlos de muchas maneras. A través de tus acciones puedes darle alegría a otras personas. También puedes usar tus dones y talentos para acercarte más a Dios. Puedes hablar con Dios en la oración, puedes alabarlo con canciones, puedes glorificarlo a través del arte. También puedes acercarte a Dios cuando haces cosas buenas por los demás.

¿Quién soy yo?

Completa estas oraciones para decir algunas cosas acerca de ti mismo y luego, dibújate en el espejo.

Mi nombre es ______________________________

Mi nombre significa ______________________________

Me dieron este nombre porque ______________________

____

Mis talentos especiales son ____________________________

____

Mi manera favorita de usar estos talentos es ____________________________________

____

____

God Gave Me a Special Identity

God created each of us with a unique identity. Each of us has a special place in God's plan for the world. You have a special place in your family, among your friends, and in every group you belong to. Your identity begins with your name. But it is so much more than that. It is also all the special qualities and talents that make you *you*.

Through the special gifts and talents God gave you, you can share special relationships with other people. Through your words you can show love and kindness to others, and help others in many ways. Through your actions you can bring joy to other people. You can also use your gifts and talents to grow closer to God. You can talk to God in prayer, you can praise him in song, you can glorify him through art. You can also grow closer to God when you do good things for others.

Who Am I?

Complete these sentences to tell some things about yourself, then in the mirror, draw a picture of yourself.

My name is ______________________________

My name means ______________________________

I was given this name because ______________________________

____

My special talents are ______________________________

____

My favorite way to put these talents to use is ______________________________

____

____

La Profesión de la Fe

... el Dios único y verdadero, nuestro Creador y Señor, puede ser conocido con certeza por sus obras, gracias a la luz natural de la razón humana. (*CIC*, 47)

Unit 1: Believing

The Profession of Faith

The one true God, our Creator and Lord, can be known with certainty from his works, by the natural light of human reason. (*CCC*, 47)

El Credo de Nicea

Creo en un solo Dios,
Padre Todopoderoso,
Creador del cielo y de la tierra,
de todo lo visible y lo invisible.
Creo en un solo Señor, Jesucristo,
Hijo único de Dios,
nacido del Padre antes de todos los siglos:
Dios de Dios, Luz de Luz,
Dios verdadero de Dios verdadero,
engendrado, no creado,
de la misma naturaleza del Padre,
por quien todo fue hecho;
que por nosotros, los hombres,
y por nuestra salvación bajó del cielo,
y por obra del Espíritu Santo
se encarnó de María, la Virgen,
y se hizo hombre;
y por nuestra causa fue crucificado
en tiempos de Poncio Pilato;
padeció y fue sepultado,
y resucitó al tercer día,
según las Escrituras,
y subió al cielo, y está
sentado a la derecha del Padre;
y de nuevo vendrá con gloria
para juzgar a vivos y muertos,
y su reino no tendrá fin.
Creo en el Espíritu Santo,
Señor y dador de vida,
que procede del Padre y del Hijo,
que con el Padre y el Hijo
recibe una misma adoración y gloria,
y que habló por los profetas.
Creo en la Iglesia,
que es una, santa, católica y apostólica.
Confieso que hay un solo bautismo
para el perdón de los pecados.
Espero la resurrección de los muertos
y la vida del mundo futuro.
Amén.

The Nicene Creed

I believe in one God,
the Father almighty,
maker of heaven and earth,
of all things visible and invisible.
I believe in one Lord Jesus Christ,
the Only Begotten Son of God,
born of the Father before all ages.
God from God, Light from Light,
true God from true God,
begotten, not made,
consubstantial with the Father;
through him all things were made.
For us men and for our salvation
he came down from heaven,
and by the Holy Spirit was incarnate
of the Virgin Mary,
and became man.
For our sake he was crucified
under Pontius Pilate,
he suffered death and was buried,
and rose again on the third day
in accordance with the Scriptures.
He ascended into heaven
and is seated at the right hand of the Father.
He will come again in glory
to judge the living and the dead
and his kingdom will have no end.
I believe in the Holy Spirit, the Lord,
the giver of life,
who proceeds from the Father and the Son,
who with the Father and the Son
is adored and glorified,
who has spoken through the prophets.
I believe in one, holy,
catholic and apostolic Church.
I confess one baptism for the forgiveness of sins
and I look forward to
the resurrection of the dead
and the life of the world to come.
Amen.

Dios nos llama a conocerlo y a amarlo

Oremos

Orar con un Salmo

Tu palabra, Señor, es para siempre,
inmutable en los cielos.
De generación en generación tu verdad;
igual que la tierra que tú fundaste…
Para mis pasos tu palabra es una lámpara,
una luz en mi sendero.
Tus testimonios han sido siempre mi herencia,
son la alegría de mi corazón.

—Salmo 119:89–90, 105, 111

Mi fe católica

Podemos aprender acerca de Dios y cómo quiere que vivamos leyendo la Biblia.

¿Con qué frecuencia lees o escuchas la Palabra de Dios en la Biblia?

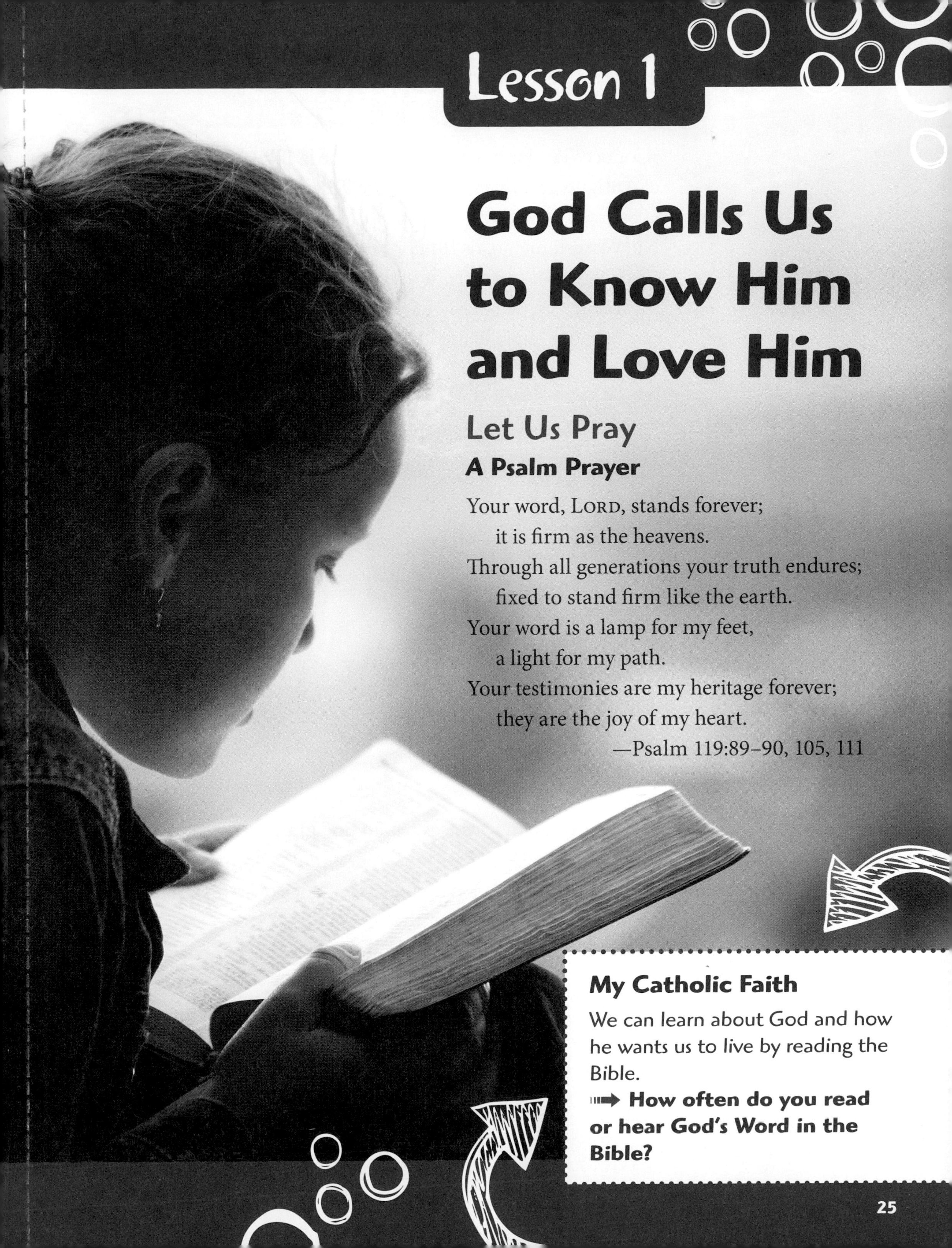

Lesson 1

God Calls Us to Know Him and Love Him

Let Us Pray

A Psalm Prayer

Your word, LORD, stands forever;
 it is firm as the heavens.
Through all generations your truth endures;
 fixed to stand firm like the earth.
Your word is a lamp for my feet,
 a light for my path.
Your testimonies are my heritage forever;
 they are the joy of my heart.

—Psalm 119:89–90, 105, 111

My Catholic Faith

We can learn about God and how he wants us to live by reading the Bible.

How often do you read or hear God's Word in the Bible?

Sagrada Escritura

¿Conoces las dos partes principales de la Biblia? Estas son el Antiguo Testamento y el Nuevo Testamento. El relato de la Sagrada Escritura que leerás a continuación proviene del Nuevo Testamento, de un libro llamado Carta a los Hebreos. Los hebreos eran una comunidad de cristianos primitivos. En este pasaje, escuchamos cuán importante es tener fe en Dios. Se nos dice que sin la **fe** no podemos conocer o amar a Dios.

Escrituras en la Misa

Escuchamos la Sagrada Escritura que se proclama en la Misa. Esta parte de la Misa se llama la Liturgia de la Palabra. En la Liturgia de la Palabra generalmente escuchamos tres lecturas de la Sagrada Escritura y rezamos un Salmo. El pasaje de la Sagrada Escritura de Hebreos que acabas de leer, corresponde a la Segunda Lectura.

La fe nos lleva a Dios

La fe es creer en lo que no podemos ver. A través de la fe creemos que Dios creó el universo. También creemos que lo que vemos en el universo se debe a la bondad de Dios.

Es imposible complacer a Dios sin fe. Si llamamos a Dios, debemos creer que existe. Debemos creer que Él recompensa a quienes quieren conocerlo.

Noé, Abrahán y Moisés tenían una gran fe en Dios. Gracias a la fe de ellos, Dios hizo cosas maravillosas por Israel.

Por tener fe en la palabra de Dios, Noé construyó un arca para la salvación de su familia.

Por su fe, Abrahán se fue a unas tierras extranjeras y él y Sara tuvieron muchos descendientes.

Por su fe, Moisés llevó a los israelitas a través del mar Rojo.

Estamos rodeados de muchos testigos. Librémonos del peso del pecado y mantengamos nuestros ojos fijos en Jesús, cuya fe era perfecta.

—Basado en Hebreos 11, 1–29, 12, 1–2

Sacred Scripture

Do you know the two main parts of the Bible? They are the Old Testament and the New Testament. The Scripture passage you are about to read comes from the New Testament, from a book called the Letter to the Hebrews. The Hebrews were a community of early Christians. In this passage, we hear how important it is to have **faith** in God. We are told that without faith we cannot know God or love him.

Scripture at Mass

We hear Sacred Scripture proclaimed at Mass. This part of Mass is called the Liturgy of the Word. In the Liturgy of the Word we usually hear three Scripture readings and pray one Psalm. The Scripture passage from Hebrews that you just read would be the Second Reading.

Faith Leads Us to God

Faith is believing in what we cannot see. Through faith we believe that God created the universe. We also believe that what we see in the universe is because of God's goodness.

It is impossible to please God without faith. If we call on God, we must believe that he exists. We must believe that he rewards those who want to know him.

Noah, Abraham, and Moses had great faith in God. Because of their faith, God did wonderful things for Israel.

By faith in God's word, Noah built an ark for the salvation of his household.

By faith, Abraham went to a strange land, and he and Sarah had many descendants.

By faith, Moses led the Israelites across the Red Sea.

We are surrounded by many witnesses. Let us rid ourselves of the burden of sin, and keep our eyes fixed on Jesus, whose faith was perfect.

—Based on Hebrews 11:1–29, 12:1–2

Vivir las Escrituras

En el pasaje de la Sagrada Escritura de la Carta a los Hebreos conocemos personas santas que vivieron hace mucho tiempo. Estas personas tenían una gran fe en Dios.

¿A quién conoces que tenga una gran fe en Dios? En el siguiente espacio, cuenta cómo es esta persona y cómo su ejemplo te ayuda a crecer en tu fe. Agrégale un dibujo a tu respuesta. El dibujo puede ser de la persona o de algo que represente a la persona.

Palabras para aprender

fe
don de Dios que nos ayuda a creer en Él y a obedecerlo

Living the Scripture

In the Scripture passage from the Letter to the Hebrews we get to know holy people who lived a long time ago. These people had great faith in God.

Who do you know who shows great faith in God? In the space below, tell about this person and how his or her example helps you grow in faith. Add a picture to your response. The picture can be of the person or something that represents the person.

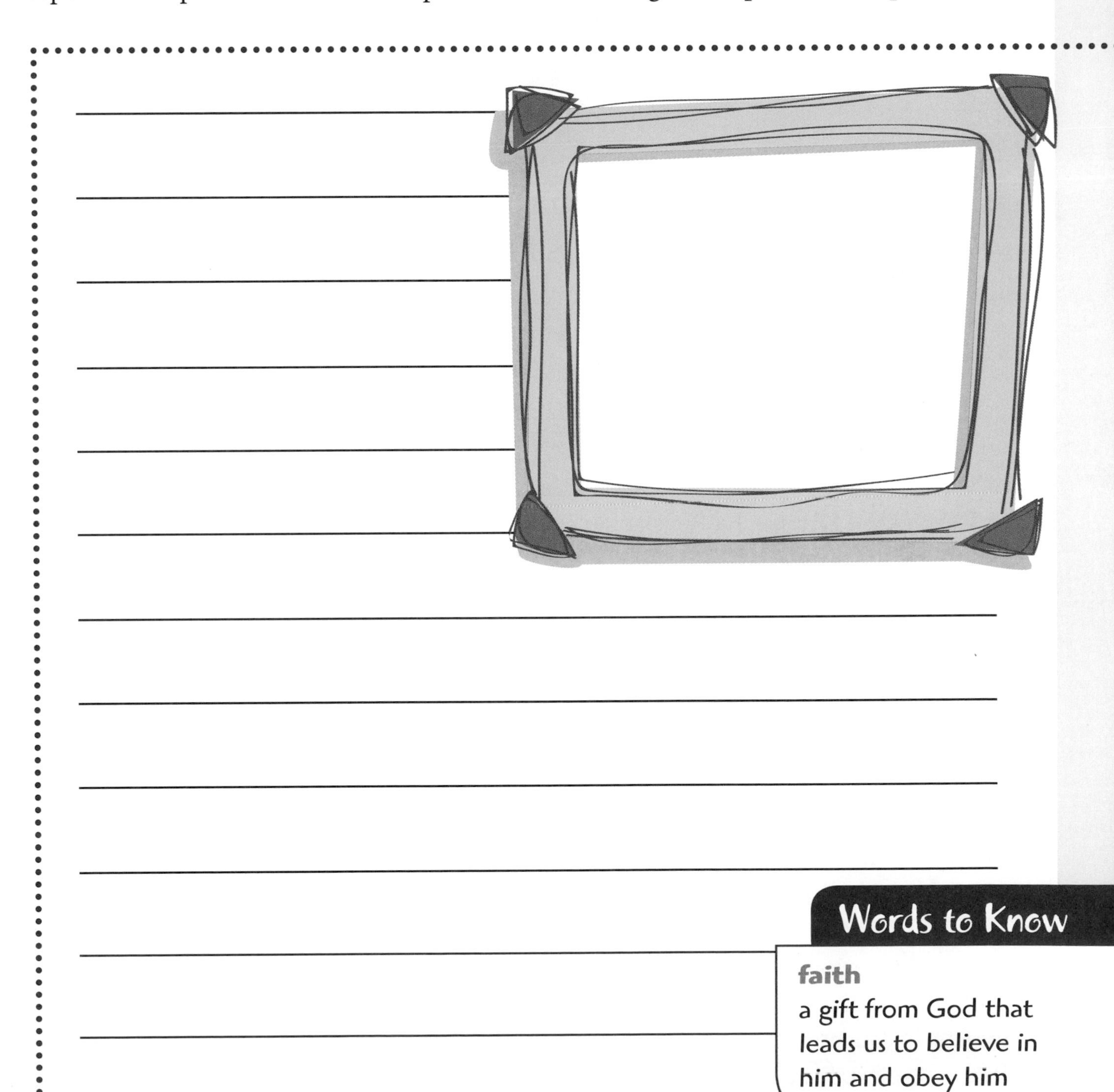

Words to Know

faith
a gift from God that leads us to believe in him and obey him

Nuestra Tradición Católica

La Biblia nos enseña acerca de Dios

Dios nos creó para vivir en felicidad con Él. Es parte de la naturaleza humana querer conocer a Dios y estar con Él. Dios siempre será un misterio que no podemos entender. Sin embargo, leer la **Sagrada Escritura** o la Biblia, nos ayudará a conocerlo y amarlo más. La Biblia es la Palabra de Dios escrita en palabras humanas.

La verdad que Dios dijo al mundo acerca de sí mismo se llama **Revelación Divina**. La Revelación se encuentra en la Sagrada Escritura y en la **Sagrada Tradición** de la Iglesia. La Tradición de la Iglesia incluye todo lo que Jesús enseñó y lo que los Apóstoles han transmitido. La Tradición está formada por las enseñanzas, la vida y el culto de la Iglesia. Con la guía del Espíritu Santo, la Iglesia nos ayuda a entender la Revelación Divina de Dios y lo que significa para nuestra vida. La Iglesia transmite este conocimiento a todas las personas en todos los tiempos y lugares.

Es importante para todas las personas entender lo que Dios nos dice. El **Magisterio**, el oficio de enseñar de la Iglesia, nos ayuda con este entendimiento. Con la ayuda del Espíritu Santo, el Magisterio nos ayuda a entender la Sagrada Escritura y la Sagrada Tradición. Al interpretar la Sagrada Escritura, el Magisterio está atento a los que Dios desea revelarnos para nuestra salvación. Escuchar la Palabra de Dios y seguir las enseñanzas de la Iglesia nos mantiene en el camino hacia Dios.

¿De quién son las palabras que están en la Biblia?

¿Quién nos ayuda a entender lo que Dios no dice en la Biblia?

¿Qué es el Magisterio?

Our Catholic Tradition

The Bible Teaches Us about God

God created us to live in happiness with him. It is part of human nature to want to know God and to be with him. God will always be a mystery we are not able to understand. However, reading **Sacred Scripture**, or the Bible, will help us get to know him and love him more. The Bible is God's Word written in human words.

The truth that God has told the world about himself is called **Divine Revelation**. Revelation is found in Sacred Scripture and in the **Sacred Tradition** of the Church. The Church's Tradition includes everything Jesus taught and that the Apostles passed on. Tradition is made up of the Church's teachings, life, and worship. With the guidance of the Holy Spirit, the Church helps us understand God's Divine Revelation and what it means for our lives. The Church passes on this understanding to all people, in all times and places.

It is important for all people to understand what God tells us. The **Magisterium**, the teaching office of the Church, helps us with this understanding. With the help of the Holy Spirit, the Magisterium helps us understand Sacred Scripture and Sacred Tradition. In interpreting Scripture, the Magisterium is attentive to what God wants to reveal to us for our salvation. Listening to God's Word and following the Church's teaching keeps us on the path to God.

Whose words are in the Bible?

Who helps us understand what God tells us in the Bible?

What is the Magisterium?

Vive tu fe

Completa el crucigrama usando las siguientes pistas.

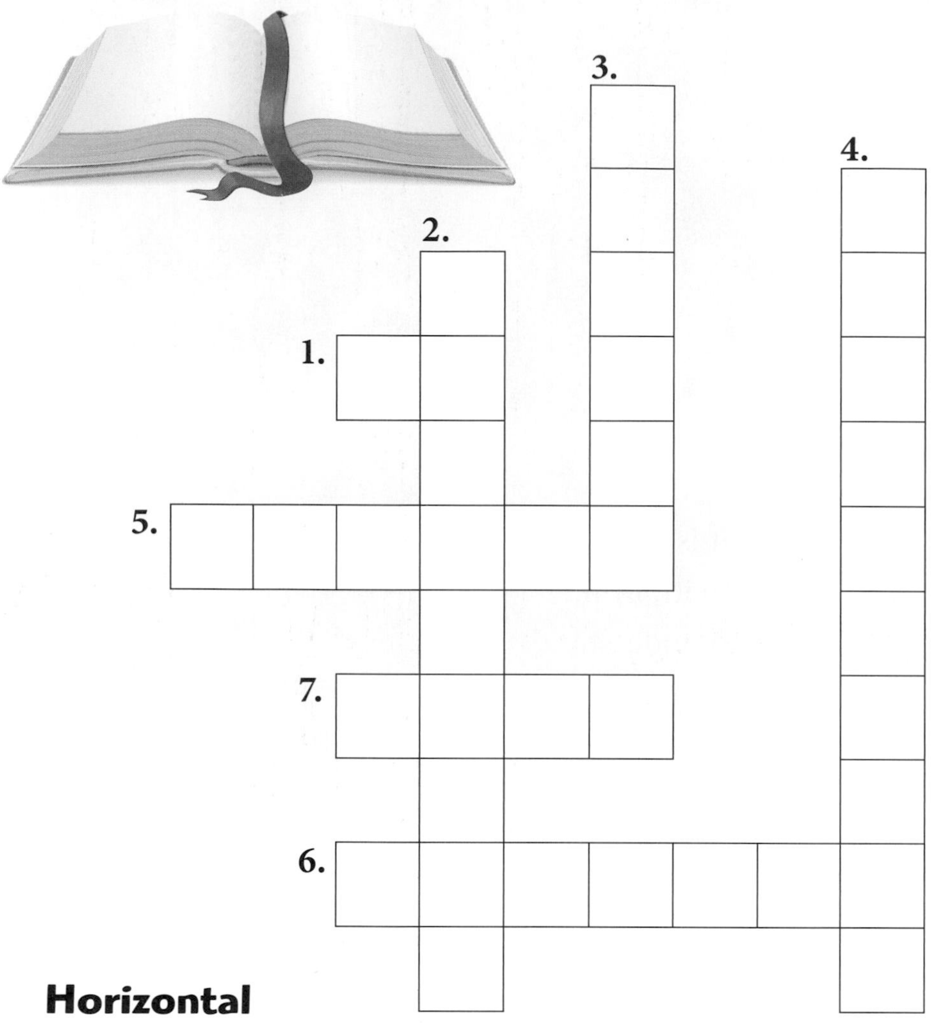

Horizontal

1. La _____ es un don de Dios que nos ayuda a creer en Él y a obedecerlo.
5. La verdad que Dios dijo al mundo acerca de sí mismo se llama Revelación _____.
6. La Biblia es la _____ de Dios escrita por manos humanas.
7. Nuestra fe en_____ nos lleva a dirigirnos a Él como nuestro Creador.

Vertical

2. Dios nos creó para vivir en _____ con Él.
3. La _____ es otro nombre para la Sagrada Escritura.
4. Escuchar la Palabra de Dios y seguir las _____ de la Iglesia nos mantiene en el camino hacia Dios.

DATOS DE FE

➡ El amor de Dios es tan grande que solo a través de la fe podemos responderle a su amor.

➡ Nuestra fe está fortalecida por el Espíritu Santo y alimentada por la Iglesia.

Palabras para aprender

Sagrada Escritura
otro nombre para la Biblia; la Sagrada Escritura es la Palabra de Dios escrita por los seres humanos

Revelación Divina
la manera en que Dios se nos da a conocer a sí mismo y a su plan para todas las personas

Sagrada Tradición
la Palabra de Dios transmitida a todos los fieles a través de los credos de la Iglesia, los Sacramentos y otras enseñanzas

Magisterio
oficio de enseñar de la Iglesia, compuesto por todos los obispos en unión con el Papa

Live Your Faith

Complete the crossword puzzle using the following clues.

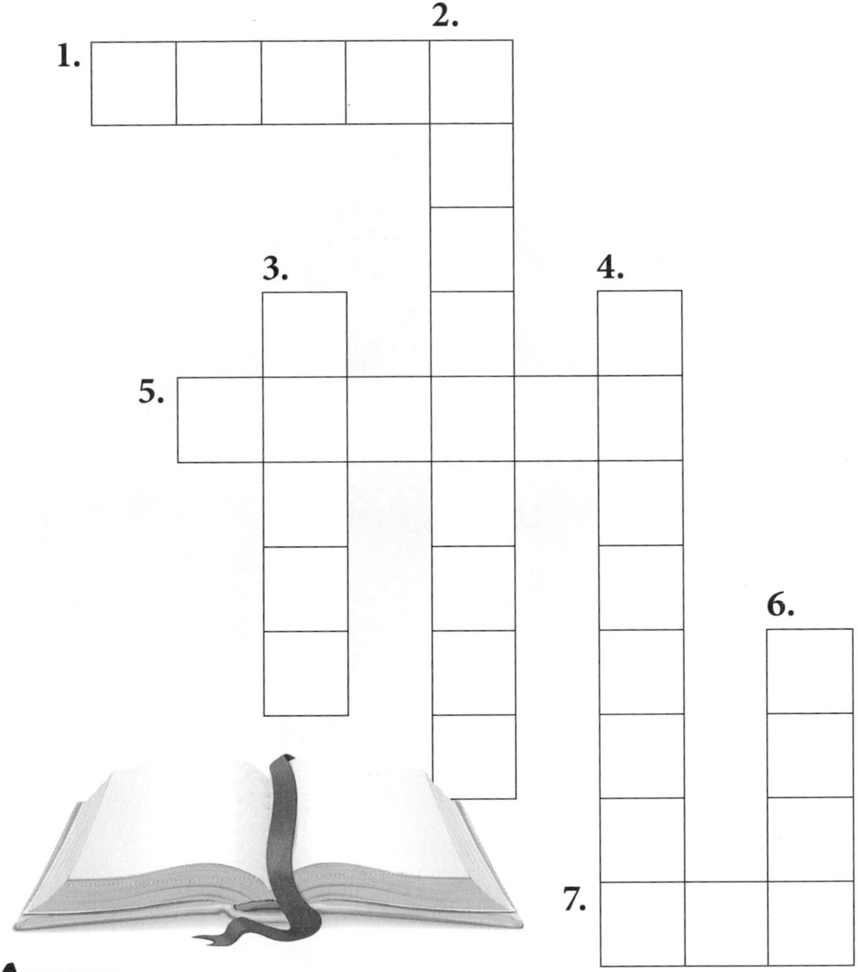

Across

1. _____ is a gift from God that leads us to believe in him and obey him.
5. The truth that God has told the world about himself is called _____ Revelation.
7. Our faith in _____ leads us to turn to him as our Creator.

Down

2. God created us to live in _____ with him.
3. The _____ is another name for Sacred Scripture.
4. Listening to the Bible and following the Church's _____ keeps us on the path to God.
6. The Bible is God's _____ written by human hands.

FAITH FACTS

➡ God's love for us is so great that it is only through faith that we can respond to his love.

➡ Our faith is strengthened by the Holy Spirit and is nourished by the Church.

Words to Know

Sacred Scripture
another name for the Bible; Sacred Scripture is the Word of God written by humans

Divine Revelation
the way God makes himself, and his plan for all people, known to us

Sacred Tradition
God's Word handed down to all the faithful in the Church's creeds, Sacraments, and other teachings

Magisterium
the teaching office of the Church, which is all of the bishops in union with the Pope

Santos y personas piadosas

San Mateo Evangelista (siglo I d. de C.)

Recuerda que hay dos partes principales en la Biblia: el Antiguo Testamento y el. El Nuevo Testamento comienza con los cuatro Evangelios. San Mateo es el escritor de uno de los Evangelios.

San Mateo era uno de los doce Apóstoles de Jesús. Mateo era un judío, pero los demás judíos no lo querían. Esto era porque el trabajo de Mateo era recaudar impuestos para el gobierno romano. Ellos se sorprendieron cuando Jesús le pidió a Mateo que fuera una de sus discípulos.

San Mateo terminó de escribir su Evangelio cerca del año 85 d. de C. Esto es más o menos cincuenta años después de la muerte de Jesús. Mateo comenzó el Evangelio con una genealogía o historia familiar de Jesús. Él hizo esto para relacionar a Jesús con los Padres de la fe del Antiguo Testamento como Abrahán y el Rey David. Esto también demostró que la obra de Dios en el Antiguo Testamento continuó en Jesucristo. Las personas que leyeron el Evangelio de Mateo entendieron que Jesús era un maestro y el Salvador de todos.

El Evangelio de Mateo y los otros Evangelios nos ayudan a aprender acerca de Jesús. Estos nos cuentan acerca de la vida de Jesús en la tierra y su gran amor por todas las personas. La Iglesia celebra el día festivo de San Mateo el 21 de septiembre.

Costumbres católicas

Símbolos de los autores del Evangelio

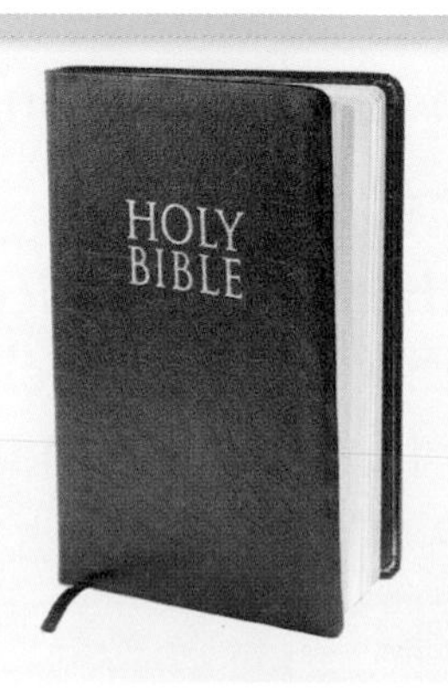

Los Evangelios tienen el lugar más importante en la Biblia porque estos nos cuentan acerca de Jesús. Los escritores de los cuatro Evangelios se llaman evangelistas. Ellos son Mateo, Marcos, Lucas y Juan.

En las obras de arte de la Iglesia, se usan a veces símbolos para los evangelistas. Puedes ver un símbolo de Mateo y los otros Evangelistas en la parte superior de la página. Su símbolo es un ángel. Los símbolos de los otros evangelistas son un buey alado para Lucas, un león alado para Marcos y una águila para Juan.

Saints and Holy People

Saint Matthew the Evangelist (first century AD)

Remember that there are two main parts in the Bible: the Old Testament and the New Testament. The New Testament begins with the four Gospels. Saint Matthew is the writer of one of the Gospels.

Saint Matthew was one of Jesus' twelve Apostles. Matthew was a Jew, but other Jews did not like him. This was because Matthew's job was to collect taxes for the Roman government. They were surprised when Jesus asked Matthew to be one of his disciples.

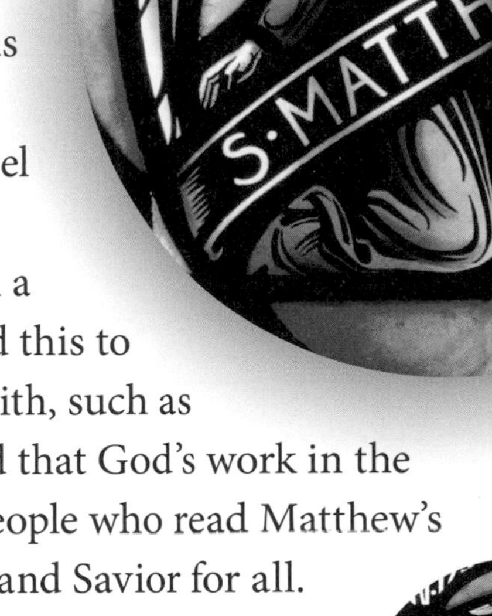

Saint Matthew finished writing his Gospel around AD 85. This was about fifty years after Jesus' death. He began the Gospel with a genealogy, or family history, of Jesus. He did this to connect Jesus to Old Testament fathers of faith, such as Abraham and King David. This also showed that God's work in the Old Testament continued in Jesus Christ. People who read Matthew's Gospel understood that Jesus was a teacher and Savior for all.

Matthew's Gospel and the other Gospels help us know about Jesus. They tell us about Jesus' life on earth and of his great love for all people. The Church celebrates Saint Matthew's feast day on September 21.

Catholic Customs

Symbols for the Gospel Writers

The Gospels have the most important place in the Bible because they tell us about Jesus. The writers of the four Gospels are called the evangelists. They are Matthew, Mark, Luke, and John.

In Church art, symbols are sometimes used for the evangelists. You can see the symbol for Matthew and the other Gospel writers above. Matthew's symbol is an angel. The symbols for the other evangelists are a winged ox for Luke, a winged lion for Mark, and an eagle for John.

Tú puedes hacerlo

San Mateo escribió acerca de Jesús para ayudar a las personas a que creyeran en Él. Ahora es tu turno de enseñar a los demás acerca de Jesús. En el espacio que sigue, explica tres cosas que sabes acerca de Jesús que podrían ayudar a tu familia o amigos a conocerlo y a creer en Él.

1. ______________________________

2. ______________________________

3. ______________________________

La fe en el hogar

El Evangelio de Mateo enseña acerca del amor de Jesús. Piensa cómo muchas personas han aprendido acerca de Jesús ¡gracias a San Mateo! Con tu familia, habla acerca de cómo puedes enseñar a los demás acerca de Jesús y su amor por ellos. Pon tu plan en acción.

Oramos

Oración de apertura a la Palabra de Dios

Sé bueno con tu servidor y viviré,
pues yo quisiera guardar tu
palabra.
Abre mis ojos para que yo vea
las maravillas de tu Ley.
Guíame por la senda de tus
mandamientos,
pues en ésa me complazco.

—Salmo 119, 17–18. 35

Make It Happen

Saint Matthew wrote about Jesus to help people believe in him. Now it is your turn to teach others about Jesus. In the space below, tell three things you know about Jesus that can help your family or friends know and believe in him.

1. ______________________________

2. ______________________________

3. ______________________________

Faith at Home

Saint Matthew's Gospel teaches about Jesus' love. Think about how many people have learned about Jesus from Saint Matthew! With your family, talk about how you can teach others about Jesus and his love for them. Put your plan into action.

We Pray

A Prayer for Openness to God's Word

Be kind to your servant that I may
live,
that I may keep your word.
Open my eyes to see clearly
the wonders of your law.
Lead me in the path of your
commandments,
for that is my delight.
—Psalm 119:17–18, 35

Repaso de la Lección 1

A **Completa las siguientes oraciones con las palabras del recuadro.**

Tradición
fe
Biblia
Magisterio
Palabra

1. El oficio vivo de enseñanza de la Iglesia se llama ______________________.
2. La__________ es otro nombre para la Sagrada Escritura.
3. La Sagrada Escritura y la Sagrada __________ se deben entender juntas.
4. La Biblia es la _____ de Dios escrita por escritores humanos.
5. La_____ nos lleva a conocer a Dios y a obedecerlo.

B **Rellena** el círculo junto a la respuesta correcta.

6. El símbolo que representa a San Mateo es____________.
   - ◯ **un ángel**
   - ◯ **un león alado**
   - ◯ **un libro abierto**

7. La manera en que Dios se nos da a conocer a sí mismo y a su plan para todas las personas se llama __________.
   - ◯ **fe**
   - ◯ **Revelación Divina**
   - ◯ **Sagrada Escritura**

8. Antes de ser un seguidor de Jesús, San Mateo era un ________.
   - ◯ **gobernador romano**
   - ◯ **cobrador de impuestos**
   - ◯ **maestro**

9. Los Evangelios tienen un lugar especial en la Biblia porque estos nos cuentan acerca de __________ .
   - ◯ **Jesús**
   - ◯ **Abrahán y David**
   - ◯ **los escritores de los Evangelios**

10. Los escritores ____________se llaman evangelistas.
    - ◯ **del Antiguo Testamento**
    - ◯ **del Nuevo Testamento**
    - ◯ **de los Evangelios**

Lesson 1 Review

A **Complete** the following sentences, using words from the box.

Tradition
Faith
Bible
Magisterium
Word

1. The living teaching office of the Church is called the ______________________________.

2. The ______________________ is another name for Sacred Scripture.

3. Sacred Scripture and Sacred ______________________ must be understood together.

4. The Bible is God's ___________________ written by human writers.

5. _________________ leads us to know God and to obey him.

B **Fill in** the circle beside the correct answer.

6. The symbol that represents Saint Matthew is _____.

   ◯ **an angel** ◯ **a winged lion** ◯ **an open book**

7. The way God makes himself, and his plan for all people, known to us is called _____.

   ◯ **faith** ◯ **Divine Revelation** ◯ **Sacred Scripture**

8. Before becoming a follower of Jesus, Saint Matthew was a _____.

   ◯ **Roman governor** ◯ **tax collector** ◯ **teacher**

9. The Gospels have a special place in the Bible because they tell us about _____.

   ◯ **Jesus** ◯ **Abraham and David** ◯ **the Gospel writers**

10. The writers of the _____ are called the evangelists.

    ◯ **Old Testament** ◯ **New Testament** ◯ **Gospels**

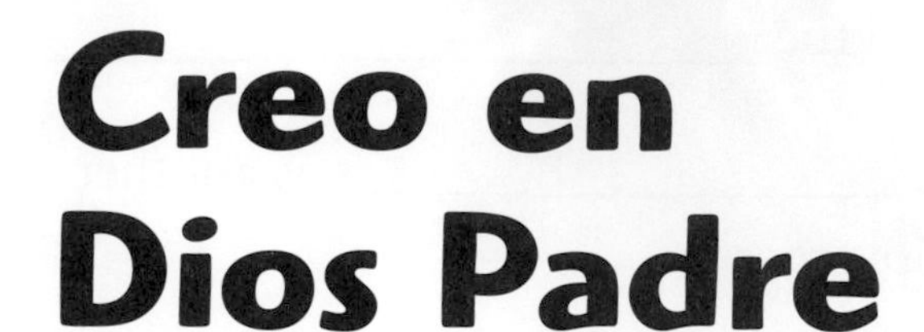

Creo en Dios Padre

Oremos

Gloria a Dios

Gloria a Dios en el cielo,
y en la tierra paz a los hombres
que ama el Señor.
Por tu inmensa gloria
te alabamos, te bendecimos,
te adoramos, te glorificamos,
te damos gracias,
Señor Dios, Rey celestial,
Dios Padre todopoderoso.

—*Misal Romano*

Mi fe católica

Dios es nuestro Padre amoroso. Él atiende todas nuestras necesidades.

¿Cómo puedes hablarle a Dios como tu Padre amoroso? ¿Qué le dirías?

I Believe in God the Father

Let Us Pray

Glory to God

Glory to God in the highest,
and on earth peace to people of good will.
We praise you, we bless you,
we adore you, we glorify you,
we give you thanks
for your great glory,
Lord God, heavenly King,
O God, almighty Father.
— *Roman Missal*

My Catholic Faith

God is our loving Father. He cares for all our needs.

➡ How can you talk to God as your loving Father? What would you say to him?

Sagrada Escritura

En el Evangelio según Juan, leemos acerca del viaje de Jesús a Jerusalén para la celebración de la Pascua Judía. Cuando llega a Jerusalén, Jesús va al Templo. Estaba preocupado por lo que vio allí. Jesús se enfadó con las personas que estaban faltándole el respeto al Templo. Cuando Jesús les habló, llamó al Templo la casa de su Padre. Esta es una de las muchas veces en los Evangelios en que Jesús llama a Dios su Padre.

Otras Escrituras sobre Dios Padrer

Puedes leer más sobre Dios Padre en tu Biblia. Aquí hay algunos pasajes:

- Yo soy la vid: produzcan frutos en mí: Juan 15, 1-10
- Yo voy al Padre: Juan 14, 1-14
- Carguen con mi yugo: Mateo 11, 25-2711:25–27

Jesús expulsa del Templo a los vendedores

Como ya casi era la Pascua Judía, Jesús fue al Templo en Jerusalén. Cuando llegó al Templo se encontró con personas comprando y vendiendo ganado como bueyes, ovejas y palomas. Las personas que cambiaban dinero también habían montado negocio.

Jesús hizo un látigo con cuerdas y los sacó a todos del Templo. Desparramó por el suelo las monedas de los que cambian dinero y volteó sus mesas. A aquellos que estaban vendiendo palomas les dijo: "No conviertan la Casa de mi Padre en un mercado."

—Basado en Juan 2, 13-16

Sacred Scripture

In the Gospel of John, we read about Jesus traveling to Jerusalem for the feast of Passover. When he arrived in Jerusalem, Jesus went to the Temple. He was troubled at what he saw there. Jesus became angry with the people who were disrespecting the Temple. When Jesus spoke to them, he called the Temple his Father's house. This is one of the many times in the Gospels when Jesus calls God his Father.

More Scripture on God the Father

You can read more about God the Father in your Bible. Here are some passages:

- The Vine and the Branches – John 15:1–10
- Last Supper Discourse – John 14:1–14
- Jesus Praises the Father – Matthew 11:25–27

Jesus Cleanses the Temple

Since the Passover of the Jews was near, Jesus went up to Jerusalem. He found in the temple area those who sold oxen, sheep, and doves, as well as the money-changers seated there. He made a whip out of cords and drove them all out of the temple area, with the sheep and oxen, and spilled the coins of the money-changers and overturned their tables, and to those who sold doves he said, "Take these out of here, and stop making my Father's house a marketplace."

—John 2:13–16

Vivir las Escrituras

Crea un cartel que proclame que Dios es nuestro Padre y que su casa debe ser tratada con respeto. Luego escribe una oración a Dios Padre.

Padre en el cielo:

____

____

____

______________________________.

Living the Scripture

Create a poster that proclaims that God is our Father and that his house must be treated with respect. Then write a prayer to God the Father.

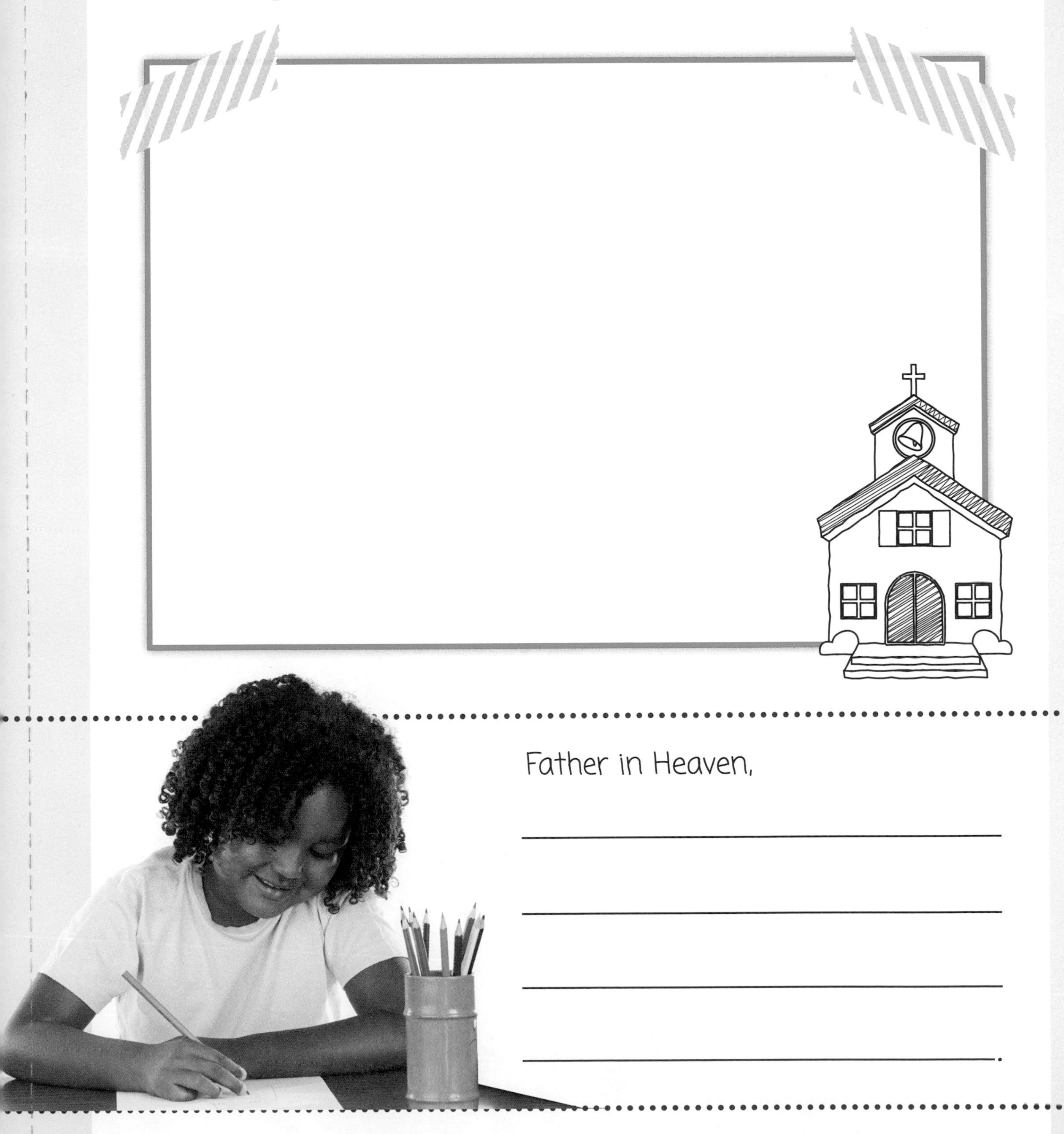

Father in Heaven,

____

____

____

______________________________.

Nuestra Tradición Católica

Dios es nuestro Padre amoroso

Dios Padre es la Primera Persona de la **Santísima Trinidad**. La Santísima Trinidad es el misterio de un Dios en tres Personas Divinas. Dios es nuestro Creador amoroso. Él creó el mundo para demostrar cuánto nos ama. Su amor por nosotros durará por siempre. La creación nos ayuda a conocer la bondad y grandeza de Dios.

¿Quién es la Santísima Trinidad?

En el Antiguo Testamento, Dios se nos da a conocer gradualmente a través de sus acciones y palabras. También se reveló a sí mismo a través de las **alianzas** o promesas que le hizo a Adán y Eva, nuestros primeros padres, y a Noé y Abrahán. Pero fue a través de Jesús, su único Hijo, que Dios se reveló plenamente a nosotros.

¿Cómo se reveló Dios a nosotros?

¿Recuerdas haber aprendido acerca de Noé, Abrahán y Moisés en el primer capítulo? Ellos ayudaron a las personas del Antiguo Testamento a creer que Dios es el único Dios verdadero. Pero Jesús nos enseñó mucho más acerca de Dios. Él nos enseñó que Dios es un Padre amoroso que atiende nuestras necesidades. Jesús también nos prometió que Dios enviaría al Espíritu Santo para que nos guiara. El Espíritu Santo guía a la Iglesia a cumplir la voluntad de Dios. Dios Padre, Dios Hijo y Dios Espíritu Santo son un solo Dios en tres Personas Divinas.

¿Qué nos enseñó Jesús acerca de Dios?

El misterio de la Santísima Trinidad es algo que no podemos entender completamente. Es el misterio más importante de nuestra fe cristiana.

Our Catholic Tradition

God Is Our Loving Father

God the Father is the First Person of the **Blessed Trinity**. The Blessed Trinity is the mystery of the one God in three Divine Persons. God is our loving Creator. He created the world to show how much he loves us. His love for us will last forever. Creation helps us know God's goodness and his greatness.

In the Old Testament, God gradually made himself known to us in his actions and his words. He also made himself known through the **covenants**, or promises, he made with Adam and Eve, our first parents, and with Noah and Abraham. But it was through Jesus, his only Son, that God made himself fully known to us.

Remember learning about Noah, Abraham, and Moses in the first chapter? They helped the people of the Old Testament believe that God is the one true God. But Jesus taught us much more about God. He taught us that God is a loving Father who looks after all our needs. Jesus also promised us that God would send the Holy Spirit to guide us. The Holy Spirit guides the Church to do God's will. God the Father, God the Son, and God the Holy Spirit are the one God in three Divine Persons.

The mystery of the Blessed Trinity is something we cannot understand completely. It is the most important mystery of our Christian faith.

Who is the Blessed Trinity?

How did God make himself known to us?

What did Jesus teach us about God?

Vive tu fe

Halla las palabras escondidas acerca de Dios Padre y la Santísima Trinidad.

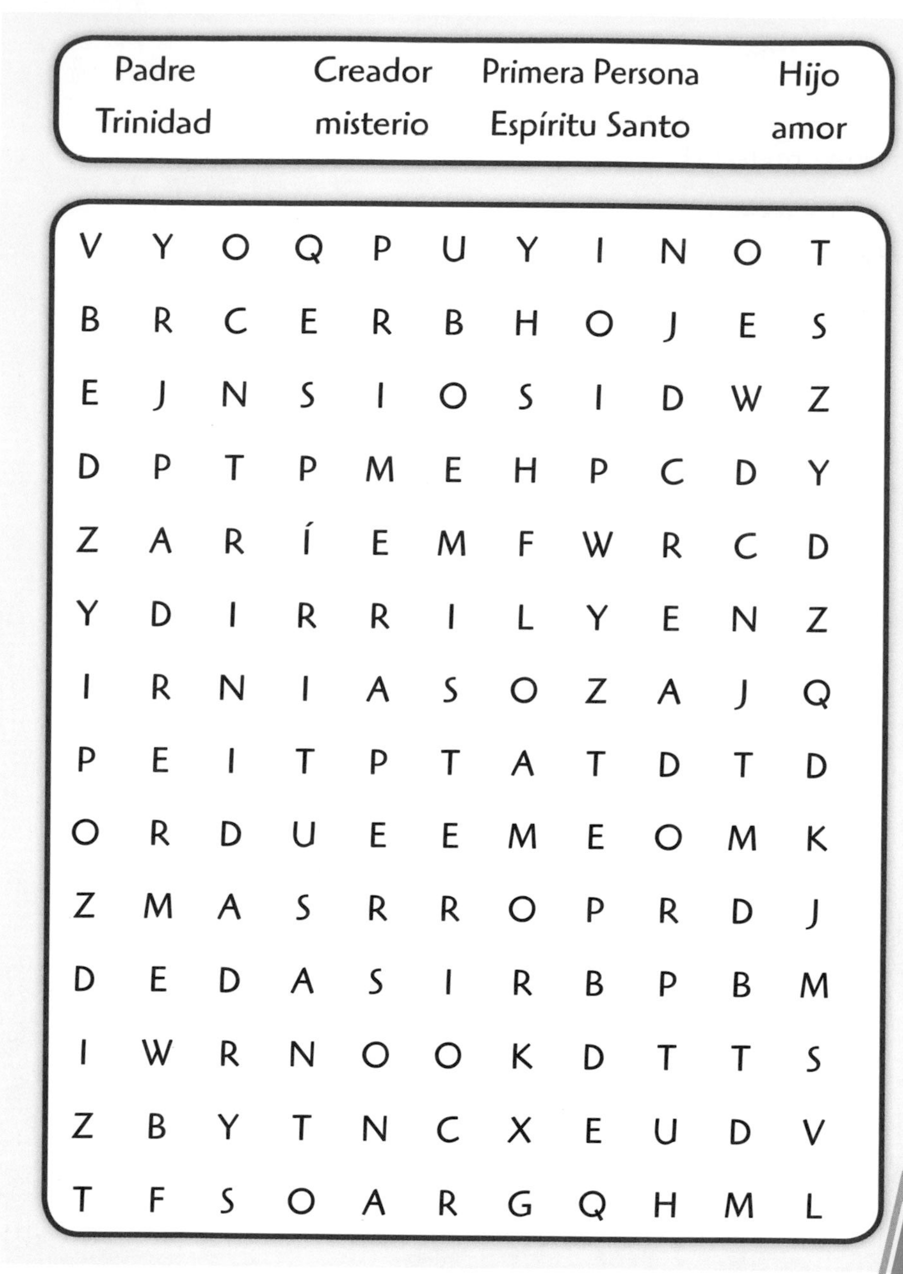

Elige dos de las palabras que hallaste y úsalas en una oración acerca de Dios Padre.

____

____

DATOS DE FE

- Dios creó el universo por amor a nosotros. Él nos creó para que compartamos su verdad, bondad y belleza.
- A pesar de que se identifica a Dios Padre con la obra de la creación, las tres Personas Divinas de la Santísima Trinidad —Padre, Hijo y Espíritu Santo— unidas son la fuente de toda creación.
- Dios nos creó para vivir en felicidad con Él en esta vida y en el Cielo.

Palabras para aprender

Santísima Trinidad
un solo Dios en Tres Personas Divinas: Dios Padre, Dios Hijo y Dios Espíritu Santo

alianza
promesa o acuerdo sagrado entre Dios y los humanos, como las alianzas que hizo con Noé y Abrahán.

Live Your Faith

Find the hidden words about God the Father and the Blessed Trinity.

Choose two of the words you found and use them in a sentence about God the Father.

____

____

____

FAITH FACTS

- God created the universe because of his love for us. He created us to share in his truth, goodness, and beauty.
- Although God the Father is identified with the work of creation, the three Divine Persons of the Trinity—Father, Son, and Holy Spirit—are together the source of all creation.
- God created us to live in happiness with him in this life and in Heaven.

Words to Know

Blessed Trinity
one God in three Divine Persons—God the Father, God the Son, and God the Holy Spirit

covenant
a sacred promise or agreement between God and humans, such as the covenants he made with Noah and Abraham

Santos y personas piadosas

Santa Hilda de Whitby (614–680)

Santa Hilda de Whitby era una princesa que vivió en Inglaterra. Vivía en el palacio de su familia y llevaba una vida cómoda. Fue bautizada en la fe cristiana a la edad de trece años.

Cuando Hilda tenía treinta y tres años, decidió dedicar su vida a Dios y se hizo monja. Luego pusieron a Hilda a cargo de un monasterio doble de monjes y monjas al norte de Inglaterra. En el 657, Hilda fundó su propio monasterio en Whitby. El monasterio atrajo a muchos hombres y mujeres que querían dedicar su vida a Dios. Más tarde, cinco hombres del monasterio fueron obispos y dos son ahora santos.

Santa Hilda creía que era importante aprender sobre Dios de la Biblia. Todos los que entraban en su monasterio tenían que estudiar la Sagrada Escritura todos los días.

Hilda desarrolló una reputación de sabiduría, y reyes y príncipes se acercaban a ella buscando consejo. Hilda también demostró cuidar mucho de las personas comunes. Animó a un pastor que trabajaba en el monasterio a escribir canciones de alabanza a Dios. Este pastor llegó a convertirse en un importante poeta inglés.

Por su amor al conocimiento, Santa Hilda fue honrada como la patrona de la educación y la cultura. La Iglesia celebra su día festivo el 17 de noviembre.

Costumbres católicas

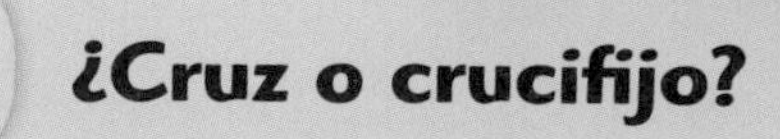

¿Sabes la diferencia entre una cruz y un crucifijo? Una cruz muestra las vigas simples de las que fue colgado Jesús. Un crucifijo es una cruz con un corpus, una escultura o imagen del cuerpo de Jesús. Un crucifijo nos ayuda a recordar la muerte de Jesús por nosotros. La mayoría de las iglesias católicas tiene un crucifijo sobre el altar. La próxima vez que estés en la iglesia, busca un crucifijo ya sea sobre el altar o en otra parte de la iglesia.

Saints and Holy People

Saint Hilda of Whitby (614–680)

Saint Hilda of Whitby was a princess who lived in England. She lived a life of comfort in her family's palace. She was baptized into the Christian faith at age thirteen.

When Hilda was thirty-three years old, she decided to dedicate her life to God. She became a nun. Hilda was put in charge of a double monastery for monks and nuns in the north of England. In 657, Hilda founded her own monastery at Whitby. The monastery drew many men and women who wanted to dedicate their lives to God. Five men from the monastery later became bishops and two are now saints.

Saint Hilda believed it was important to learn about God from the Bible. Everyone who joined her monastery had to study Scripture every day.

Hilda developed a reputation for wisdom, and kings and princes came to her for advice. Hilda also showed great care for ordinary people. She encouraged a shepherd who worked at the monastery to write songs of praise to God. This shepherd became an important English poet.

Because of her love of learning, Saint Hilda is honored as the patroness of education and culture. The Church celebrates her feast day on November 17.

Catholic Customs

Cross or Crucifix?

Do you know the difference between a cross and crucifix? A cross depicts the simple beams that Jesus hung on. A crucifix is a cross with a corpus, or a sculpture or image of Jesus' body. A crucifix helps us remember Jesus' death for us. Most Catholic churches have a crucifix above the altar. The next time you are in church, look for a crucifix, either above the altar or in another part of the church.

Tú puedes hacerlo

Santa Hilda creía que era importante aprender acerca de Dios leyendo la Biblia. En el siguiente espacio, escribe una carta a un miembro de tu familia o a un amigo explicándole por qué la Biblia es importante. Dile a la persona cómo la Biblia puede ayudarla a conocer mejor a Dios.

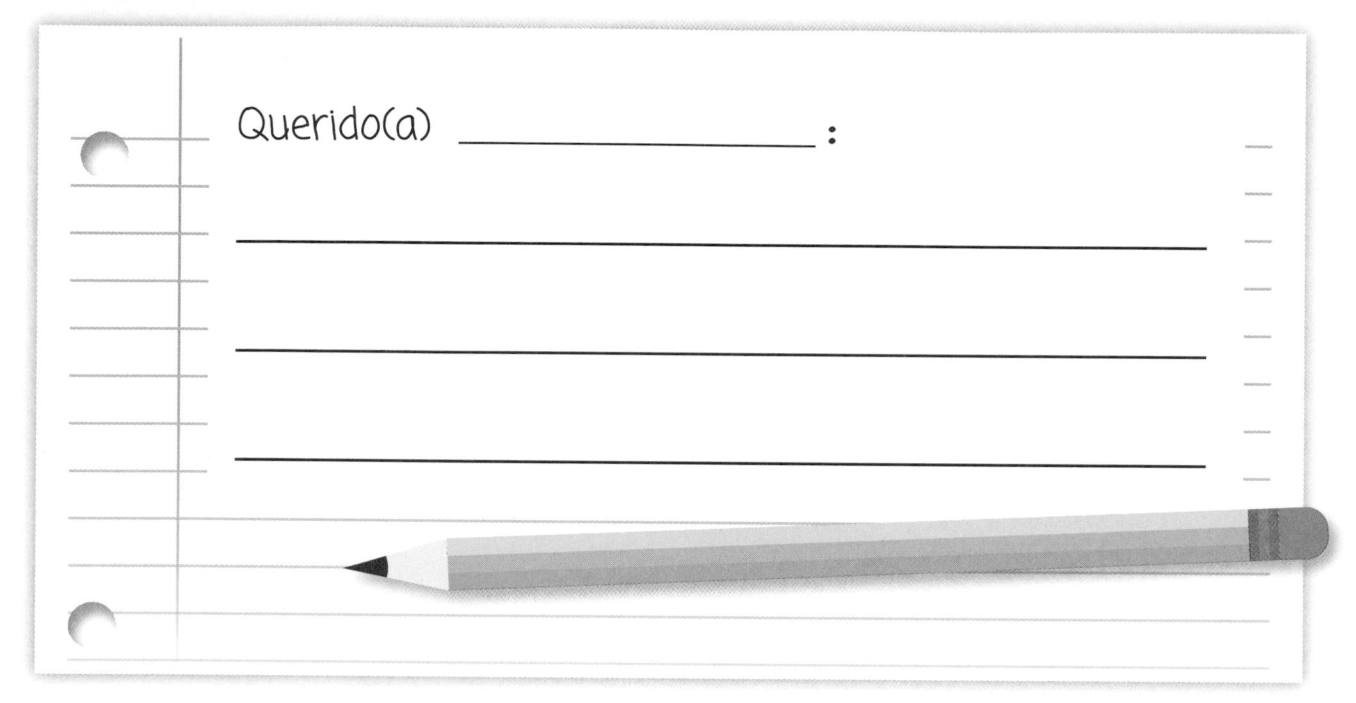

¡En solidaridad!

Piensa en alguien que conozcas y que tenga un talento especial como la música o el arte.

¿Cómo puedes animar a esta persona a usar este talento para honrar a Dios?

Oramos

Acto de fe

Dios mío, porque eres verdad infalible, creo firmemente todo aquello que has revelado y la Santa Iglesia nos propone para creer. Creo expresamente en ti, único Dios verdadero en tres Personas iguales y distintas, Padre, Hijo y Espíritu Santo. Y creo en Jesucristo, Hijo de Dios, que se encarnó y murió por nosotros, el cual nos dará a cada uno, según los méritos, el premio o el castigo eterno. Conforme a esta fe quiero vivir siempre. Señor, acrecienta mi fe. Amén.

Make It Happen

Saint Hilda believed it was important to learn about God by reading the Bible. In the space below, write a note to a family member or friend telling why the Bible is important. Tell the person how the Bible can help him or her know about God.

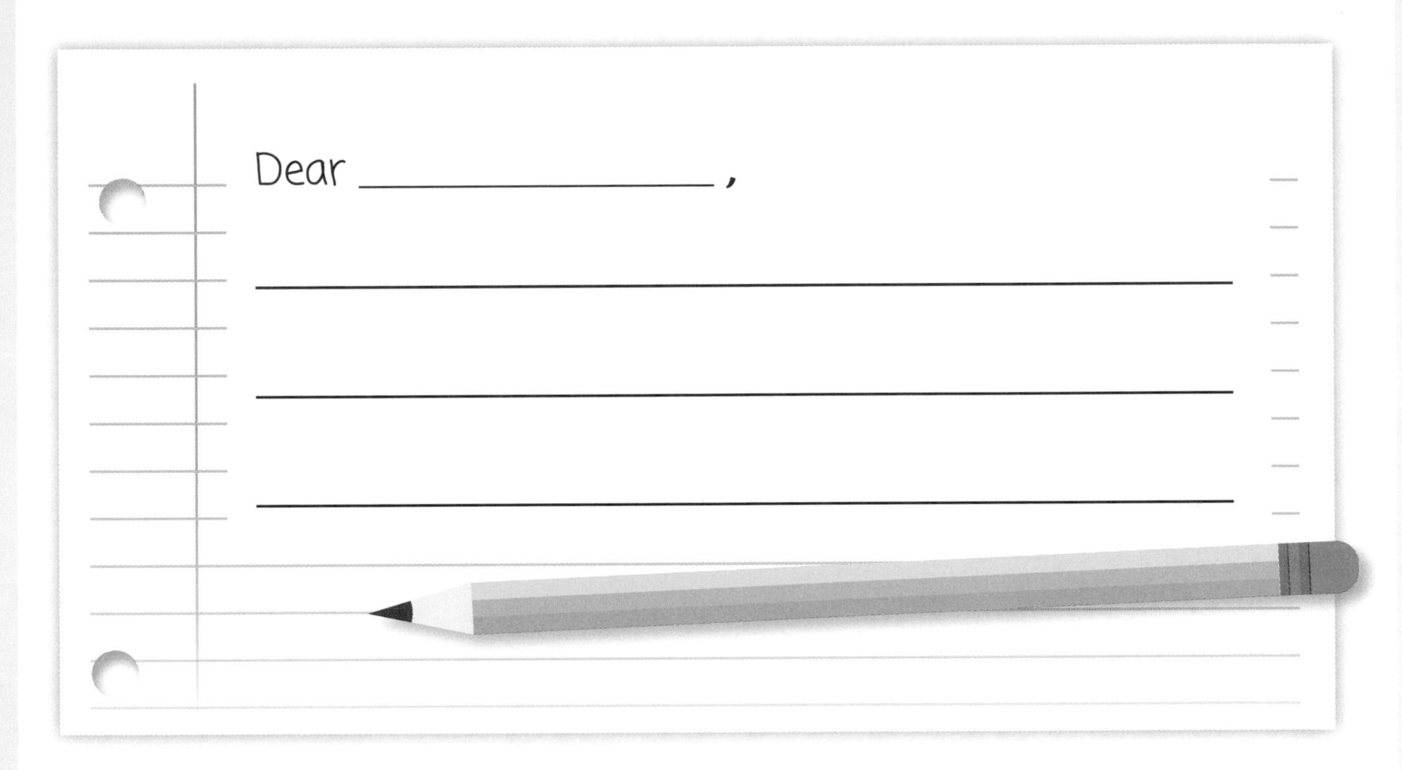

Reach Out!

Think of someone you know with a special talent, such as in music or art.

➡ How can you encourage this person to use this talent to honor God?

We Pray

Act of Faith

O God, we firmly believe that you are one God in three Divine Persons, Father, Son and Holy Spirit; we believe that your Divine Son became man and died for our sins, and that he will come to judge the living and the dead. We believe these and all the truths that the Holy Catholic Church teaches, because you have revealed them, and you can neither deceive nor be deceived. Amen.

Repaso de la Lección 2

A **Completa** las siguientes oraciones con las palabras del recuadro.

Creación
Santa Hilda de Whitby
La Santísima Trinidad
Dios Padre
Jesús

1. ______________________ es el misterio de un Dios en tres Personas Divinas.

2. ______________________ es la Primera Persona de la Santísima Trinidad.

3. Podemos conocer la bondad de Dios y su grandeza a través de la ______________________ .

4. ______________________ nos enseña que Dios es un Padre amoroso.

5. La Iglesia honra a ______________________ como la patrona de la educación.

B **Rellena** el círculo que está junto a la respuesta correcta.

6. Una _______ es un acuerdo sagrado entre Dios y los humanos.
   ◯ **alianza** ◯ **misterio** ◯ **promesa**

7. Santa Hilda quería que todos los miembros de su monasterio estudiaran _____ .
   ◯ **música** ◯ **poesía** ◯ **la Biblia**

8. Jesús llamó al _____ de Jerusalén la casa de su Padre.
   ◯ **Templo** ◯ **arca** ◯ **Pascua Judía**

9. Dios nos creó para vivir en _______ con Él.
   ◯ **la tierra** ◯ **felicidad** ◯ **soledad**

10. En el Antiguo Testamento, Dios se nos da a conocer gradualmente a través de sus _________ y palabras.
    ◯ **enseñanzas** ◯ **acciones** ◯ **promesas**

Lesson 2 Review

A **Complete** the following sentences, using words from the box.

Creation
Saint Hilda of Whitby
The Blessed Trinity
God the Father
Jesus

1. ______________________________ is the mystery of the one God in three Divine Persons.

2. ______________________________ is the First Person of the Blessed Trinity.

3. We can know God's goodness and his greatness through ______________________________.

4. ______________________________ taught us that God is a loving Father.

5. The Church honors ______________________________ as the patroness of education.

B **Fill in** the circle beside the correct answer.

6. A _____ is a sacred agreement between God and humans.

   ◯ **covenant** ◯ **mystery** ◯ **promise**

7. Saint Hilda wanted all the members of her monastery to study _____ .

   ◯ **music** ◯ **poetry** ◯ **the Bible**

8. Jesus called the _____ in Jerusalem his Father's house.

   ◯ **Temple** ◯ **ark** ◯ **Passover**

9. God created us to live _____ with him.

   ◯ **on earth** ◯ **in happiness** ◯ **alone**

10. In the Old Testament, God gradually made himself known through his words and _____ .

    ◯ **teachings** ◯ **deeds** ◯ **promises**

Lección 3

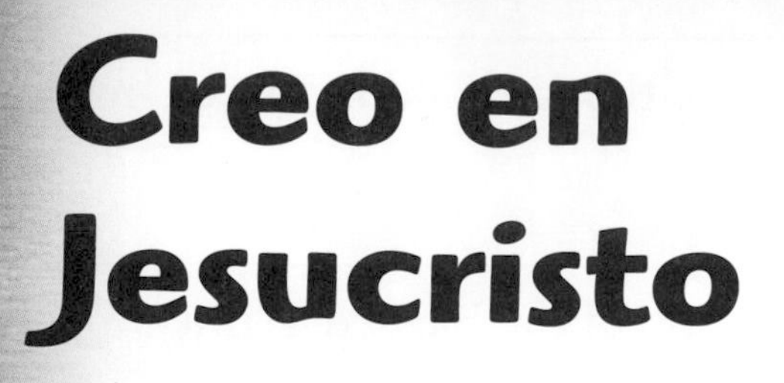

Creo en Jesucristo

Oremos

Oración de bendición

Líder: Dios amoroso, te damos gracias por enviar al mundo a tu Hijo Jesús para salvarnos.

Todos: Te damos gracias y bendecimos, Señor.

Lider: Dios amoroso, a través de tu Hijo, Jesucristo, podemos tener vida eterna.

Todos: Te damos gracias y bendecimos, Señor.

Lider: Dios amoroso, nos has elegido para que seamos tu pueblo. Abre nuestro corazón a tu amor y misericordia.

Todos: Te damos gracias y bendecimos, Señor.

Mi fe católica

A través de la muerte de Jesús en la Cruz podemos vivir para siempre con Dios.

➡ **¿Cómo te hace sentir esto?**

Lesson 3

I Believe in Jesus Christ

Let Us Pray

A Blessing Prayer

Leader: Loving God, we thank you for sending your Son, Jesus, into the world to save us.

All: We thank you and we bless you, Lord.

Leader: Loving God, through your Son, Jesus Christ, we can have eternal life.

All: We thank you and we bless you, Lord.

Leader: Loving God, you have chosen us to be your people. Open our hearts to your love and mercy.

All: We thank you and we bless you, Lord.

My Catholic Faith

Through Jesus' death on the Cross we can live forever with God.

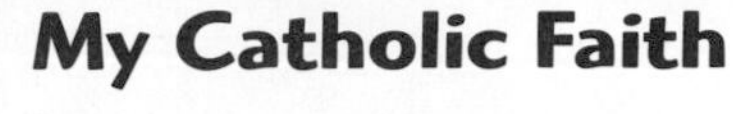

How does knowing this make you feel?

Sagrada Escritura

Antes de que Jesús comenzara a enseñar en público y a llamar a sus discípulos, un **profeta** llamado San Juan Bautista le dijo a las personas que se prepararan para la venida de Jesús. Les dijo que se bautizaran para que sus pecados fueran perdonados. Las personas viajaban al río Jordán para ser bautizadas por Juan. Aunque Jesús no necesitaba ser bautizado, Él fue hasta donde Juan para que también lo bautizara.

El Bautismo de Jesús

El pueblo estaba lleno de esperanza y todos se preguntaban en su corazón si Juan sería el Mesías. Juan les contestó a todos diciendo:

"… Juan hizo a todos esta declaración: 'Yo les bautizo con agua, pero está para llegar uno con más poder que yo, y yo no soy digno de desatar las correas de su sandalia. Él los bautizará con el Espíritu Santo y el fuego. ...'

"... Un día fue bautizado también Jesús entre el pueblo que venía a recibir el bautismo. Y mientras estaba en oración se abrieron los cielos: el Espíritu Santo bajó sobre él y se manifestó exteriormente en forma de paloma, y del cielo vino una voz: 'Este es mi Hijo, el Amado; en él me complazco.'"

—Lucas 3, 15-16. 21-22; Mateo 3, 17

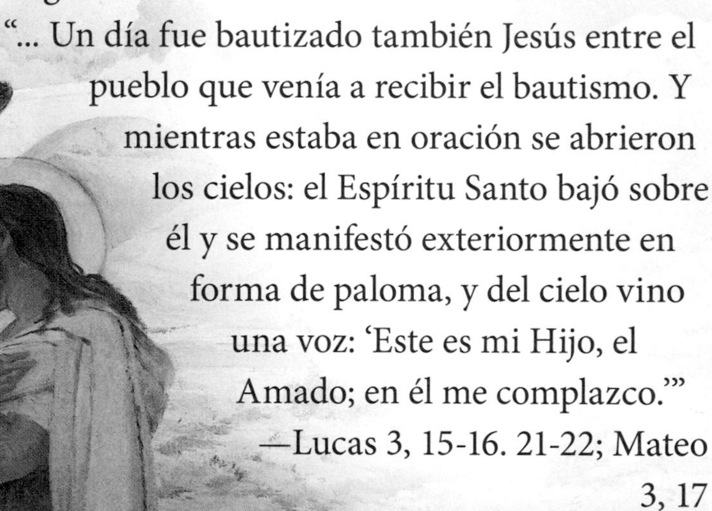

Escrituras en la Misa

El pasaje de la Sagrada Escritura acerca del Bautismo de Jesús, se lee en la Misa durante la fiesta del Bautismo del Señor. La Iglesia celebra este día festivo durante el tiempo de Navidad.

Sacred Scripture

Before Jesus began teaching in public and calling his disciples, a **prophet** named Saint John the Baptist told people to prepare for Jesus' coming. He told them to be baptized so they can be forgiven of their sins. People traveled to the Jordan River to be baptized by John. Although Jesus did not need to be baptized, he went to John to be baptized, too.

Scripture at Mass

The Scripture passage about Jesus' Baptism is read at Mass on the Feast of the Baptism of the Lord. The Church celebrates this feast day during the Christmas season.

The Baptism of Jesus

Now the people were filled with expectation, and all were asking in their hearts if John might be the Messiah. John answered them all, saying, "I am baptizing you with water, but one mightier than I is coming. I am not worthy to loosen the thongs of his sandals. He will baptize you with the holy Spirit and fire."

After all the people had been baptized and Jesus also had been baptized and was praying, heaven was opened and the holy Spirit descended upon him in bodily form like a dove. And a voice came from heaven, "You are my beloved Son; with you I am well pleased."

—Luke 3:15–16, 21–22

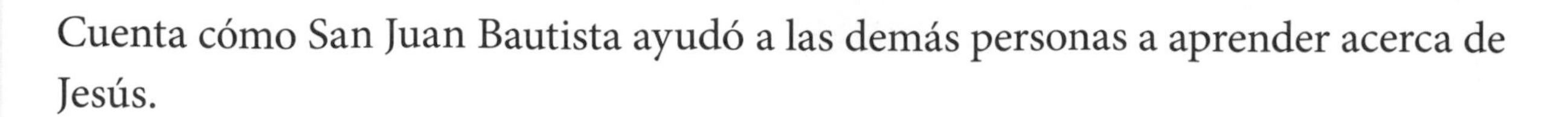

Vivir las Escrituras

Cuenta cómo San Juan Bautista ayudó a las demás personas a aprender acerca de Jesús.

____

____

También puedes ayudar a los demás a aprender acerca de Jesús. Describe dos maneras en que puedes hacer que las personas conozcan a Jesús a través de tus palabras y acciones.

1. ____

____

2. ____

____

Palabras para aprender

profeta
persona elegida por Dios para hablar en su nombre

Living the Scripture

Tell how Saint John the Baptist helped other people know about Jesus.

____

____

You can help others know about Jesus, too. Describe two ways you can make Jesus known through your words or actions.

1. ____

____

2. ____

____

Words to Know

prophet
a person God has chosen to speak in his name

Nuestra Tradición Católica

Jesús, Hijo de Dios

¿Qué significa para ti el término "buena nueva"? ¿En qué momentos recuerdas haber recibido una buena nueva súper especial?

Como seguidor de Jesús has escuchado la buena nueva más importante de todas: la Buena Nueva de Jesús. La Buena Nueva comienza con la **Encarnación**, cuando Jesucristo se hizo hombre.

Por amor a todas las personas, Dios Padre envió a su Hijo, Jesús, al mundo. A través del poder del Espíritu Santo, Jesús nació de la Virgen María. Jesús es el Hijo de Dios y la Segunda Persona de la Santísima Trinidad. Por toda la eternidad, Jesús es el Hijo único del Padre y también Él es Dios mismo. Por esta razón, Él es el mediador entre Dios y nosotros.

Jesús es un signo del amor de Dios por todas las personas. Él nos muestra la manera de vivir en felicidad con Dios. Todo lo que Él nos enseñó e hizo cuando estuvo en la tierra nos ayuda a entender el amor de Dios.

Jesús especialmente nos reveló el amor de Dios a través de su sufrimiento y su muerte en la Cruz, y de su gloriosa **Resurrección** y **Ascensión**. Estos acontecimientos son conocidos como el **Misterio Pascual**.

¿Qué es la Encarnación?

¿Por qué Dios envió a Jesús al mundo?

¿Qué es el Misterio Pascual?

Our Catholic Tradition

Jesus, the Son of God

What does the term "good news" mean to you? What are some times you remember receiving extra special good news?

As a follower of Jesus you have heard the most important good news of all: the Good News of Jesus. This Good News begins with the **Incarnation**, when Jesus Christ became man.

Because of his love for all people, God the Father sent his Son, Jesus, into the world. Through the power of the Holy Spirit, Jesus was born of the Virgin Mary. Jesus is the Son of God and the Second Person of the Blessed Trinity. For all eternity, Jesus is the only Son of the Father and also God himself. Because of this, he is the mediator between us and God.

Jesus is a sign of God's love for all people. He shows us the way to live in happiness with God. Everything he taught us and did while he was on earth helps us understand God's love.

Jesus especially made God's love known to us through his suffering and his death on the Cross, and his glorious **Resurrection** and **Ascension**. These events are known as the **Paschal Mystery**.

What is the Incarnation?

Why did God send Jesus into the world?

What is the Paschal Mystery?

Vive tu fe

Escribe una oración a Jesús completando las siguientes oraciones. En el recuadro vacío de la esquina, dibuja un símbolo de tu fe en Jesús.

Señor Jesús ______________________________

____

Creo _____________________________________

____.

Ayúdame a_________________________________

____.

Llévame a ________________________________

____.

Te alabo y te doy gracias por

____

____________________.

Amén.

DATOS DE FE

- Jesucristo es verdadero Dios y verdadero hombre. Él es divino y humano.
- Llamamos Mesías a Jesús. La palabra Mesías en hebreo significa "el Ungido". Jesús es el ungido porque Dios lo eligió para salvarnos del pecado.

Palabras para aprender

Encarnación
misterio de que el Hijo de Dios tomó naturaleza humana para salvar a todas las personas

Resurrección
vuelta de Jesús a la vida al tercer día después de su muerte en la Cruz

Ascensión
momento en que Jesús Resucitado subió al Cielo para estar con Dios Padre para siempre

Misterio Pascual
el sufrimiento, muerte, Resurrección y Ascensión de Jesucristo

Live Your Faith

Write a prayer to Jesus by completing the following sentences. In the round frame in the corner, draw a symbol of your faith in Jesus.

Lord Jesus, ______________________________

____

I believe ________________________________

____.

Help me __________________________________

____.

Lead me __________________________________

____.

I praise and thank you for

____

____________________.

Amen.

FAITH FACTS

- Jesus Christ is truly God and truly man. He is divine and human.
- We call Jesus the Messiah. The word *Messiah* is Hebrew for "anointed one." Jesus is the anointed one because God chose him to save us from sin.

Words to Know

Incarnation
the mystery that the Son of God took on a human nature to save all people

Resurrection
Jesus being raised from the dead three days after his death on the Cross

Ascension
when the Risen Jesus was taken up to Heaven to be with God the Father forever

Paschal Mystery
the suffering, death, Resurrection, and Ascension of Jesus

Santos y personas piadosas

San Antonio de Padua (1195–1231)

San Antonio de Padua nació en una familia noble de Lisboa, Portugal. A la edad de quince años, Antonio se hizo miembro de los agustinianos, una orden religiosa de sacerdotes y hermanos. Más adelante, después de hacerse sacerdote, se unió a la orden franciscana. Tenía la esperanza de viajar a África del Norte para predicar la Buena Nueva de Jesús.

Camino a África, Antonio se enfermó gravemente. Fue llevado a Italia para que descansara y se mejorara. Un día, mientras estaba en Italia, lo invitaron a dar la homilía en la Misa. Para su propio asombro y el de todos, Antonio resultó ser un maravilloso predicador. Todas las personas reunidas fueron inspiradas por sus palabras.

Desde entonces, Antonio comenzó a predicar en público, especialmente en su pueblo de Padua. Le hablaba a las personas que se reunían en las calles, acerca del amor de Dios y la Buena Nueva de Jesús. A través de sus palabras y su ejemplo, Antonio ayudó a muchas personas a creer en el mensaje del Evangelio.

San Antonio sentía un gran amor por Jesús. Enseñó acerca del milagro de la Encarnación de Jesús. Una vez, mientras rezaba, una luz brillante llenó su habitación. Jesús se le apareció entonces a San Antonio en la forma de un niño pequeño.

Según la leyenda, cuando San Antonio murió, los ángeles repicaron las campanas de las iglesias por todo su pueblo. Celebramos el día festivo de San Antonio el 13 de junio.

Costumbres católicas

Los Franciscanos

La Orden Franciscana de religiosos fue fundada por San Francisco de Asís (1182-1126). San Francisco quería que sus seguidores vivieran una vida de simplicidad y pobreza. Quería que sirvieran al pobre y predicaran el Evangelio.

Los Franciscanos viven según la Regla de San Francisco. Aquí presentamos una pequeña parte de la Regla: Aconsejo ... a mis hermanos en el Señor Jesucristo que, cuando vayan por el mundo, ... sean apacibles, pacíficos y moderados, mansos y humildes, hablando a todos honestamente como conviene.

Saints and Holy People

Saint Anthony of Padua (1195–1231)

Saint Anthony of Padua was born to a noble family in Portugal. At age fifteen, Anthony joined the Augustinians, an order of religious priests and brothers. Later, after becoming a priest, he joined the Franciscan order. He hoped to travel to North Africa to preach the Gospel.

On his way to Africa, Anthony became very ill. He was taken to Italy to rest and get better. One day while he was in Italy, he was invited to give the homily at Mass. To his own and everyone's amazement, Anthony was a wonderful preacher. All the people gathered were inspired by his words.

From then on Anthony began to preach in public, especially in Padua. He would speak to people gathered in the streets about the love of God and the Good News of Jesus. By his words and example, Anthony helped many people believe in the Gospel message.

Saint Anthony had great love for Jesus. He taught about the wonder of Jesus' Incarnation. Once when he was praying, a brilliant light filled his room. Jesus then appeared to Saint Anthony in the form of a little child.

According to legend, when Saint Anthony died angels rang church bells throughout his city. We celebrate Saint Anthony's feast day on June 13.

Catholic Customs

The Franciscans

The Franciscan Order of religious was founded by Saint Francis of Assisi (1182–1226). Saint Francis wanted his followers to live a life of simplicity and poverty. He wanted them to serve the poor and preach the Gospel.

Franciscans live according to the Rule of Saint Francis. Here is a small portion of the Rule: I counsel ... my brothers in the Lord Jesus Christ that ... they shall be gentle, ... mild and humble, and virtuous in speech.

Tú puedes hacerlo

Haz un dibujo acerca de una vez en que hayas enseñado a otros acerca de Dios y su amor, ya sea a través de tus palabras o acciones. Agrégale una leyenda a tu dibujo.

La fe en el hogar

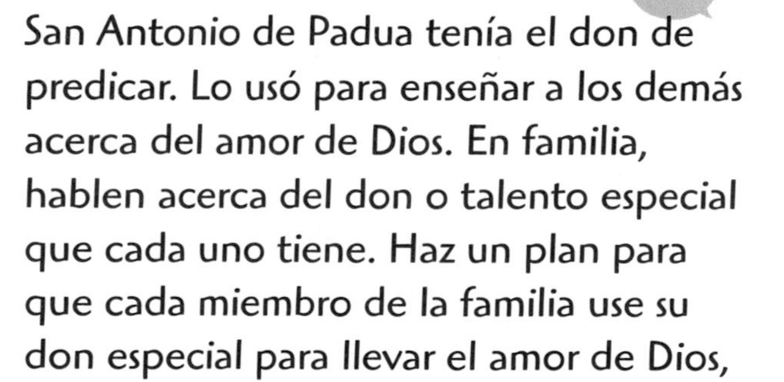

San Antonio de Padua tenía el don de predicar. Lo usó para enseñar a los demás acerca del amor de Dios. En familia, hablen acerca del don o talento especial que cada uno tiene. Haz un plan para que cada miembro de la familia use su don especial para llevar el amor de Dios, por lo menos, a una persona esta semana.

Oramos

Oración a Jesús

Oh, misericordioso Redentor,
Amigo y Hermano,
que te conozca cada vez más
que te ame más tiernamente
y que te siga cada vez más de cerca,
día tras día. Amén.

—Traducción de la Oración de San Ricardo de Chichester

Make It Happen

Draw a picture about a time when you taught others about God and his love, either through your words or through something you did. Add a caption to your drawing.

____

Faith at Home

Saint Anthony of Padua had a gift for preaching. He used it to teach others about God's love. As a family, talk about a special gift or talent each person in the family has. Make a plan for each family member to use his or her special gift to bring God's love to at least one other person this week.

We Pray

A Prayer to Jesus

O most merciful Redeemer, Friend, and Brother,
may I know you more clearly,
love you more dearly,
and follow you more nearly,
for ever and ever. Amen.

— Based on a prayer by Saint Richard of Chichester

Repaso de la Lección 3

A **Une** cada término de la Columna B con su definición en la Columna A, escribiendo la letra correcta en el espacio dado.

Columna A	Columna B
1. _____ una palabra hebrea que significa "ungido"	**a.** Encarnación
2. _____ misterio de que el Hijo de Dios se hizo hombre para salvar a todas las personas	**b.** Ascensión
3. _____ sufrimiento, muerte, Resurrección y Ascensión de Jesucristo	**c.** Misterio Pascual
4. _____ una persona elegida por Dios para hablar en su nombre	**d.** Mesías
5. _____ momento en que Jesús Resucitado subió al Cielo para estar con Dios Padre para siempre	**e.** profeta

B **Rellena** el círculo que está junto a la respuesta correcta.

6. Jesús es la _____ Persona Divina de la Santísima Trinidad.

○ **Primera** ○ **Segunda**

7. Jesús fue bautizado por _____.

○ **San Juan Bautista** ○ **San Antonio de Padua**

8. San _____ usó su don de predicar a los demás acerca de Dios.

○ **Antonio de Padua** ○ **Francisco de Asís**

9. Jesucristo es verdadero _____ y verdadero hombre.

○ **Dios** ○ **bien**

10. La _____ es la vuelta de Jesús a la vida al tercer día después de su muerte en la Cruz.

○ **Ascensión** ○ **Resurrección**

Lesson 3 Review

A **Match** each term in column B with its definition in column A by writing the correct letter in the space provided.

Column A	Column B
1. _____ a Hebrew word that means "anointed one"	a. Incarnation
2. _____ the mystery that the Son of God became man to save all people	b. Ascension
3. _____ the suffering, death, Resurrection, and Ascension of Jesus Christ	c. Paschal Mystery
4. _____ a person God has chosen to speak in his name	d. Messiah
5. _____ when the Risen Jesus was taken up to Heaven to be with God the Father forever	e. prophet

B **Fill in** the circle beside the correct answer.

6. Jesus is the _____ Divine Person of the Blessed Trinity.
   - ◯ **First**
   - ◯ **Second**

7. Jesus was baptized by _____.
   - ◯ **Saint John the Baptist**
   - ◯ **Saint Anthony of Padua**

8. Saint _____ used his gift of preaching to tell others about God.
   - ◯ **Anthony of Padua**
   - ◯ **Francis of Assisi**

9. Jesus Christ is truly _____ and truly man.
   - ◯ **God**
   - ◯ **good**

10. The _____ is Jesus being raised from the dead three days after his death on the Cross.
    - ◯ **Ascension**
    - ◯ **Resurrection**

Creo en el Espíritu Santo

Oremos

Credo de los Apóstoles

Creo en Dios, Padre Todopoderoso,
Creador del cielo y de la tierra.
Creo en Jesucristo, su único Hijo, Nuestro Señor,
que fue concebido por obra y gracia del Espíritu Santo,
nació de santa María Virgen,
padeció bajo el poder de Poncio Pilato,
fue crucificado, muerto y sepultado,
descendió a los infiernos,
al tercer día resucitó de entre los muertos,
subió a los cielos
y está sentado a la derecha de Dios, Padre todopoderoso.
Desde allí ha de venir a juzgar a vivos y muertos.
Creo en el Espíritu Santo,
la santa Iglesia católica,
la comunión de los Santos,
el perdón de los pecados,
la resurrección de la carne
y la vida eterna.
Amén.

—*Misal Romano*

Mi fe católica

El Credo de los Apóstoles es un resumen de nuestras creencias católicas.

¿Qué significa para ti cuando expresas estas creencias?

Lesson 4

I Believe in the Holy Spirit

Let Us Pray

The Apostles' Creed

I believe in God,
the Father almighty,
Creator of heaven and earth,
and in Jesus Christ, his only Son, our Lord,
who was conceived by the Holy Spirit,
born of the Virgin Mary,
suffered under Pontius Pilate,
was crucified, died and was buried;
he descended into hell;
on the third day he rose again from the dead;
he ascended into heaven,
and is seated at the right hand of God the Father almighty; from there he will come to judge the living and the dead.
I believe in the Holy Spirit,
the holy catholic Church,
the communion of Saints,
the forgiveness of sins,
the resurrection of the body,
and life everlasting. Amen.

— *Roman Missal*

My Catholic Faith

The Apostles' Creed is a summary of our Catholic beliefs.

➡ **What does it mean to you when you express these beliefs?**

Sagrada Escritura

Cuando llegó el momento de la Ascensión de Jesús al Cielo, los Apóstoles estaban reunidos con Él. Jesús les prometió que recibirían el poder del Espíritu Santo. El Espíritu Santo los ayudaría a traer la Buena Nueva del amor de Jesús a todas las personas.

Las siguientes palabras de la Sagrada Escritura cuentan acerca de cómo esta promesa se cumplió en **Pentecostés.**

Otras Escrituras sobre el Espíritu Santo

Puedes leer más sobre el Espíritu Santo en tu *Biblia*. Estos son algunos pasajes::

- Los primeros nacidos pertenecerán a Dios: Éxodo 13, 21
- Juan Bautista anuncia la venida de Jesús: Mateo 3, 11
- El Señor ha resucitado: Juan 20, 19-23

La venida del Espíritu Santo

"Cuando llegó el día de Pentecostés, estaban todos reunidos en el mismo lugar. De repente vino del cielo un ruido, como el de una violenta ráfaga de viento, que llenó toda la casa donde estaban, y aparecieron unas lenguas como de fuego que se repartieron y fueron posándose sobre cada uno de ellos. Todos quedaron llenos del Espíritu Santo y comenzaron a hablar en otras lenguas, según el Espíritu les concedía que se expresaran.

Estaban de paso en Jerusalén judíos piadosos, llegados de todas las naciones que hay bajo el cielo. Y entre el gentío que acudió al oír aquel ruido, cada uno los oía hablar en su propia lengua. Todos quedaron muy desconcertados y se decían, llenos de estupor y admiración: 'Pero éstos ¿no son todos galileos? ¡Y miren cómo hablan! Cada uno de nosotros les oímos en nuestra propia lengua nativa'."

—Hechos 2, 1-8

Sacred Scripture

When the time came for Jesus' Ascension into Heaven, the Apostles were gathered with him. Jesus promised them that they would receive the power of the Holy Spirit. The Holy Spirit would help them bring the Good News of Jesus' love to all people.

The following words from Scripture tell how this promise became real at **Pentecost**.

More Scripture on the Holy Spirit

You can read more about the Holy Spirit in your Bible. Here are some passages:

- God Guides the Israelites out of Egypt — Exodus 13:21
- The Preaching of John the Baptist — Matthew 3:11
- Jesus Appears to the Apostles — John 20:19–23

The Coming of the Holy Spirit

When the time for Pentecost was fulfilled, they were all in one place together. And suddenly there came from the sky a noise like a strong driving wind, and it filled the entire house in which they were. Then there appeared to them tongues as of fire, which parted and came to rest on each one of them. And they were all filled with the holy Spirit and began to speak in different tongues, as the Spirit enabled them to proclaim.

Now there were devout Jews from every nation under heaven staying in Jerusalem. At this sound, they gathered in a large crowd, but they were confused because each one heard them speaking in his own language. They were astounded and in amazement they asked, "Are not all these people who are speaking Galileans? Then how does each of us hear them in his own native language?"

—Acts 2:1–11

Vivir las Escrituras

Cuando los Apóstoles recibieron al Espíritu Santo, algo maravilloso sucedió. Cuando hablaron, cada persona los escuchó en su propio idioma.

¿Alguna vez has tenido problemas en explicar algo que te apasiona? Da un ejemplo.

____

____

¿Cómo puede el Espíritu Santo ayudarte a hablar en momentos como ese?

____

____

¿Cómo puede el Espíritu Santo ayudarte a compartir con los demás lo que sabes acerca de Dios?

____

____

Palabras para aprender

Pentecostés
fiesta que celebra la venida del Espíritu Santo cincuenta días después de la Pascua

Living the Scripture

When the Apostles received the Holy Spirit, something amazing happened. When they spoke, each person heard them in his or her own language.

Have you ever had trouble explaining something you felt strongly about? Give an example.

____

____

How can the Holy Spirit help you talk at times like these?

____

____

How can the Holy Spirit help you share with others what you know about God?

____

____

Words to Know

Pentecost
the feast that celebrates the coming of the Holy Spirit fifty days after Easter

Nuestra Tradición Católica

El Espíritu Santo participa en la misión de Jesús

En el relato de la Encarnación en la Biblia, aprendemos que María concibió a Jesús por el poder del Espíritu Santo. A través de María, el Espíritu Santo hizo posible que Jesús viniera al mundo. Podemos ver al Espíritu Santo obrando tanto en el Antiguo Testamento como en el Nuevo Testamento. Por ejemplo, en el Antiguo Testamento, cuando Dios creó al mundo, el Espíritu Santo apareció como un viento fuerte. En el Nuevo Testamento, el Espíritu Santo está presente en el Bautismo de Jesús. Aquí, el Espíritu Santo aparece como una paloma. Más adelante en los Evangelios, Jesús promete a sus discípulos que el Padre les enviará al Espíritu Santo para que esté siempre con ellos. A medida que lees el relato de la página 74 acerca de la venida del Espíritu Santo, esta promesa se cumple en Pentecostés. Ese día, el Espíritu Santo descendió sobre los Apóstoles y la Virgen María.

Pentecostés marca el día en que comenzó la obra de la Iglesia. En Pentecostés, los Apóstoles pudieron comenzar la labor de **evangelización**. Hoy, el Espíritu Santo continúa ayudando a la Iglesia y la hace santa.

El Espíritu Santo es la Tercera Persona Divina de la Santísima Trinidad. La función del Espíritu Santo está unida a la de Jesús. Juntos fortalecen a la Iglesia y la hacen santa.

¿Dónde vemos en la Biblia al Espíritu Santo en acción?

¿Por qué la Iglesia comenzó a crecer en Pentecostés?

Our Catholic Tradition

The Holy Spirit Shares Jesus' Mission

In the story of the Incarnation in the Bible, we learn that Mary conceived Jesus by the power of the Holy Spirit. Through Mary, the Holy Spirit made it possible for Jesus to come into the world. We can see the Holy Spirit at work in both the Old Testament and the New Testament. For example, in the Old Testament, when God created the world, the Holy Spirit appeared as a mighty wind. In the New Testament, the Holy Spirit is present at Jesus' Baptism. Here, the Holy Spirit appears as a dove. Later in the Gospels, Jesus promises his disciples that the Father will send the Holy Spirit to be with them always. As you read in the Scripture about the coming of the Holy Spirit, this promise was fulfilled on Pentecost. On that day, the Holy Spirit came to the Apostles and to the Virgin Mary.

Pentecost marks the day the work of the Church began. On Pentecost, the Apostles were able to begin their work of **evangelization**. Today, the Holy Spirit continues to help the Church and make her holy.

The Holy Spirit is the Third Divine Person of the Blessed Trinity. The role of the Holy Spirit is united with the role of Jesus. Together they strengthen the Church and make her holy.

Where do we see the Holy Spirit at work in the Bible?

Why did the Church begin to grow at Pentecost?

Vive tu fe

Diseña y decora un marcador de libros acerca de Pentecostés. Asegúrate de incluir un símbolo para el Espíritu Santo y un mensaje acerca de lo que pasó en Pentecostés

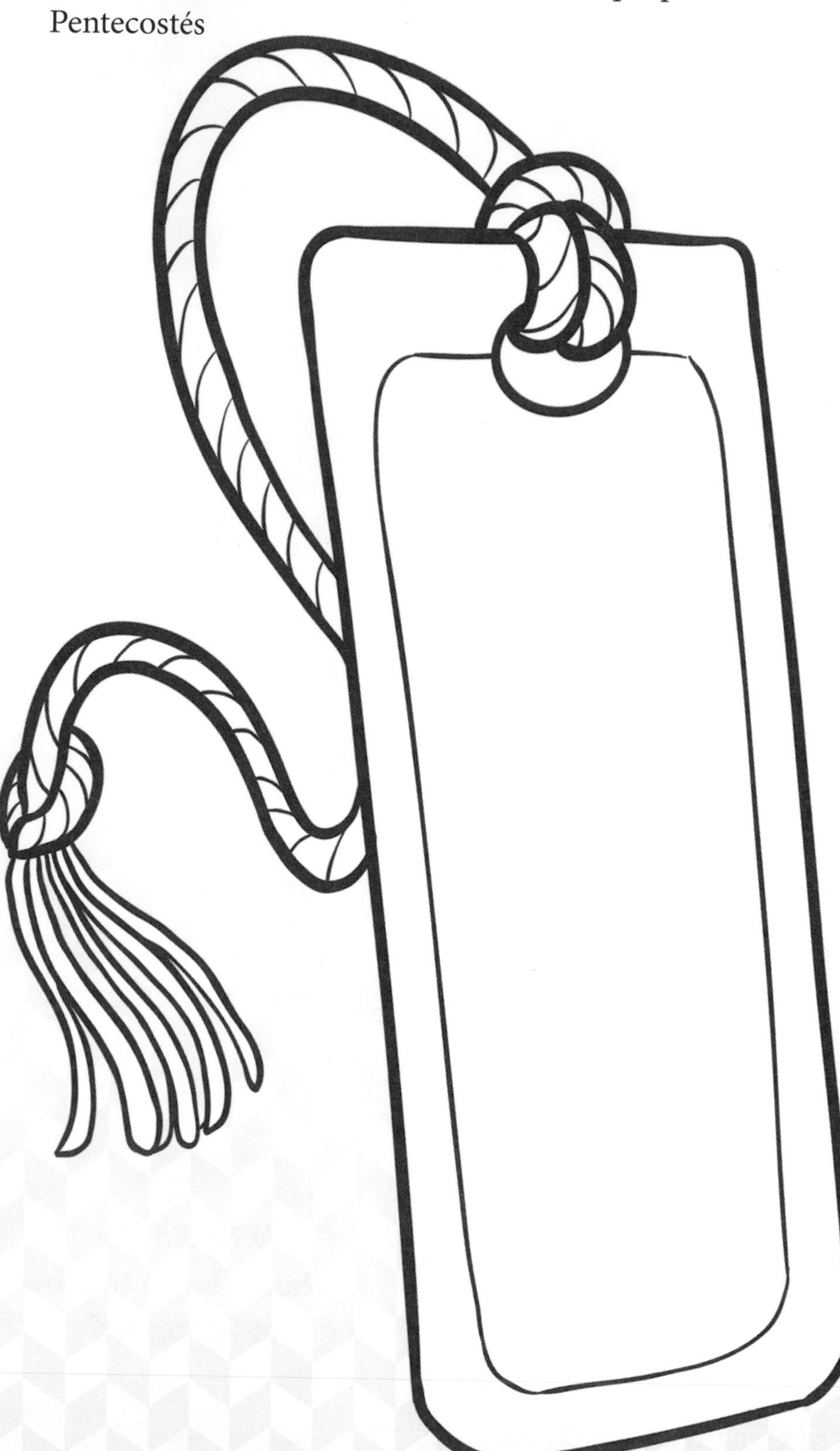

DATOS DE FE

➡ Dos símbolos para el Espíritu Santo son el agua y ungir con aceite. El agua se usa en el Bautismo. Ungir con aceite es parte de los sacramentos del Bautismo, Confirmación, Unción de los Enfermos y Órdenes Sagrados.

➡ María concibió a Jesús, el Hijo de Dios, por el poder del Espíritu Santo.

Palabras para aprender

Evangelización compartir la Buena Nueva de Jesús a través de palabras y acciones de una manera que invite a las personas a aceptar el Evangelio

Live Your Faith

Design and decorate a bookmark about Pentecost. Be sure to include a symbol for the Holy Spirit and a message about what happened at Pentecost.

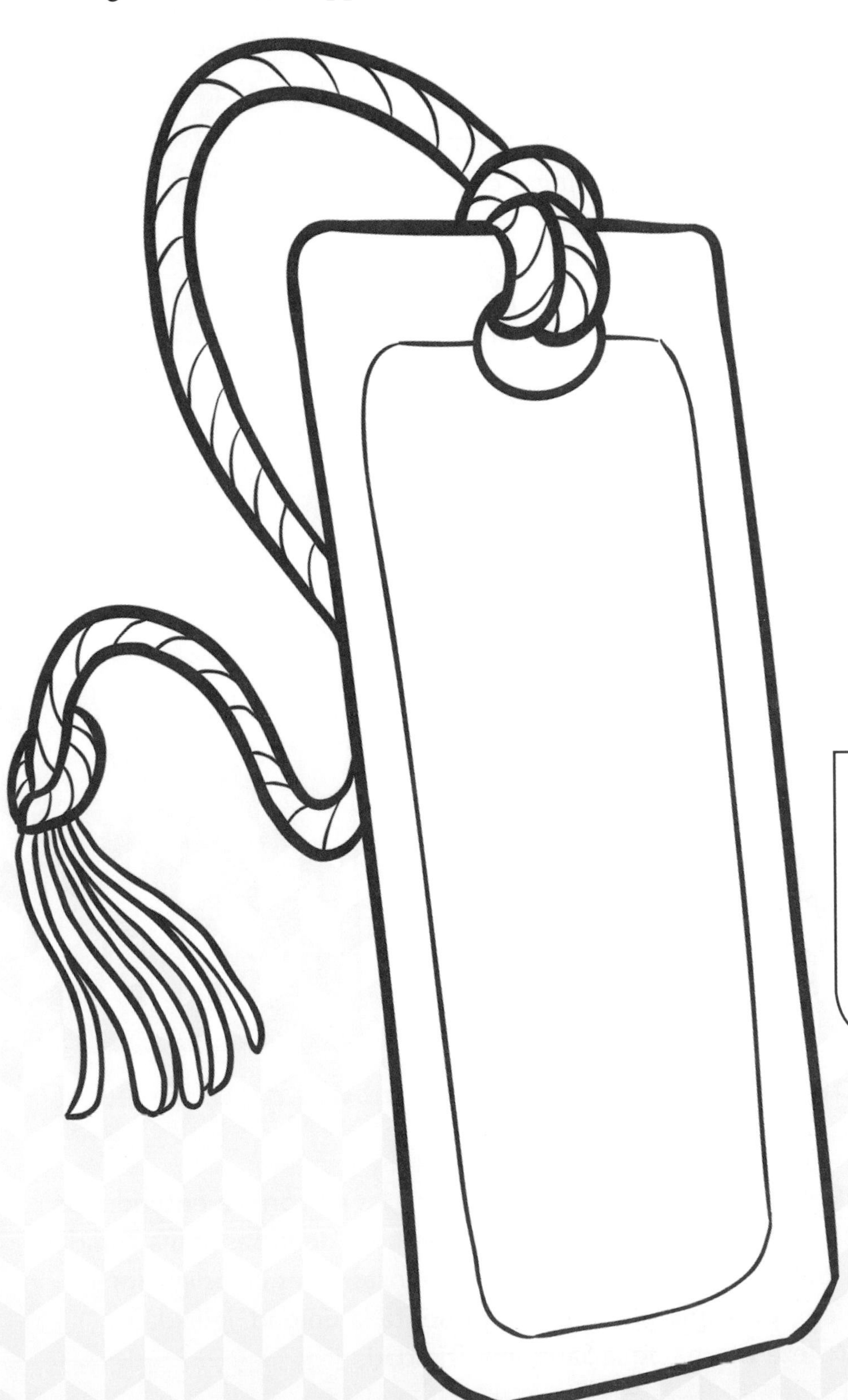

FAITH FACTS

- Two symbols for the Holy Spirit are water and anointing with oil. Water is used at Baptism. Anointing with oil is part of the Sacraments of Baptism, Confirmation, Anointing of the Sick, and Holy Orders.
- Mary conceived Jesus, the Son of God, by the power of the Holy Spirit.

Words to Know

evangelization
sharing the Good News of Jesus through words and actions in a way that invites people to accept the Gospel

Santos y personas piadosas

San Patricio (c. 387–460)

San Patricio era el hijo de un oficial romano en Gran Bretaña. Un día, mientras cuidaba de las ovejas en la granja de su padre, fue secuestrado por un grupo de piratas y vendido como esclavo.

Patricio fue llevado a Irlanda. Lo obligaron a trabajar en una granja con muy poco para comer y sin un lugar cálido para dormir en las noches. Por seis años, Patricio vivió en estas duras condiciones. Finalmente, pudo escapar y regresar con su familia.

Cuando estaba en su casa en Gran Bretaña, Patricio pensaba con frecuencia en el pueblo irlandés. Quería ayudarlos a conocer acerca del amor de Dios y acerca de Jesús.

Patricio se preparó para ser sacerdote. Con el tiempo, se hizo obispo y regresó a Irlanda. Patricio ayudó a las personas de Irlanda a aprender acerca de Dios. Les enseñó acerca de la Santísima Trinidad. Según la leyenda, Patricio ayudó a las personas a entender el misterio de la Trinidad al compararlo con un trébol. Así como el trébol es un tallo con tres hojas, la Santísima Trinidad es un Dios en tres Personas Divinas: Padre, Hijo y Espíritu Santo.

San Patricio es conocido por llevar la fe cristiana a Irlanda. Debido a esto, él es el santo patrón de Irlanda. La Iglesia celebra su día festivo el 17 de marzo.

Costumbres católicas

Triqueta: Un símbolo de la Trinidad

San Patricio usó el trébol para ayudar a las personas a entender un Dios en tres Personas Divinas. Otro símbolo de la Santísima Trinidad es la *triqueta*. La *triqueta* tiene tres puntas y tres lados iguales y no tiene principio ni fin. Esto representa la unidad, igualdad y naturaleza eterna de la Santísima Trinidad.

Saints and Holy People

Saint Patrick (c. 387–460)

Saint Patrick was the son of a Roman official in Britain. One day, while tending sheep on his father's farm, he was kidnapped by a group of pirates and sold as a slave.

Patrick was taken to Ireland. He was forced to work on a farm, and had little to eat and no warm place to sleep at night. For six years Patrick lived in these harsh conditions. Finally, he was able to escape and return to his family.

When he was back home in Britain, Patrick often thought about the people of Ireland. He wanted to help them know about God's love and about Jesus.

Patrick prepared to become a priest. In time, he became a bishop and returned to Ireland. Patrick helped the people of Ireland learn about God. He taught them about the Blessed Trinity. According to legend, Patrick helped the people understand the mystery of the Trinity by comparing it to a shamrock. Just as the shamrock is one clover but has three leaves, so the Trinity is one God in three Divine Persons: Father, Son, and Holy Spirit.

Saint Patrick is known for bringing the Christian faith to Ireland. Because of this, he is the patron saint of Ireland. The Church celebrates his feast day on March 17.

Catholic Customs

The Triqueta: A Symbol for the Trinity

Saint Patrick used the shamrock to help people understand one God in three Divine Persons. Another symbol of the Blessed Trinity is the triqueta (tri KE ta). The triqueta has three points and three equal sides, and it has no beginning and no end. This represents the unity, equality, and eternal nature of the Blessed Trinity.

Tú puedes hacerlo

San Patricio usó un trébol para ayudar a las personas a entender un Dios en tres Personas Divinas. En el siguiente dibujo rotula cada parte con una de las Personas Divinas de la Santísima Trinidad. Luego en cada espacio, escribe o dibuja una cosa que conozcas acerca de esa Persona Divina.

¡En solidaridad!

San Patricio enseñó a las personas de Irlanda acerca de la fe cristiana.

➡ ¿A quién puedes enseñar acerca de tu fe? ¿Cómo puedes hacerlo?

Oramos

Gloria al Padre

Gloria al Padre
y al Hijo
y al Espíritu Santo.
Como era en el principio,
ahora y siempre,
por los siglos de los siglos.
Amén.

Make It Happen

Saint Patrick used a shamrock to help people understand one God in three Divine Persons. Label each of the spaces below for each Divine Person of the Trinity. Then in each space, write or draw one thing you know about that Divine Person.

Reach Out!

Saint Patrick taught the people of Ireland about the Christian faith.

➡ **Whom can you teach about your faith? How can you do so?**

We Pray

Glory Be

Glory be to the Father
and to the Son
and to the Holy Spirit
as it was in the beginning
is now, and ever shall be
world without end.
Amen.

Repaso de la Lección 4

A **Completa** el crucigrama usando las siguientes pistas.

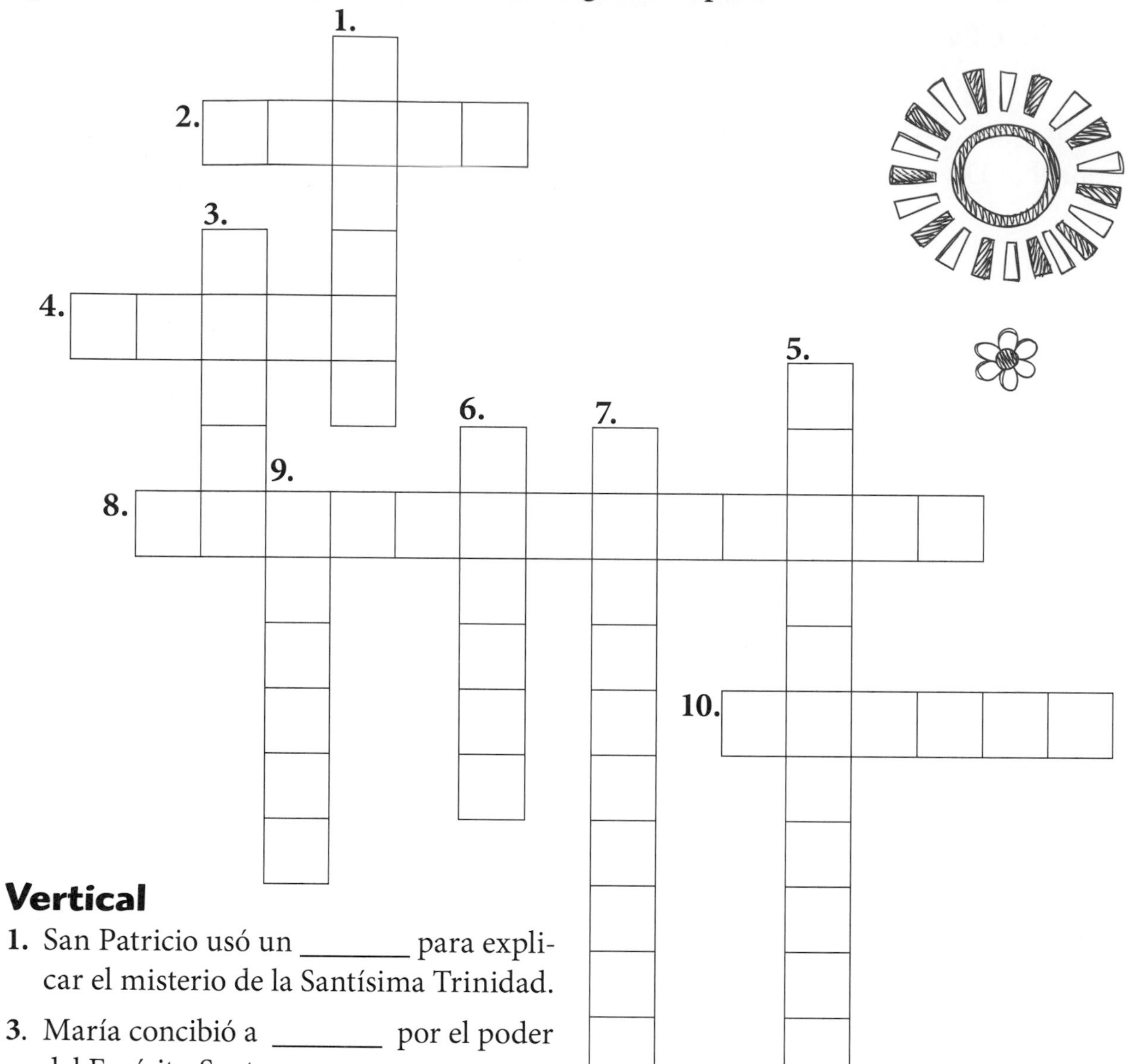

Vertical

1. San Patricio usó un _______ para explicar el misterio de la Santísima Trinidad.
3. María concibió a _______ por el poder del Espíritu Santo.
5. En _________ los Apóstoles comenzó su trabajo de evangelización.
6. En el Antiguo Testamento, cuando Dios creó al mundo, el Espíritu Santo apareció como un __________ fuerte.
7. Proclamar la ___________ de Jesús y el amor de Dios se llama evangelización.
9. En el Bautismo de Jesús, el Espíritu Santo se apareció en forma de una _______ .

Horizontal

2. ___________ estaba presente con los Apóstoles en Pentecostés.
4. En Pentecostés el Espíritu Santo vino en forma de lenguas de _________ .
8. El ________ es la Tercera Persona Divina de la Santísima Trinidad.
10. Uno de los símbolos del Espíritu Santo que se usa en el Bautismo es el _____ .

Lesson 4 Review

A **Complete** the crossword puzzle using the following clues.

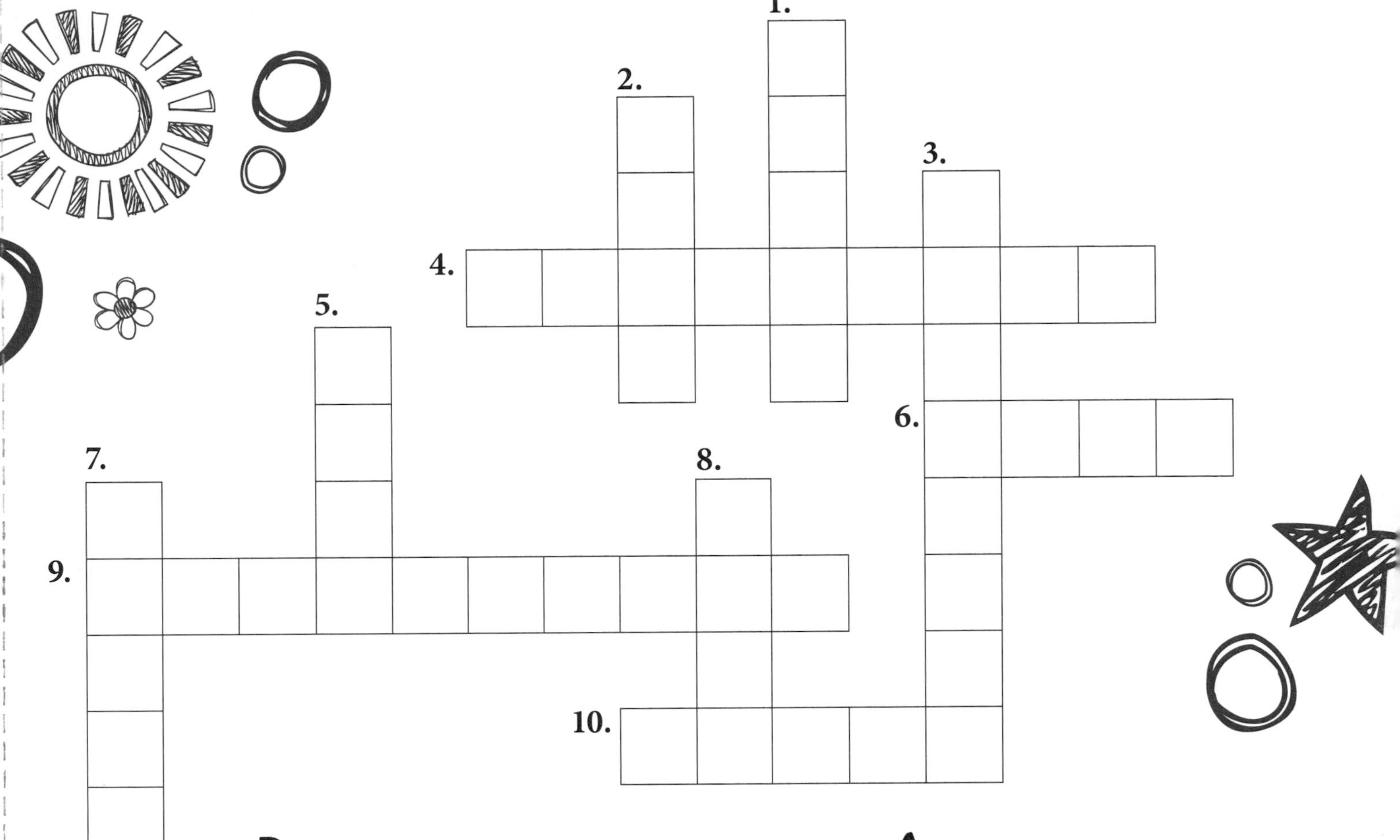

Down

1. One of the symbols for the Holy Spirit that is used at Baptism is _____.
2. In the Old Testament, when God created the world, the Holy Spirit appeared as _____.
3. Proclaiming the _____ of Jesus and the love of God is called evangelization.
5. _____ was present with the Apostles at Pentecost.
7. Saint Patrick used a _____ to explain the mystery of the Blessed Trinity.
8. At Pentecost the Holy Spirit came in the form of tongues of _____.

Across

4. At _____ the Apostles began their work of evangelization.
6. At Jesus' Baptism the Holy Spirit appeared in the form of a _____.
9. The _____ is the Third Divine Person of the Blessed Trinity.
10. Mary conceived _____ by the power of the Holy Spirit.

Lección 5

Nuestra Santa Iglesia católica

Oremos

Oración por la Iglesia

Líder: Oremos por la Iglesia.

Lector 1: Por el Papa, los obispos y por todos los sacerdotes, te lo pedimos Señor.

Todos: Señor, escucha nuestra oración.

Lector 2: Por nuestras familias y por todos los que nos enseñan cómo vivir una vida buena y santa, te lo pedimos Señor.

Todos: Señor, escucha nuestra oración.

Lector 3: Por todos los miembros de la Iglesia, te lo pedimos Señor.

Todos: Señor, escucha nuestra oración.

Líder: Oremos Señor, envía tus bendiciones sobre todos los miembros de tu Iglesia, que todos obremos juntos por el bien común.

Todos: Amén.

Mi fe católica

Como miembros de la Iglesia, estamos llamados a mostrar el amor de Dios a los demás.

➡ ¿Cómo demuestras el amor de Dios a tu familia en casa?

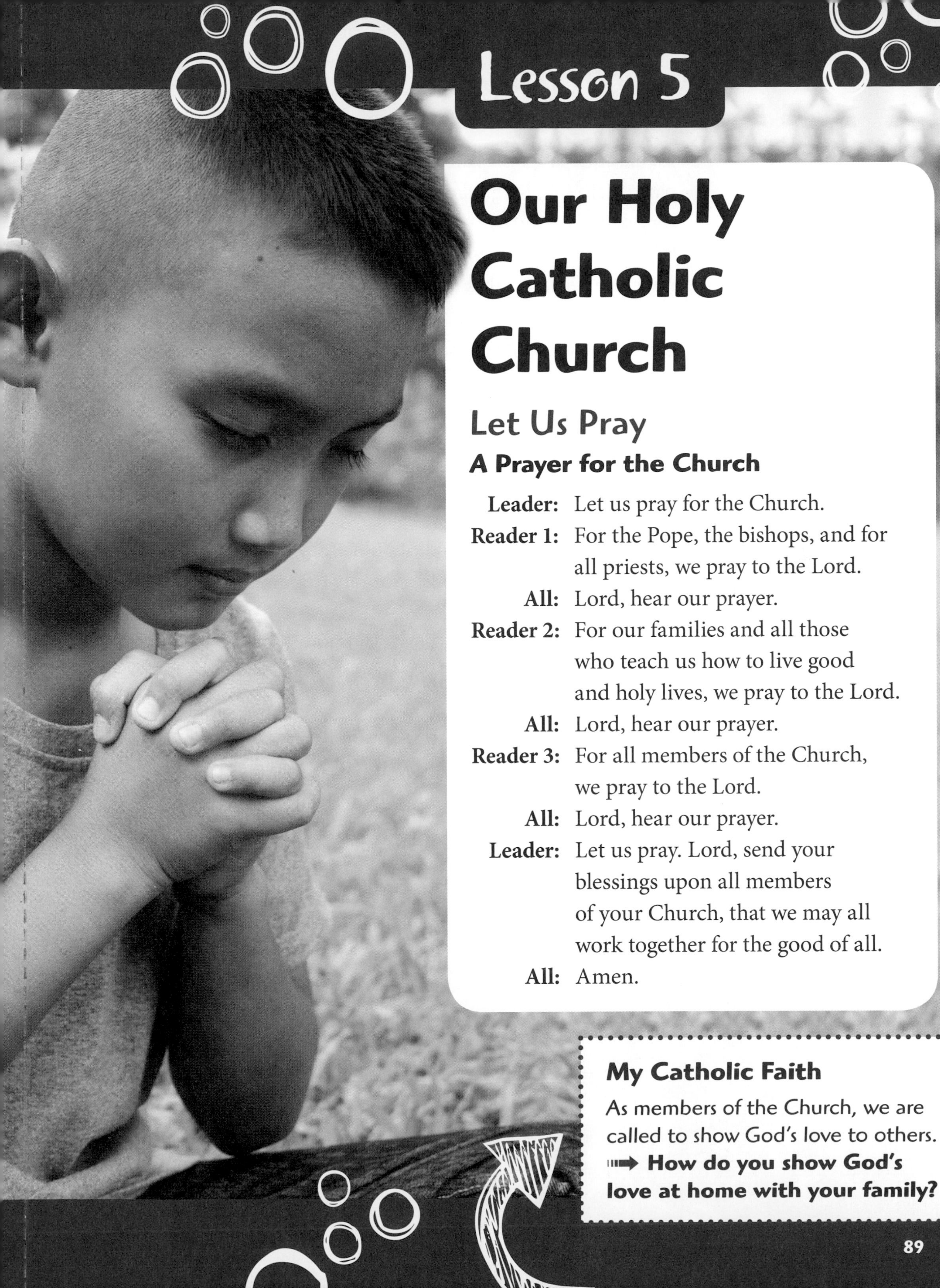

Lesson 5

Our Holy Catholic Church

Let Us Pray

A Prayer for the Church

Leader: Let us pray for the Church.
Reader 1: For the Pope, the bishops, and for all priests, we pray to the Lord.
All: Lord, hear our prayer.
Reader 2: For our families and all those who teach us how to live good and holy lives, we pray to the Lord.
All: Lord, hear our prayer.
Reader 3: For all members of the Church, we pray to the Lord.
All: Lord, hear our prayer.
Leader: Let us pray. Lord, send your blessings upon all members of your Church, that we may all work together for the good of all.
All: Amen.

My Catholic Faith

As members of the Church, we are called to show God's love to others.
→ **How do you show God's love at home with your family?**

Sagrada Escritura

¿Sabías que la Iglesia católica es visible e invisible a la vez? La parte visible de la Iglesia es lo que experimentamos con nuestros sentidos. Esto incluye cosas como la reunión de personas para la Misa y las oraciones que escuchamos y rezamos. La parte invisible o espiritual es la manera en que la Iglesia comparte el amor de Cristo. Por esta razón decimos que la Iglesia es humana y divina a la vez. Jesús estableció la Iglesia cuando estuvo en la tierra. Eligió a los Apóstoles para que fueran los líderes de la Iglesia. Eligió a San Pedro como el líder de los Apóstoles y de la Iglesia.

Escrituras en la Misa

Esta lectura del Evangelio de Mateo nos recuerda la responsabilidad que Jesús le dio al Papa para guiar a la Iglesia en la Tierra. El 22 de febrero se lee en la Misa la Fiesta de la Cátedra de San Pedro. Esta fiesta honra al Papa y su ministerio.

Jesús llama a Pedro para que sea líder de la Iglesia

"… [Jesús] preguntó a sus discípulos: 'Según el parecer de la gente, ¿quién es este Hijo del Hombre?' Respondieron: 'Unos dicen que eres Juan el Bautista, otros que eres Elías o Jeremías, o alguno de los profetas.' Jesús les preguntó: 'Y ustedes, ¿quién dicen que soy yo?' Pedro contestó: 'Tú eres el Mesías, el Hijo del Dios vivo.'

"Jesús le replicó: 'Feliz eres, Simón Barjona, porque esto no te lo ha revelado la carne ni la sangre, sino mi Padre que está en los Cielos. Y ahora yo te digo: Tú eres Pedro (o sea Piedra), y sobre esta piedra edificaré mi Iglesia; … Yo te daré las llaves del Reino de los Cielos: lo que ates en la tierra quedará atado en el Cielo, y lo que desates en la tierra quedará desatado en el Cielo.'"

— Mateo 16, 13-19

Sacred Scripture

Did you know that the Catholic Church is both visible and invisible? The visible part of the Church is what we can experience with our senses. This includes things like the gathering of people for Mass and prayers we hear and say. The invisible, or spiritual, part is the way the Church shares Christ's love. Because of this we say that the Church is both human and divine. Jesus established the Church when he was on earth. He chose the Apostles to be the leaders of the Church. He chose Saint Peter as the leader of the Apostles and of the Church.

Scripture at Mass

This reading from the Gospel of Matthew reminds us of the responsibility Jesus gave the Pope to lead the Church on earth. It is read at Mass on February 22, the Feast of the Chair of Saint Peter the Apostle. This feast honors the Pope and his ministry.

Jesus Calls Peter to Lead the Church

[Jesus] asked his disciples, "Who do people say that the Son of Man is?" They replied, "Some say John the Baptist, others Elijah, still others Jeremiah or one of the prophets." He said to them, "But who do you say that I am?" Simon Peter said in reply, "You are the Messiah, the Son of the living God."

Jesus said to him in reply, "Blessed are you, Simon…. For flesh and blood has not revealed this to you, but my heavenly Father. And so I say to you, you are Peter, and upon this rock I will build my church…. I will give you the keys to the kingdom of heaven. Whatever you bind on earth shall be bound in heaven. Whatever you loose on earth will be loosed in heaven."

—Matthew 16:13–20

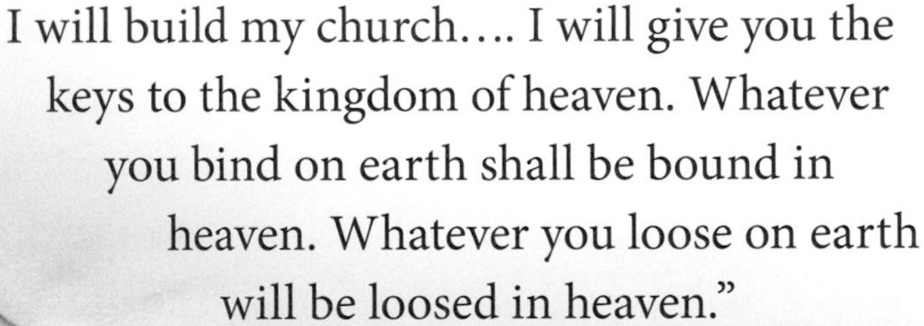

Vivir las Escrituras

Imagina que Jesús te pregunta: ¿Quién dices que soy yo? ¿Qué responderías? Escribe tu respuesta.

Puedes expresar tus creencias acerca de Jesús a través de tus palabras y acciones. En el siguiente espacio, escribe tres maneras en que puedes compartir lo que crees con palabras. Luego escribe tres maneras en que puedes mostrar lo que crees con acciones.

Con palabras	Con acciones

Living the Scripture

Suppose Jesus asked you, "Who do you say I am?" How would you answer? Write your response.

____

____

____

____

You can express your beliefs about Jesus through your words and through your actions. In the space below, write three ways you can share what you believe through words. Then write three ways you can show what you believe through your actions.

Through my words	Through my actions

Nuestra Tradición Católica

Jesús fundó la Iglesia

En los primeros días después de la Ascensión de Jesús, la Iglesia estaba centrada en Jerusalén. Los pequeños grupos de cristianos se reunían para rendir culto en las casas de sus compañeros. A medida que los discípulos enseñaban el mensaje del Evangelio a más y más personas, la Iglesia crecía. La cristiandad había sido establecida en nuevos lugares. Hoy, la Iglesia católica incluye a personas de todo el mundo. El Papa y los obispos son los líderes de la Iglesia de Cristo en la tierra.

¿Cómo ha crecido la Iglesia a través del tiempo?

La Iglesia es una asamblea del Pueblo de Dios. Su unidad procede de la unidad de la Santísima Trinidad. Llamamos a la Iglesia el **Cuerpo de Cristo**. Como un cuerpo, la Iglesia es una pero está compuesta de muchas partes o miembros. A través del Espíritu Santo, Cristo otorga a la Iglesia cuatro atributos: una, santa, católica y apostólica. Estas características se llaman **Atributos de la Iglesia**. Cristo llama a la Iglesia a vivir estas características especiales y a hacerlas realidad.

¿Por qué llamamos a la Iglesia el Cuerpo de Cristo?

Atributos de la Iglesia	
una	La Iglesia es *una* porque fue fundada por Cristo y está unida por el Espíritu Santo bajo una misma fe.
santa	La Iglesia es *santa* porque está unida a Cristo y es santificada por Él. La Iglesia es santa para que sea un signo de la presencia de Cristo en el mundo.
católica	La palabra *católico* significa universal o para todas las personas. La Iglesia es universal porque fue enviada por Cristo para que anuncie la Buena Nueva a todas las personas.
apostólica	La Iglesia es *apostólica* porque Jesús comenzó la Iglesia con los Apóstoles. La I glesia enseña hoy lo que los Apóstoles enseñaron y es dirigida por ellos a través del Papa y los obispos.

Our Catholic Tradition

Jesus Founded the Church

In the earliest days after Jesus' Ascension, the Church was centered in Jerusalem. Small groups of Christians gathered for worship in one another's homes. As the disciples taught the Gospel message to more and more people, the Church grew. Christianity was established in new places. Today the Catholic Church includes people from all over the world. The Pope and the bishops lead Christ's Church on earth.

How has the Church grown over time?

The Church is an assembly of the People of God. Her unity flows from the unity of the Blessed Trinity. We call the Church the **Body of Christ**. Like a body the Church is one but is made up of many parts, or members. Through the Holy Spirit, Christ bestows on the Church four marks: one, holy, catholic, and apostolic. These qualities are called the Marks of the Church. Christ calls on the Church to live and make real these special qualities.

Why do we call the Church the Body of Christ?

The Marks of the Church	
one	The Church is *one* because she was founded by Jesus Christ, and is united by the Holy Spirit in one faith.
holy	The Church is *holy* because she is united with Christ and made holy by him. The Church is holy to be a sign of Christ's presence in the world.
catholic	The word *catholic* means universal, or for all people. The Church is universal because she was sent by Christ to bring the Good News to all people.
apostolic	The Church is *apostolic* because Jesus began the Church with the Apostles. The Church today teaches what the Apostles taught, and is led by them through the Pope and the bishops.

Vive tu fe

Completa los espacios en blanco para mostrar cómo perteneces a la Iglesia universal. Luego explica por qué pertenecer a la Iglesia es importante para ti.

Mi nombre es ______________________________

La parroquia a la que pertenezco es______________________

____

Mi parroquia está en la diócesis de ______________

Nuestro obispo es__________________________

El nombre del Papa es ______________________

Para es mi es importante pertenecer a la Iglesia católica porque ______________________

____

____

DATOS DE FE

➡ El Papa y los obispos son sucesores directos de los Apóstoles. Esto quiere decir que ocupan el lugar de los Apóstoles. Esto se llama Sucesión Apostólica.

➡ Cuando los obispos del mundo en unión con el Papa hablan sobre temas de la fe y la moral, sus enseñanzas están libres de errores.. Esto se llama **infalibilidad papal**. Este es un don divino de la Iglesia que nos asegura que sus enseñanzas representan las verdades de la salvación.

Palabras para aprender

Cuerpo de Cristo
Un nombre para la Iglesia. Cristo es la cabeza de la Iglesia y todos los bautizados son miembros del Cuerpo.

infalibilidad papal
don del Espíritu Santo dado al Papa y los obispos en unión con él para que enseñen acerca de la fe y la moral sin errores

Live Your Faith

Fill in the blanks to show how you belong to the universal Church. Then tell why belonging to the Church is important to you.

My name is ______________________________

The parish I belong to is ______________________________

____

My parish is in the diocese of ______________________________

Our bishop is ______________________________

The name of the Pope is ______________________________

It is important to me to belong to the Catholic Church because ______________________________

____

____

FAITH FACTS

➡ The Pope and the bishops take the place of the Apostles. This is called Apostolic Succession.

➡ When the bishops of the world in union with the Pope speak on matters of faith and morals, their teachings are without error. This is called **papal infallibility**. It is a divine gift that assures us that their teachings represent the truths of salvation.

Words to Know

Body of Christ
A name for the Church. Christ is the head of the Church, and all the baptized are members of the Body.

papal infallibility
the gift of the Holy Spirit given to the Pope and the bishops in union with him to teach about faith and morals without error

Santos y personas piadosas

San Pedro (siglo I)

San Pedro era uno de los Doce Apóstoles. Pedro mostró una gran fe en Jesús. Cuando Jesús preguntó a los Apóstoles quién era Él, Pedro sabía que Jesús era el Mesías. Por eso, Jesús le dijo: "Tú eres Pedro (o sea Piedra), y sobre esta piedra edificaré mi Iglesia" (Mateo 16, 18). Esto significó que Jesús hizo a Pedro el líder de su Iglesia en la tierra.

San Pedro fue el primer Papa. Otro nombre para el Papa es el Vicario de Cristo. Cuando Roma se convirtió en el centro de la Iglesia, San Pedro también se convirtió en el obispo de Roma. Todos los papas desde San Pedro llevan la misión de dirigir la Iglesia.

Papa Francisco (1936–)

El Papa Francisco es el Papa número 265 en seguir a San Pedro. Antes de convertirse en Papa, era un obispo y luego un cardenal de Argentina. Él es el primer Papa de Latinoamérica.

Antes de convertirse en Papa, Francisco era conocido como el Cardenal Jorge Mario Bergoglio. Él eligió el nombre de Francisco en honor a San Francisco de Asís. San Francisco renunció a las riquezas materiales para servir a Dios y al pobre. El Papa Francisco ha estado ayudando a los católicos y a todas las personas a entender que es importante cuidar de los necesitados.

Costumbres católicas

El Papa viaja para compartir el Evangelio

Una de las responsabilidades del Papa es enseñar acerca del amor de Dios. Recientemente, los papas han viajado a diferentes países para enseñar acerca de Dios. El Papa San Juan Pablo II (1978–2005) viajó a más de cien países. Visitó siete veces los Estados Unidos. El Papa Francisco también viaja para difundir el mensaje del Evangelio. Al poco tiempo de haber sido nombrado Papa, el Papa Francisco viajó a Brasil para el Día Mundial de la Juventud. Cerca de tres millones de jóvenes se reunieron para escucharlo hablar y celebrar la Misa.

Saints and Holy People

Saint Peter (first century)

Saint Peter was one of the Twelve Apostles. Peter showed great faith in Jesus. When Jesus asked the Apostles to tell who he was, Peter knew Jesus was the Messiah. Because of this Jesus said to him, "You are Peter, and upon this rock I will build my Church" (Matthew 16:18). This meant that Jesus was making Peter the leader of his Church on earth.

Saint Peter was the first Pope. Another name for the Pope is the Vicar of Christ. When Rome became the center of the Church, Saint Peter also became the bishop of Rome. All the Popes since Saint Peter carry on the mission of leading the Church.

Pope Francis (1936–)

Pope Francis is the 266th Pope to follow Saint Peter. Before becoming Pope, he was a bishop and then a cardinal from Argentina. He is the first Pope from Latin America.

Before becoming Pope, Francis was known as Cardinal Jorge Mario Bergoglio. He chose the name Francis in honor of Saint Francis of Assisi. Saint Francis gave up worldly riches to serve God and the poor. Pope Francis has been helping Catholics and all people understand that it is important to take care of people in need.

Catholic Customs

The Pope Travels to Share the Gospel

One of the Pope's responsibilities is to teach about God's love. In recent times, popes have traveled to different countries to teach about God. Pope Saint John Paul II (1978–2005) traveled to more than one hundred countries. He made seven visits to the United States. Pope Francis also travels to spread the Gospel message. Not long after he became Pope, Pope Francis traveled to Brazil for World Youth Day. Nearly three million young people gathered to hear him speak and to celebrate Mass.

Tú puedes hacerlo

¿Cuál crees que sea la mayor diferencia entre ser Papa en el siglo I —en los tiempos de la Iglesia primitiva— y hoy en día? ¿Qué crees que sea igual? En la siguiente tabla, escribe algunas cosas que sean diferentes y algunas que sean iguales.

Diferente	Igual

La fe en el hogar

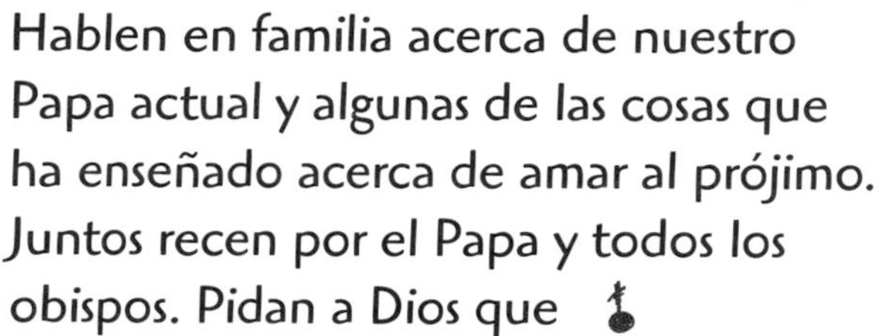

Hablen en familia acerca de nuestro Papa actual y algunas de las cosas que ha enseñado acerca de amar al prójimo. Juntos recen por el Papa y todos los obispos. Pidan a Dios que los bendiga y los guíe siempre como líderes de su Iglesia.

Oramos

Oración por el Papa

Dios nuestro, pastor y guía de todos los fieles, mira con bondad a tu hijo el Papa Francisco, a quien constituiste como pastor de tu Iglesia. Que con su palabra y ejemplo conduzca al pueblo bajo su cuidado. Que comparta la vida eterna con el rebaño que le has confiado. Te lo pedimos por nuestro Señor Jesucristo. Amén.

—Basado en el *Misal Romano*

Make It Happen

What do you think is most different about being Pope in the first century—around the time of the Early Church—and today? What do you think is the same? In the chart below, write some things that are different, and some that are the same.

Different	The Same

Faith at Home

As a family, talk about our current Pope and some of the things he has taught about loving others. Together pray for the Pope and all the bishops. Ask God to bless them and guide them always in leading his Church.

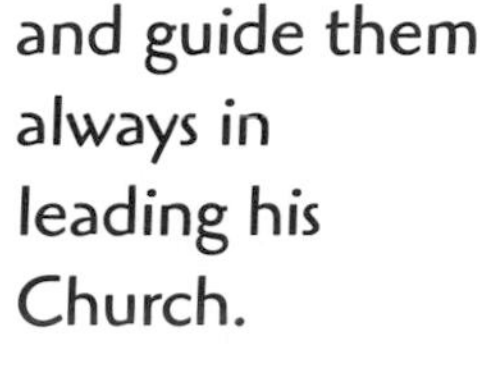

We Pray

A Prayer for the Pope

O God, Pastor and Ruler of all the faithful, look upon your servant, Pope Francis, whom you have appointed to preside over your Church. Grant that by word and example, he may teach all those under his care. With the flock entrusted to him, may he share in life everlasting. We ask this through Christ our Lord. Amen.

—Based on the *Roman Missal*

Repaso de la Lección 5

A **Une** cada Atributo de la Iglesia en la Columna B con su significado en la Columna A, escribiendo la letra correcta en el espacio dado.

Columna A	Columna B
1. _____ La Iglesia es universal porque Jesús envió a la Iglesia a difundir la Buena Nueva de salvación a todas las personas.	**a.** una
2. _____ La Iglesia está unida a Dios y es llamada por Él para un propósito específico.	**b.** santa
3. _____ El Espíritu Santo une a todos los miembros de la Iglesia bajo una misma fe.	**c.** católica
4. _____ La Iglesia enseña hoy lo que los Apóstoles enseñaron y es dirigida por ellos a través del Papa y los obispos.	**d.** apostólica

B **Rellena** el San Pedro círculo que está junto a la respuesta correcta.

5. La autoridad y el poder de dirigir y enseñar a la Iglesia se transmite de los Apóstoles al Papa y los obispos. Esto se llama _____.

◯ **Sucesión Apostólica** ◯ **infalibilidad papal**

6. Con la ayuda del Espíritu Santo el Papa y los obispos enseñan acerca de la fe y la moral sin equivocaciones. Esto se llama _____.

◯ **Sucesión Apostólica** ◯ **infalibilidad papal**

7. Cuando Jesús llamó a San Pedro para que fuera el líder de la Iglesia, lo llamó _____.

◯ **el Vicario de Cristo** ◯ **la piedra**

8. Otro nombre del Papa es _____.

◯ **el Vicario de Cristo** ◯ **“la piedra”**

9. San _____ fue el primer Papa.

◯ **Francisco** ◯ **Pedro**

10. Antes de convertirse en Papa, _____era conocido como el Cardenal Jorge Mario Bergoglio.

◯ **Papa Francisco** ◯ **San Pedro**

Lesson 5 Review

A **Match** each Mark of the Church in column B with its meaning in column A by writing the letter in the space provided.

Column A	Column B
1. _____ The Church is universal, because Jesus sent the Church out to bring the Good News of salvation to all people.	**a.** one
2. _____ The Church is united with God and called by God for a specific purpose.	**b.** holy
3. _____ The Holy Spirit unites all the members of the Church in faith.	**c.** catholic
4. _____ The Church today teaches what the Apostles taught, and is led by them through the Pope and the bishops.	**d.** apostolic

B **Fill in** the circle beside the correct answer.

5. The authority and power to lead and teach the Church is passed down from the Apostles to the Pope and bishops. This is called _____.

◯ **Apostolic Succession** ◯ **papal infallibility**

6. With the help of the Holy Spirit, the Pope and the bishops teach about faith and morals without error. This is called _____.

◯ **Apostolic Succession** ◯ **papal infallibility**

7. When Jesus called Saint Peter to be the leader of the Church, he called him _____.

◯ **the Vicar of Christ** ◯ **the rock**

8. Another name for the Pope is _____.

◯ **the Vicar of Christ** ◯ **the rock**

9. Saint _____ was the first Pope.

◯ **Francis** ◯ **Peter**

10. Before _____ became Pope, he was known as Cardinal Jorge Mario Bergoglio.

◯ **Pope Francis** ◯ **Saint Peter**

Lección 6

María, Madre de Dios

Oremos

Salve Regina

Líder: Vamos a reunirnos y a rezar esta oración en honor a María.

Todos: Dios te salve, Reina y Madre de misericordia,
vida, dulzura y esperanza nuestra;
Dios te salve.
A ti llamamos los desterrados hijos de Eva;
a ti suspiramos, gimiendo y llorando
en este valle de lágrimas.
Ea, pues, Señora, abogada nuestra,
vuelve a nosotros esos tus ojos misericordiosos;
y después de este destierro, muéstranos a Jesús,
fruto bendito de tu vientre.
¡Oh, clementísima, oh piadosa, oh dulce Virgen María!

Mi fe católica

Cuando Dios le pidió a María que fuera la Madre de Jesús, ella dijo "sí".
→ **¿Cómo puedes decirle "sí" a Dios?**

Lesson 6

Mary, the Mother of God

Let Us Pray

Hail Holy Queen

Leader: Let us join together and pray this prayer honoring Mary.

All: Hail, Holy Queen, Mother of Mercy,
our life, our sweetness, and our hope!
To you do we cry,
poor banished children of Eve;
to you do we send up our sighs,
mourning and weeping in this vale of tears.
Turn, then, most gracious advocate,
your eyes of mercy toward us;
and after this our exile,
show to us the blessed fruit of your womb, Jesus.
O clement, O loving, O sweet Virgin Mary!

My Catholic Faith

When God asked Mary to be the Mother of Jesus, she said yes.

When do you say yes to God?

Sagrada Escritura

En el Evangelio de Lucas, leemos acerca de la visita del Ángel Gabriel a María. En esta visita, Gabriel le dijo a María que Dios la había elegido para ser la Madre de su Hijo, Jesús. Este acontecimiento se llama la **Anunciación**. Poco después, María fue a visitar a su prima Isabel. Isabel también estaba esperando un hijo. El Evangelio de Lucas nos habla acerca de esta visita.

María visita a su prima Isabel

"Por entonces María tomó su decisión y se fue, sin más demora, a una ciudad ubicada en los cerros de Judá. Entró en la casa de Zacarías y saludó a Isabel. Al oír Isabel su saludo, el niño dio saltos en su vientre. Isabel se llenó del Espíritu Santo y exclamó en alta voz: '¡Bendita tú eres entre las mujeres y bendito el fruto de tu vientre! ¿Cómo he merecido yo que venga a mí la madre de mi Señor? Apenas llegó tu saludo a mis oídos, el niño saltó de alegría en mis entrañas. ¡Dichosa tú por haber creído que se cumplirían las promesas del Señor!'

"María dijo entonces:

'Proclama mi alma la grandeza del Señor,

y mi espíritu se alegra en Dios mi Salvador....

y desde ahora todas las generaciones me llamarán feliz.

El Poderoso ha hecho grandes cosas por mí:

¡Santo es su Nombre!'"

—Lucas 1, 39-49

Otras Escrituras sobre María

Puedes leer más acerca de María en otros pasajes de la Sagrada Escritura. Estos son algunos:

- La Anunciación: Lucas 1, 26-38
- Jesús nace en Belén: Lucas 2, 1-7
- Jesús es presentado en el Templo: Lucas 2, 22-38

Sacred Scripture

In the Gospel of Luke, we read about the angel Gabriel's visit to Mary. At this visit, Gabriel told Mary that God had chosen her to be the Mother of his Son, Jesus. This event is called the **Annunciation**. Soon after, Mary went to visit her cousin Elizabeth. Elizabeth was also expecting a baby. The Gospel of Luke tells us about this visit.

Mary Visits Her Cousin Elizabeth

When Elizabeth heard Mary's greeting, the infant leaped in her womb, and Elizabeth, filled with the holy Spirit, cried out in a loud voice and said, "Most blessed are you among women, and blessed is the fruit of your womb. And how does this happen to me that the mother of my Lord should come to me? For at the moment the sound of your greeting reached my ears, the infant in my womb leaped for joy. Blessed are you who believed that what was spoken to you by the Lord would be fulfilled."

And Mary said:

"My soul proclaims the greatness of the Lord,

my spirit rejoices in God my savior....

From now on will all ages call me blessed.

The Mighty One has done great things for me,

and holy is his name."

— Luke 1:41–49

More Scripture on Mary

You can read about Mary in other Scripture passages. Here are some:

- The Annunciation – Luke 1:26–38
- The Birth of Jesus – Luke 2:1–7
- The Presentation of Jesus in the Temple – Luke 2:22–38

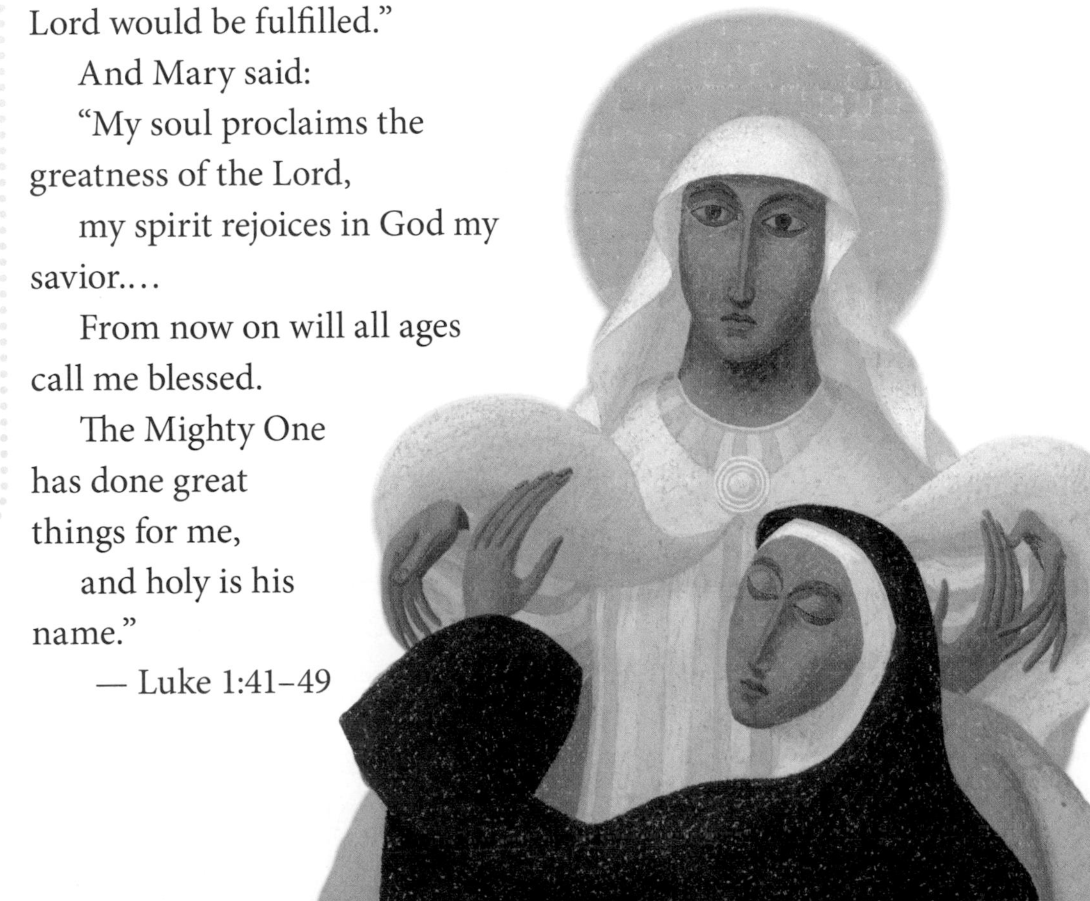

Vivir las Escrituras

Ordena del 1 al 5 los siguientes sucesos de la Sagrada Escritura, escribiendo el número sobre la línea. Luego, en el espacio de la derecha, haz un dibujo de uno de los sucesos. Ponle un título a tu dibujo.

_____ María fue a visitar a su prima Isabel.

_____ María dijo unas palabras de alabanza a Dios.

_____ El niño en el vientre de Isabel saltó de alegría.

_____ El Ángel Gabriel visitó a María para decirle que Dios quería que ella fuera la Madre de Jesús.

_____ Isabel se llenó del Espíritu Santo y le dijo a María que era bendita.

____

Palabras para aprender

Anunciación anuncio del Ángel Gabriel a María de que Dios la había elegido para ser la Madre de Jesús

Living the Scripture

Put the following events from Scripture in order from 1 to 5 by writing the number on the line. Then, in the space on the right, draw a picture of one of the events. Give your drawing a title.

_____ Mary went to visit her cousin Elizabeth.

_____ Mary spoke words of praise to God.

_____ The baby in Elizabeth's womb leaped for joy.

_____ The angel Gabriel visited Mary to tell her God wanted her to be the Mother of Jesus.

_____ Elizabeth was filled with the Holy Spirit and said Mary was blessed.

Words to Know

Annunciation
the angel Gabriel's announcement to Mary that God had chosen her to be the Mother of Jesus

Nuestra Tradición Católica

María es la Madre de Dios

La Virgen María tenía una parte importante en el plan de Dios para nuestra salvación. Dios la eligió para ser la Madre de su Hijo Divino, Jesús. Debido a esto, Dios hizo a María libre de Pecado Original desde el momento de su concepción. A esto lo llamamos La **Inmaculada Concepción**. Esto significa que María estaba en perfecto estado de gracia desde el primer momento en que comenzó su existencia. Ella se mantuvo libre de pecado durante toda su vida.

Jesucristo fue concebido por el poder del Espíritu Santo. María no tuvo otros hijos además de Jesús. Como María es la Madre de Jesús, quien es también Dios, ella es la Madre de Dios. María es también nuestra madre espiritual. Ella nos guía para que sigamos a su Hijo, Jesús.

Como María siempre le fue fiel a Dios, al final de su vida terrenal fue llevada al Cielo en cuerpo y alma. Este acontecimiento se llama la **Asunción**. Celebramos la Solemnidad de la Asunción el 15 de agosto.

¿Qué es la Inmaculada Concepción?

¿Por qué decimos que María es la Madre de Dios?

¿Qué celebramos en la Solemnidad de la Asunción?

Our Catholic Tradition

Mary Is the Mother of God

The Virgin Mary had an important role in God's plan for our salvation. God chose her to be the Mother of his Divine Son, Jesus. Because of this, God made Mary free from Original Sin from the moment she was conceived. We call this the **Immaculate Conception**. This means Mary was in a perfect state of grace from the first moment she came into being. She remained free from sin throughout her life.

Jesus Christ was conceived by the power of the Holy Spirit. Mary had no children other than Jesus. Because Mary is the Mother of Jesus, who is also God, she is the Mother of God. Mary is also our spiritual mother. She guides us in following her Son, Jesus.

Because Mary was always faithful to God, at the end of her earthly life she was taken up into Heaven body and soul. This event is called the **Assumption**. We celebrate the Feast of the Assumption on August 15.

What is the Immaculate Conception?

Why do we say Mary is the Mother of God?

What do we celebrate on the Feast of the Assumption?

Vive tu fe

Ordena las letras de las siguientes palabras acerca de María. La primera y la última letra de cada palabra están ordenadas para ti.

A

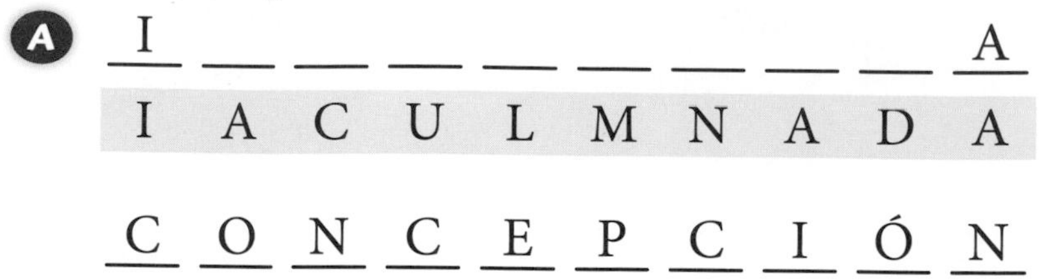

C O N C E P C I Ó N

B

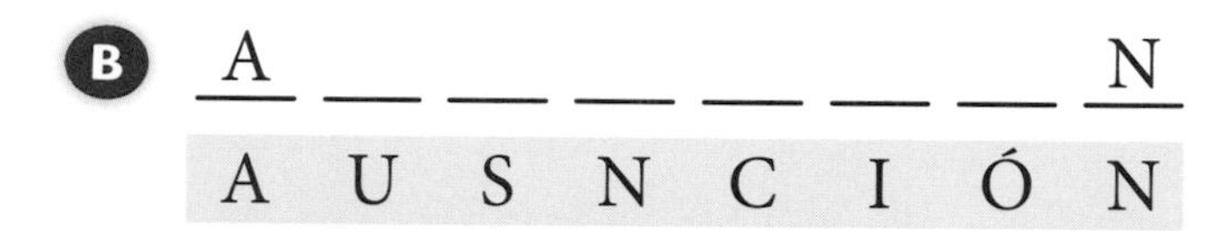

C A _ _ _ _ _ _ _ _ _ N

A N C U I A C I Ó N N

D M _ _ _ E

M E D R A

Ahora completa cada una de las siguientes oraciones, poniendo en el espacio dado el número de la palabra o palabras de la lista de arriba.

1. María estuvo libre de pecado desde el momento en que fue concebida. Esto se llama la ______.
2. Dios eligió a María para que fuera la ______ de su Hijo, Jesús.
3. La visita del Ángel Gabriel a María para decirle que Dios quería que ella fuera la Madre de Jesús se llama la ______.
4. Al final de la vida terrenal de María, su cuerpo y alma fueron llevados al Cielo. Esto se llama la ______.

DATOS DE FE

- Durante la Anunciación, María aceptó ser la Madre de Jesús. Al decir que sí, ella cooperó con Dios en la obra de salvación.
- Jesús es la Cabeza de la Iglesia. María, su Madre, es también la Madre de la Iglesia.
- Como Madre de la Iglesia, María continúa ayudándonos. Ella intercede, o habla con Dios, por nosotros. Ella es un ejemplo de fe y amor para nosotros.

Palabras para aprender

Inmaculada Concepción
la verdad de que Dios mantuvo a María libre de pecado desde el primer momento en que fue concebida

Asunción
la enseñanza de que después de su vida terrenal, María fue llevada al Cielo, en cuerpo y alma, para estar con Dios

Live Your Faith

Unscramble the following words about Mary. The first and last letter of each word is done for you.

A I __ __ __ __ __ __ __ __ E

I M T U L A M A C E

C O N C E P T I O N

B A __ __ __ __ __ __ __ __ N

A M S U P I O S N T

C A __ __ __ __ __ __ __ __ __ __ N

A U C N N I A T N O I N

D M __ __ __ __ R

M E T R H O

Now complete each sentence below by putting the letter of the word or words from the list above in the space provided.

1. Mary was free from sin from the moment she came into being. This is called the ______.
2. God chose Mary to be the ______ of his Son, Jesus.
3. The angel Gabriel's visit to Mary to tell her that God wanted her to be the Mother of his Son is called the ______.
4. At the end of Mary's earthly life, her body and soul were taken up into Heaven. This is called the ______.

FAITH FACTS

➡ At the Annunciation, Mary said yes to being the Mother of Jesus. By saying yes, she cooperated with God in the work of salvation.

➡ Jesus is the Head of the Church. Mary, his Mother, is also the Mother of the Church.

➡ As the Mother of the Church, Mary continues to help us. She intercedes, or speaks to God, for us. She is an example of faith and love for us.

Words to Know

Immaculate Conception
the truth that God kept Mary free from sin from the first moment she came into being

Assumption
the teaching that after her earthly life, Mary was taken into Heaven, body and soul, to be with God

Santos y personas piadosas

Santo Domingo Savio (1842-1857)

Domingo Savio nació en un pueblito al norte de Italia. Fue uno de los diez hijos de Carlos y Brígida Savio.

Cuando Domingo tenía doce años, se unió a San Juan Bosco como estudiante de su escuela en Turín. Domingo fundó un grupo que llamó la Compañía de la Inmaculada Concepción. Los jóvenes de este grupo se reunían para orar y hacer devociones a María. También ayudaban a cuidar de la escuela y de los niños abandonados que ingresaban en la escuela.

Domingo se esforzó mucho en complacer a Dios en todo lo que hacía. Él decía: "No puedo hacer cosas grandes. Pero quiero que todo lo que haga, aún las cosas más pequeñas, sean para la mayor gloria de Dios".

Domingo esperaba convertirse en sacerdote. Pero a principios de 1857, a la edad de quince años, contrajo una infección pulmonar. Lo enviaron a su casa para que se recuperara, pero su enfermedad empeoró y murió poco tiempo después. Justo antes de morir, Domingo le describió a su padre una visión del Cielo.

En 1859, Juan Bosco eligió a un grupo de jóvenes para que fueran los primeros miembros de su orden religiosa, los Salesianos. Todos ellos habían sido miembros de la Compañía de la Inmaculada Concepción, creada por Domingo.

Domingo Savio fue declarado santo en 1954. Su día festivo es el 9 de marzo.

Costumbres católicas

Títulos de María

Honramos a María con muchos títulos diferentes. Por ejemplo, llamamos a María la Madre de Dios y la Bienaventurada Madre. Cada título nos dice algo acerca de quién es María. Otro título para María es Reina del Cielo. Llamar "Reina" a María nos recuerda acerca de su lugar especial en el Cielo y de su cercanía a Jesús.

Saints and Holy People

Saint Dominic Savio (1842–1857)

Dominic Savio was born in a small village in northern Italy. When Dominic was twelve years old, he joined Saint John Bosco as a student at his school in Turin. Dominic founded a group he called the Company of the Immaculate Conception. The boys in this group gathered for prayer and devotion to Mary. They also helped take care of the school and looked after neglected children who enrolled at the school.

Dominic tried hard to please God in everything he did. He would say, "I can't do big things. But I want all I do, even the smallest thing, to be for the greater glory of God."

Dominic hoped to become a priest. But at age fifteen, he developed a lung infection. He was sent home to recover, but his illness grew worse and he died not long after. Just before he died, Dominic described to his father a vision of Heaven.

In 1859, John Bosco chose a group of young men to be the first members of his religious order, the Salesians. All of them had been members of Dominic's Company of the Immaculate Conception.

Dominic Savio was declared a saint in 1954. His feast day is March 9.

Catholic Customs

Titles for Mary

We honor Mary with many different titles. For example, we call Mary the Mother of God and the Blessed Mother. Each title tells us something about who Mary is. Another title for Mary is Queen of Heaven. Calling Mary "Queen" reminds us of her special place in Heaven and of her closeness to Jesus.

Tú puedes hacerlo

San Domingo Savio trabajó para honrar a Dios en todo lo que hacía. A partir de este ejemplo podemos aprender a hacer siempre lo que complace a Dios. Algunas maneras en que puedes hacer esto es tratar a los demás con amabilidad y ser siempre honesto. Piensa en una cosa más que puedes hacer para honrar a Dios. Luego escribe una oración breve para decirle a Dios lo que harías para complacerlo.

Querido Dios, ____

____

____

¡En solidaridad!

Santo Domingo Savio ayudó a los niños que llegaron a su escuela y que no tenían a nadie que se preocupara por ellos.

¿A quién puedes ayudar a través de tus palabras o acciones?

Oramos

El Ave María

Dios te salve, María, llena eres de gracia;
el Señor es contigo.
Bendita Tú eres entre todas las mujeres,
y bendito es el fruto de tu vientre, Jesús.
Santa María, Madre de Dios,
ruega por nosotros, pecadores,
ahora y en la hora de nuestra muerte.
Amén.

Make It Happen

Saint Dominic Savio worked to honor God in all that he did. From his example we can learn to always do what pleases God. Some ways you can do this are to treat others with kindness and to always be honest. Think of one more thing you can do to honor God. Then write a short prayer telling God what you will do.

Dear God, ______________________________

____

____

Reach Out!

Saint Dominic Savio helped children who came to his school who didn't have anyone to care for them.

→ **Who can you help through your words or actions?**

We Pray

The Hail Mary

Hail, Mary, full of grace,
the Lord is with thee.
Blessed art thou among women,
and blessed is the fruit of thy
womb, Jesus.
Holy Mary, Mother of God,
pray for us sinners,
now and at the hour of our death.
Amen.

Repaso de la Lección 6

A **Completa** las siguientes oraciones usando las palabras del recuadro.

Iglesia
Inmaculada Concepción
Espíritu Santo
Dios
Salvación

1. María fue una parte importante del plan de Dios para nuestra ________________.
2. Como María es la Madre de Jesús, quien también es Dios, ella es también la Madre de ________________.
3. La ________________ significa que María estaba en perfecto estado de gracia desde el primer momento en que fue concebida..
4. Jesucristo fue concebido por el poder del ________________.
5. María es la Madre de Dios. Ella es nuestra Madre espiritual y es la Madre de la ________________.

B **Rellena** el círculo que está junto a la respuesta correcta.

6. Santo Domingo Savio dijo: "Quiero hacerlo todo, aún las cosas más _____, para gloria de Dios".
   ◯ **importantes** ◯ **pequeñas** ◯ **difíciles**
7. Al final de su vida terrenal, María fue llevada al Cielo en cuerpo y alma. Este acontecimiento se llama la _____.
   ◯ **Anunciación** ◯ **Asunción** ◯ **Inmaculada Concepción**
8. Santo Domingo Savio formó un grupo llamado la Compañía de la Inmaculada Concepción en honor de _____.
   ◯ **San Juan Bosco** ◯ **Maria** ◯ **el Espíritu Santo**
9. La visita del Ángel Gabriel a María se llama la _____.
   ◯ **Asunción** ◯ **Anunciación** ◯ **Visitación**
10. Después de saber que sería la Madre de Jesús, María fue a visitar a su prima _____.
    ◯ **Isabel** ◯ **Zacarías** ◯ **Domingo**

Lesson 6 Review

A **Complete** the following sentences, using words from the box.

Church
Immaculate Conception
Holy Spirit
God
salvation

1. Mary was an important part of God's plan for our ____________________.
2. Because Mary is the Mother of Jesus, who is also God, she is is also the Mother of ____________________.
3. The ____________________ means that Mary was in a perfect state of grace from the first moment she came into being.
4. Jesus Christ was conceived by the power of the ____________________.
5. Mary is the Mother of Jesus. She is our spiritual Mother and the Mother of the ____________________.

B **Fill in** the circle beside the correct answer.

6. Saint Dominic Savio said, "I want to do all, even the _____ thing, for the glory of God."
   ◯ **most important** ◯ **smallest** ◯ **hardest**
7. At the end of her earthly life, Mary was taken up into Heaven body and soul. This event is called the _____.
   ◯ **Annunciation** ◯ **Assumption** ◯ **Immaculate Conception**
8. Saint Dominic Savio formed a group called the Company of the Immaculate Conception in honor of _____.
   ◯ **Saint John Bosco** ◯ **Mary** ◯ **the Holy Spirit**
9. The angel Gabriel's visit to Mary is called the _____.
   ◯ **Assumption** ◯ **Annunciation** ◯ **Visitation**
10. After learning that she would be the Mother of Jesus, Mary went to visit her cousin _____.
    ◯ **Elizabeth** ◯ **Zechariah** ◯ **Dominic**

Lección 7

La vida eterna con Dios

Oremos

Oración de alabanza

Líder: Padre amoroso, alabaremos tu nombre para siempre.

Lado 1: Tu reino es reino por todos los siglos,
y tu imperio por todas las edades.

Lado 2: ¡Que mi boca proclame la alabanza del Señor
y todo ser carnal bendiga su santo nombre,
por siempre y para siempre!

—Salmo 145, 13. 21

Todos: Padre amoroso, por su muerte y
Resurrección, tu Hijo, Jesús,
nos dio vida eterna. Ayúdanos
a vivir en este mundo de una
manera que honre tu bondad y
tu amor.
Amén.

Mi fe católica

Jesús nos llama a cada uno de nosotros a vivir de una manera que muestre amor por Él y por los demás.

¿Cómo has hecho eso hoy?

Lesson 7

Everlasting Life with God

Let Us Pray

A Prayer of Praise

Leader: Loving Father, we praise your name forever.

Side 1: Your reign is a reign for all ages,
your dominion for all generations.

Side 2: My mouth will speak the praises of the LORD;
all flesh will bless his holy name forever and ever.

—Psalm 145:13, 21

All: Loving Father, by his death and Resurrection, your Son, Jesus, gave us eternal life. Help us to live in this world in a way that honors your goodness and love. Amen.

My Catholic Faith

Jesus calls each of us to live in a way that shows love for him and others.

➡ **How well have you done that today?**

Sagrada Escritura

Con frecuencia, Jesús contaba relatos llamados **parábolas** como una manera de enseñar a sus discípulos. Las parábolas de Jesús nos enseñan acerca del **Reino de Dios**. En la parábola acerca del juicio de las naciones, Jesús enseñó acerca de lo que ocurrirá en el **Juicio Final**.

Escrituras en la Misa

Escuchamos la Sagrada Escritura acerca del Juicio Final en la Misa de la Fiesta de Cristo Rey. En esta fiesta, la Iglesia celebra la Segunda Venida de Jesús como juez del mundo y rey del universo.

l juicio de las naciones

Jesús les dijo a sus discípulos: "Cuando el Hijo del Hombre venga en su gloria... se sentará en el trono de gloria, que es suyo. Todas las naciones serán llevadas a su presencia, y separará a unos de otros... Colocará a las [buenas personas] a su derecha y a los [demás] a su izquierda. Entonces el Rey dirá a los que están a su derecha: 'Vengan... tomen posesión del reino que ha sido preparado para ustedes... Porque tuve hambre y ustedes me dieron de comer; tuve sed y ustedes me dieron de beber. Fui forastero y ustedes me recibieron en su casa. Anduve sin ropas y me vistieron. Estuve enfermo y fueron a visitarme. Estuve en la cárcel y me fueron a ver.' Dirá después a los que estén a la izquierda: '¡Aléjense de mí...! Porque tuve hambre y ustedes no me dieron de comer; tuve sed y no me dieron de beber; era forastero y no me recibieron en su casa; estaba sin ropa y no me vistieron; estuve enfermo y encarcelado y no me visitaron.' Estos preguntarán también: 'Señor, ¿cuándo te vimos hambriento o sediento, desnudo o forastero, enfermo o encarcelado, y no te ayudamos?' El Rey les responderá: 'En verdad les digo: siempre que no lo hicieron con alguno de estos más pequeños, ustedes dejaron de hacérmelo a mí.' Y éstos irán a un suplicio eterno, y los buenos a la vida eterna."

—Mateo 25, 31–46

Sacred Scripture

Jesus often told stories called **parables** as a way to teach his disciples. Jesus' parables help us know about the **Kingdom of God**. In the parable about the judgment of the nations, Jesus taught about what will happen at the **Last Judgment**.

Scripture at Mass

We hear the Scripture about the Last Judgment at Mass on the Feast of Christ the King. On this feast the Church celebrates Jesus' Second Coming as judge of the world and ruler of all.

The Judgment of the Nations

Jesus said to his disciples: "When the Son of Man comes in his glory … he will sit upon his glorious throne, and all the nations will be assembled before him. And he will separate them one from another…. He will place the [good people] on his right and the [others] on his left. Then the king will say to those on his right, 'Come … [i]nherit the kingdom prepared for you…. For I was hungry and you gave me food, I was thirsty and you gave me drink, a stranger and you welcomed me, naked and you clothed me, ill and you cared for me, in prison and you visited me.' … Then he will say to those on his left, 'Depart from me…. For I was hungry and you gave me no food, I was thirsty and you gave me no drink, a stranger and you gave me no welcome, naked and you gave me no clothing, ill and in prison, and you did not care for me.' Then they will answer and say, 'Lord, when did we see you hungry or thirsty or a stranger or naked or ill or in prison and not minister to your needs?' He will answer them, 'Amen, I say to you, what you did not do for one of these least ones, you did not do for me.' And these will go off to eternal punishment, but the righteous to eternal life."

—Matthew 25:31–46

Vivir las Escrituras

Jesús dijo que al final de nuestra vida, seríamos juzgados por la manera como hemos tratado a los demás.

En el siguiente espacio, crea un cartel que comparta el mensaje de Jesús acerca de cómo debemos tratar a los demás.

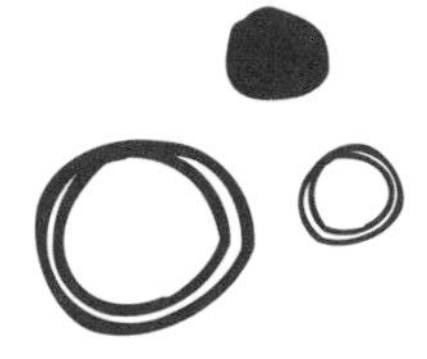

¿Cuándo has ayudado a alguien necesitado?

____

____

____

____

¿De qué manera puedes mostrar amor e interés por los necesitados?

____

____

____

Palabras para aprender

parábola
relato corto sobre la vida cotidiana que Jesús contó para enseñar algo acerca de Dios

Reino de Dios
mundo de amor, paz y justicia que está en el Cielo y se sigue construyendo en la Tierra

Juicio Final
victoria final de Dios sobre el mal que ocurrirá al final de los tiempos. En ese momento, Cristo regresará y juzgará a todos los vivos y los muertos.

Living the Scripture

Jesus said that at the end of our lives, we will be judged on how we have treated others. In the space below, create a sign sharing Jesus' message about how to treat others.

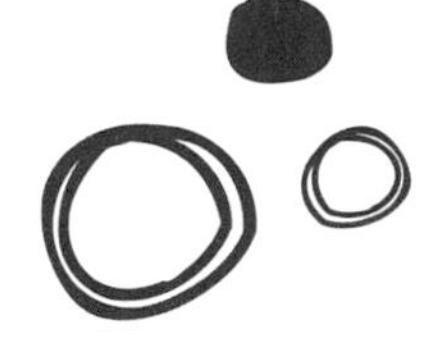

When have you cared for someone in need?

____

____

____

____

What are some ways you can show more love and care for those in need?

____

____

____

Words to Know

parable
a short story Jesus told about everyday life to teach something about God

Kingdom of God
the world of love, peace, and justice that is in Heaven and is still being built on earth

Last Judgment
God's final victory over evil that will happen at the end of time. At that time, Christ will return and judge all the living and dead.

Nuestra Tradición Católica

Creemos en la vida eterna

¿Alguna vez haz leído un relato o has visto una película en donde muere un personaje que te gusta? Es probable que esto te haya hecho sentir triste. Aun cuando la muerte es triste porque es el final de la vida en la tierra, es también el comienzo de una vida nueva.

Cuando Jesús vino a la tierra, les dijo a las personas que si creían en él, tendrían vida eterna. La propia Resurrección de Jesús es la prueba de que su promesa es verdadera. Gracias a Jesús, podemos estar con Dios en el Cielo después de nuestra muerte.

Cuando cada uno de nosotros muera, nuestra **alma** experimentará un juicio personal. Seremos juzgados por nuestra fe y nuestras obras. Dependiendo de cómo hayamos vivido, pasaremos la eternidad con Dios para siempre en el **Cielo**. Aquellos que no aman a Dios serán apartados de Él para siempre en el **Infierno**.

Por supuesto, la mayoría de las personas no son perfectamente santas cuando mueren. Debido a esto, antes de estar con Dios en el Cielo, las almas generalmente tienen que ser purificadas en el **Purgatorio**.

Al final de los tiempos, todas las personas serán juzgadas, como dijo Jesús. En la Segunda Venida de Cristo, experimentaremos el Juicio Final. Nosotros creemos que, debido a la gracia de Dios, nuestras acciones amorosas nos llevarán a la vida eterna en el Cielo. En el Cielo, viviremos en felicidad con Dios, con María, con los ángeles y los santos, y con todas las personas que aman a Dios.

¿Qué enseña la Iglesia acerca de la vida después de la muerte?

¿Qué es el Purgatorio?

¿Qué ocurrirá en la Segunda Venida de Jesús?

Our Catholic Tradition

We Believe in Everlasting Life

Have you ever read a story or seen a movie where a character you like dies? This probably made you feel sad. Even though death is sad because it is the end of life on earth, it is also the start of a new life.

When Jesus came to earth, he told people that if they believed in him they would have everlasting life. Jesus' own Resurrection is proof that his promise is true. Because of Jesus, we can be with God in Heaven after our death.

When each of us dies, our **soul** will experience a personal judgment. We will be judged on our faith and works. Depending on how we have lived, we will spend eternity with God forever in **Heaven**. Those who do not love God will be separated from him forever in **Hell**.

Of course, most people are not perfectly holy when they die. Because of this, before being with God in Heaven, souls usually have to be purified in **Purgatory**.

At Christ's Second Coming, we will experience the Last Judgment. We believe that because of God's grace our loving actions will lead us to eternal life in Heaven. In Heaven, we will live in happiness with God, with Mary, with the angels and the saints, and with all people who love God.

What does the Church teach about life after death?

What is Purgatory?

What will happen at Jesus' Second Coming?

Vive tu fe

¿Qué te imaginas cuando piensas en el Cielo? Escribe tres palabras que describan el Cielo para ti. Luego usa dos de esas palabras para escribir un párrafo breve acerca de cómo podría ser el Cielo.

Palabras acerca del Cielo

____

____

____

Cómo podría ser el Cielo

____

____

____

____

____

____

____

DATOS DE FE

➡ Cuando morimos, nuestra alma se separa de nuestro cuerpo. En nuestra resurrección en el último día, Dios reunirá nuestro cuerpo con nuestra alma.

➡ Al final de los tiempos, el Reino de Dios estará completo. Aquellos que aman a Dios estarán con Él para siempre, en cuerpo y alma.

Palabras para aprender

alma
la parte espiritual del ser humano que vive para siempre

Cielo
felicidad plena de vivir con Dios para siemprer

Infierno
estar apartado de Dios para siempre por una decisión de alejarse de Él y no buscar su perdón

Purgatorio
estado de purificación final después de la muerte y antes de entrar al Cielo

Live Your Faith

What do you picture when you think about Heaven? Write three words that describe Heaven to you. Then use two of those words to write a short paragraph about what Heaven might be like.

Words about Heaven

___

___

___

What Heaven Might Be Like

___

___

___

___

___

___

___

FAITH FACTS

➡ When we die, our souls are separated from our bodies. At our resurrection on the last day God will reunite our body with our soul.

➡ At the end of time, the Kingdom of God will be complete. Those who love God will be with him forever, in body and soul.

Words to Know

soul
the spiritual part of a human that lives forever

Heaven
the full joy of living with God forever

Hell
being separated from God forever because of a choice to turn away from him and not ask for forgiveness

Purgatory
a state of final purification after death and before entering into Heaven

Santos y personas piadosas

San Dimas (siglo I)

Es probable que hayas visto imágenes de la Crucifixión de Jesús que muestran otras dos cruces junto a la Cruz de Jesús. ¿Sabes quiénes estaban en esas cruces? En el Evangelio de Lucas, leemos acerca de dos ladrones que fueron crucificados al lado de Jesús. Uno de esos ladrones es ahora conocido como el Buen Ladrón. También lo conocemos como San Dimas.

Puedes leer acerca de San Dimas, el Buen Ladrón, en Lucas 23, 32-43. El Evangelio de Lucas nos dice que los dos criminales crucificados con Jesús actuaron de manera muy diferente con Jesús. Uno de los criminales lo insultó. El otro, a quien conocemos como San Dimas, defendió a Jesús. Él sabía que Jesús era Dios. Él le dijo a Jesús: "Acuérdate de mí cuando entres en tu Reino." Jesús le respondió: "Hoy mismo estarás conmigo en el paraíso."

A pesar de que Dimas había sido un ladrón, le pidió a Jesús que lo perdonara. Él también creyó en la promesa de Jesús de la vida eterna. La historia de San Dimas nos recuerda la misericordia de Dios. También nos dice que Jesús quiere que vivamos la felicidad de estar con Dios en el Cielo.

La Iglesia celebra la fiesta de San Dimas el 25 de marzo.

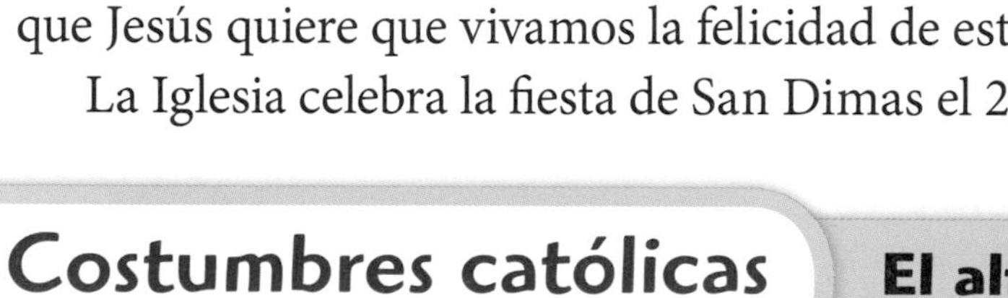

Costumbres católicas

El alfa y el omega

El alfa y el omega son la primera y la última letra del alfabeto griego. Estas letras griegas son un símbolo de Jesús. En el Apocalipsis, el último libro del Nuevo Testamento, Jesús es descrito como el alfa y el omega. Esto nos dice que la presencia de Jesús y su amor son eternos.

Saints and Holy People

Saint Dismas (first century)

You have probably seen images of Jesus' Crucifixion showing two other crosses next to Jesus' Cross. Do you know who is on those crosses? In the Gospel of Luke, we read that two thieves were crucified alongside Jesus. One of those thieves is now known as the Good Thief. We also know him as Saint Dismas.

You can read about Saint Dismas, the Good Thief, in Luke 23:32–43. Luke's Gospel tells us that the two criminals crucified with Jesus acted very differently toward Jesus. One of the criminals insulted him. The other, whom we now know as Saint Dismas, defended Jesus. He knew that Jesus was God. He said to Jesus, "Remember me when you come into your kingdom." Jesus replied, "Today you will be with me in Paradise."

Even though Dismas had been a thief, he asked Jesus for forgiveness. He also believed in Jesus' promise of eternal life. The story of Saint Dismas reminds us of God's mercy. It also tells us that Jesus wants us to live in happiness with God in Heaven.

The Church celebrates the feast of Saint Dismas on March 25.

Catholic Customs

The Alpha and Omega

The alpha and omega are the first and last letters of the Greek alphabet. These Greek letters are a symbol for Jesus. In the Book of Revelation, the last book of the New Testament, Jesus is described as the Alpha and the Omega. This tells us that Jesus' presence and his love are eternal.

Tú puedes hacerlo

El Buen Ladrón le pidió a Jesús que lo recordara cuando Jesús entrara en su Reino. Usa el código para averiguar lo que Jesús dijo en respuesta.

A	B	C	D	E	F	G	H	I	J	K	L	M	N	O	P	Q	R	S	T	U	V	W	X	Y	Z
24				20				15				17		25	21										

______ __________ ______________
17 25 13   16 15 22 16 25   20 22 18 24 14 24 22

______________ ____
7 25 19 16 15 26 25   20 19

____ ______________
20 1   21 24 14 24 15 22 25

La fe en el hogar

El Buen Ladrón era un criminal, pero Jesús sabía lo que había en su corazón y lo perdonó. Habla con tu familia acerca de cómo Jesús perdona y de las maneras de ser más compasivos unos con otros en el hogar.

Oramos

Acto de esperanza

Señor Dios mío, espero por tu gracia la remisión de todos mis pecados; y después de esta vida, alcanzar la eterna felicidad, porque tú lo prometiste que eres infinitamente poderoso, fiel, benigno y lleno de misericordia. Quiero vivir y morir en esta esperanza. Amén.

Make It Happen

The Good Thief asked Jesus to remember him when Jesus comes into his Kingdom. Use the code to find out what Jesus said in reply.

A	B	C	D	E	F	G	H	I	J	K	L	M	N	O	P	Q	R	S	T	U	V	W	X	Y	Z
24				20			17	15						25	21										

_______ _______ _______

13 25 7   26 15 1 1   9 20

_______ _______

26 15 18 17   16 20

_______ _______

15 19   21 24 14 24 2 15 22 20

Faith at Home

The Good Thief was a criminal, but Jesus knew that he was sorry and forgave him. Talk with your family about how Jesus forgives and ways to be more forgiving of one another at home.

We Pray

Act of Hope

O Lord God, I hope by your grace for the pardon of all my sins and after life here to gain eternal happiness because you have promised it who are infinitely more powerful, faithful, kind, and merciful. In this hope I intend to live and die. Amen.

Repaso de la Lección 7

A **Une** cada término de la Columna B con su definición en la Columna A, escribiendo la letra correcta en el espacio dado.

Columna A

1. _____ la parte espiritual del ser humano que vive para siempre
2. _____ juicio de todas las personas que hará Jesucristo en su Segunda Venida
3. _____ la felicidad plena de vivir eternamente en la presencia de Dios
4. _____ estar apartado de Dios para siempre por una decisión de alejarse de Él y no buscar su perdón
5. _____ estado de purificación final después de la muerte y antes de entrar al Cielo

Column B

a. Purgatorio

b. Infierno

c. Juicio Final

d. Cielo

e. alma

B **Rellena** el círculo que está junto a la respuesta correcta.

6. Al morir, seremos juzgados por _____ y nuestras obras.

   ○ **nuestra fe** ○ **nuestras palabras**

7. El mundo de amor, paz y justicia que está en el Cielo y se sigue construyendo en la Tierra se llama el _____ .

   ○ **Purgatorio** ○ **Reino de Dios**

8. Un relato corto sobre la vida cotidiana que Jesús contaba para enseñar algo acerca de Dios se llama _____ .

   ○ **Sagrada Escritura** ○ **parábola**

9. San Dimas también es conocido como _____ .

   ○ **el Buen Ladrón** ○ **el Mal Ladrón**

10. En _____ en el último día, Dios reunirá nuestro cuerpo con nuestra alma.

   ○ **nuestra resurrección** ○ **nuestro Juicio Final**

Lesson 7 Review

A **Match** each term in column B with its definition in column A by writing the correct letter in the space provided.

Column A	Column B
1. _____ the spiritual part of a human that lives forever	a. Purgatory
2. _____ the judgment of all people by Jesus Christ at his Second Coming	b. Hell
3. _____ the full joy of living eternally in God's presence	c. Last Judgment
4. _____ being separated from God forever because of a choice to turn away from him and not seek forgiveness	d. Heaven
5. _____ a state of final cleansing after death and before entering into Heaven	e. soul

B **Fill in** the circle beside the correct answer.

6. When we die, we will be judged on our _____ and works.
   ◯ **faith** ◯ **words**

7. The world of love, peace, and justice that is in Heaven and is still being built on earth is called _____ .
   ◯ **Purgatory** ◯ **the Kingdom of God**

8. A short story Jesus told about everyday life to teach something about God is called a _____ .
   ◯ **Scripture** ◯ **parable**

9. Saint Dismas is also known as _____ .
   ◯ **the Good Thief** ◯ **the Bad Thief**

10. At our _____ on the last day, God will reunite our body with our soul.
   ◯ **resurrection** ◯ **Last Judgment**

SER CATÓLICOS

Dios envió a Jesús para que fuera nuestro Salvador

Como Dios nos ama, Él envió a Jesús para que fuera nuestro Salvador. Al aceptar la muerte en la Cruz, Jesús nos salvó del pecado y nos permitió tener felicidad eterna con Dios.

Jesús nos acerca más a Dios. Al seguir las enseñanzas de Jesús y al aceptar su amor y misericordia, nos hacemos más santos. Esto es lo que le ocurrió a un hombre llamado Zaqueo. Zaqueo era un cobrador de impuestos que era avaro e injusto. Esta es su historia.

Jesús estaba enseñando en un pueblo llamado Jericó. Un hombre rico llamado Zaqueo quería escuchar y ver a Jesús, pero la multitud era demasiado grande. Zaqueo se adelantó corriendo y se subió a un árbol para ver a Jesús cuando pasara por allí.

Cuando Jesús llegó al lugar donde estaba Zaqueo, miró hacia arriba y le dijo: "Zaqueo, baja en seguida. Hoy tengo que quedarme en tu casa."

Zaqueo recibió a Jesús en su hogar con alegría. Le dijo a Jesús: "Voy a dar la mitad de mis bienes a los pobres. Y si le he quitado algo a alguien, le devolveré cuatro veces más."

Jesús dijo: "Hoy ha llegado la salvación a esta casa."

—Basado en Lucas 19, 1-9

Al recibir a Jesús en nuestro corazón, también podemos cambiar. Podemos crecer en amor y en bondad.

Reflexiona acerca del cambio

Escribe acerca de alguna vez en que tuviste una experiencia que te cambió para bien.

___

___

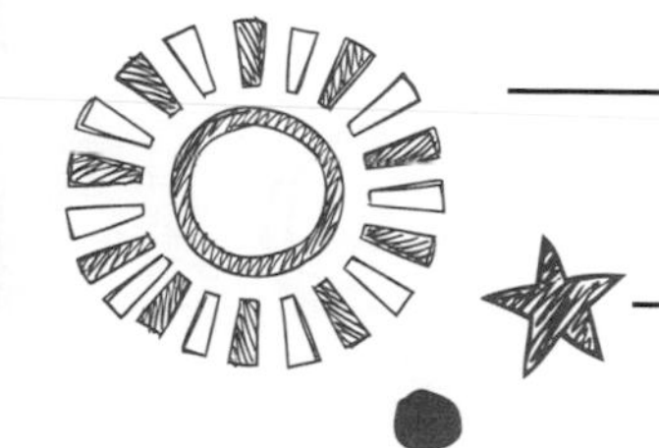

___

___

BEING CATHOLIC

God Sent Jesus to Be Our Savior

Because God loves us, he sent Jesus to be our Savior. By accepting death on the Cross, Jesus saved us from sin and made it possible for us to have eternal happiness with God.

Jesus brings us closer to God. By following Jesus' teachings and accepting his love and mercy, we become more holy. This is what happened to a man named Zacchaeus. Zacchaeus was a tax collector who was greedy and unjust. Here is his story.

Jesus was teaching in a town named Jericho. A rich man named Zacchaeus wanted to hear and see Jesus, but the crowd was too large. Zacchaeus ran ahead and climbed a sycamore tree so he could see Jesus when he went by.

When Jesus reached the place where Zacchaeus was, he looked up. Jesus said to Zacchaeus, "Come down quickly. Today I must come to your house."

Zacchaeus joyfully welcomed Jesus into his home. He said to Jesus, "I will give half my possessions to the poor. And if I have stolen from anyone, I will pay him back four times what I stole."

Jesus said, "Today salvation has come to this house."

—Based on Luke 19:1–9

By welcoming Jesus into our hearts, we can also be changed. We can grow in love and in goodness.

Reflect on Change

Write about a time when something you experienced changed you in a good way.

____

____

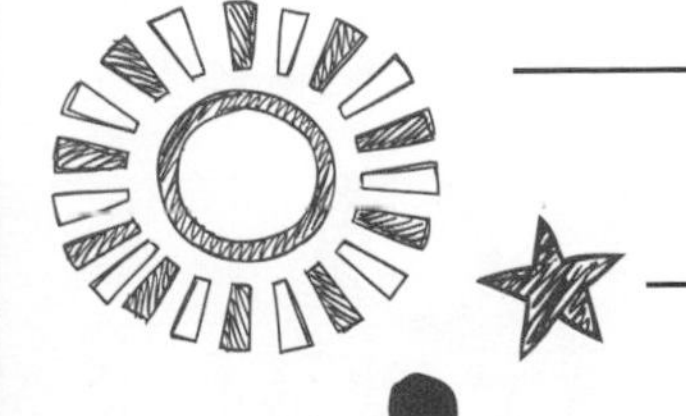

____

____

¿Quién es Jesús?

Jesús es el don de amor que Dios nos dio. Jesús es nuestro Maestro, Amigo y Salvador.

Jesús no enseña cómo debemos vivir. En el Sermón de la montaña, Jesús nos dio muchas instrucciones acerca de los valores que debemos tener en la vida. Jesús también nos enseñó a través de muchas parábolas, o relatos de enseñanza, que nos contó. Otra manera en la que Jesús nos enseñó es a través de su ejemplo de obedecer a Dios y amar a los demás. Jesús también nos enseñó a orar.

Jesús es nuestro amigo. Como un buen amigo, Jesús siempre nos ama y se preocupa por nosotros. Orar es nuestra manera de ser amigos de Jesús. Jesús siempre escucha nuestras oraciones. Orar es también nuestra manera de amar a Dios. Cuando Jesús nos enseñó la Oración del Señor, nos enseñó a llamar Padre nuestro a Dios.

Jesús es nuestro Salvador. Él aceptó la muerte en la Cruz para salvarnos del pecado. Él hizo posible que tuviéramos felicidad eterna con Dios.

Jesús en mi vida

Elige *Maestro, Amigo o Salvador* como un título para Jesús. Escribe acerca de cómo Jesús tiene esa función en tu vida. Termina con una breve oración.

Jesús es mi ____________________

Jesús en mi vida: ____________________

____

____

Querido Dios: ____________________

____

____

____

Who Is Jesus?

Jesus is God's gift of love to us. Jesus is our Teacher, Friend, and Savior.

Jesus teaches us how we should live. In the Sermon on the Mount, Jesus gave us many instructions about the values we should have about life. Jesus also taught us through the many parables, or teaching stories, he told. Another way Jesus taught us is through his example of obeying God and loving others. Jesus also taught us how to pray.

Jesus is our friend. Like a good friend, Jesus always loves and cares for us. Prayer is our way of being friends with Jesus. Jesus always listens to our prayers. Praying is also our way of loving God. When Jesus taught us the Lord's Prayer, he taught us to call God our Father.

Jesus is our Savior. He accepted death on the Cross to save us from sin. He made it possible for us to have eternal happiness with God.

Jesus in My Life

Choose *Teacher, Friend,* or *Savior* as a title for Jesus. Write about how Jesus has that role in your life. Close with a short prayer.

Jesus is my ______________________________

Jesus in my life: ______________________________

____

____

Dear God, ______________________________

____

____

____

Unidad 2: Adorar

La celebración del misterio cristiano

... por la gracia de Dios los cristianos son también templos del Espíritu Santo, piedras vivas con las que se construye la Iglesia. (*CIC*, 1197)

Unit 2: Worshipping

The Celebration of the Christian Mystery

By the grace of God, Christians ... become temples of the Holy Spirit, living stones out of which the Church is built. (*CCC*, 1197)

Los siete Sacramentos

Bautismo

Confirmación

Eucaristía

Penitencia y Reconciliación

Orden Sagrado

Matrimonio

Unción de los Enfermos

The Seven Sacraments

Baptism

Confirmation

Eucharist

Penance and
Reconciliation

Holy Orders

Matrimony

Anointing of the Sick

Lección 8

La Misa

Oremos

El Sanctus

Líder: Alabemos a Jesús con las palabras del *Sanctus*, una oración tomada de la Misa.

Todos: Santo, Santo, Santo es el Señor,
Dios del Universo.
Llenos están el cielo y la tierra de tu gloria.
Hosanna en el cielo.
Bendito el que viene
en nombre del Señor.
Hosanna en el cielo.

—*Misal Romano*

Mi fe católica

En la Misa, nos reunimos para dar gracias y alabar a Dios.

➡ ¿Qué tan bien conoces las oraciones que rezamos en la Misa? ¿Qué puedes hacer para conocerlas mejor?

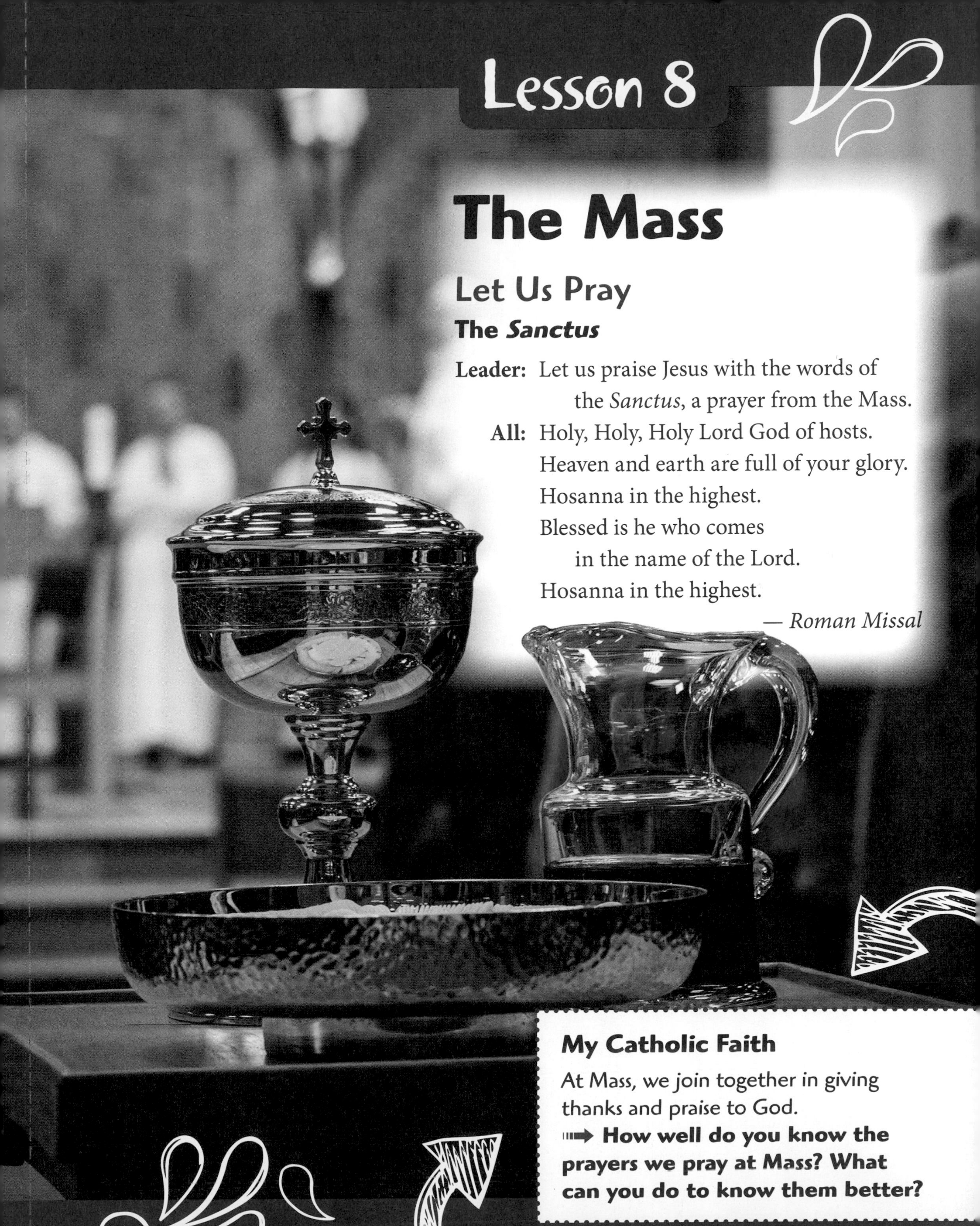

Lesson 8

The Mass

Let Us Pray

The *Sanctus*

Leader: Let us praise Jesus with the words of the *Sanctus*, a prayer from the Mass.

All: Holy, Holy, Holy Lord God of hosts.
Heaven and earth are full of your glory.
Hosanna in the highest.
Blessed is he who comes
in the name of the Lord.
Hosanna in the highest.

— *Roman Missal*

My Catholic Faith

At Mass, we join together in giving thanks and praise to God.

➡ How well do you know the prayers we pray at Mass? What can you do to know them better?

Sagrada Escritura

La noche antes de morir, Jesús y sus discípulos se reunieron para celebrar la Pascua judía. La Pascua judía recuerda cuando Dios guió a los israelitas fuera de la esclavitud en Egipto. La noche en que Jesús celebró la Pascua judía con sus discípulos se llama la **Última Cena**. La llamamos la Última Cena porque fue la última comida que Jesús tuvo con sus discípulos antes de morir. En la Última Cena, Jesús estableció el **Sacramento** en el cual Él nos da su Cuerpo y Sangre: el **Sacramento de la Eucaristía**. Este sacramento nos da la vida eterna con Dios.

Otras Escrituras sobre la Eucaristía

Puedes leer más sobre la Eucaristía en tu Biblia. Estos son algunos pasajes:

- La primera multiplicación de los panes: Marcos 6, 34-42
- El cordero pascual: Éxodo 12, 1-8. 11-14
- El pan de vida: creer en el Hijo de Dios: Juan 6, 47-51

La Cena del Señor

Cuando llegó la fiesta de la Pascua judía, Jesús envió a Pedro y a Juan a hacer los preparativos. Ellos hicieron lo que Jesús les había dicho y prepararon un lugar para que Jesús y los Apóstoles se reunieran.

Cuando estaban reunidos en la mesa, Jesús tomó el pan. Lo bendijo y lo partió. Se los dio diciendo: "Esto es mi cuerpo, que será entregado por ustedes. Hagan esto en memoria mía."

Después Jesús tomó la copa de vino y dijo: "Esta copa es la alianza nueva sellada con mi sangre, que será derramada por ustedes."

—Basado en Lucas 22, 7-8. 14-20

Sacred Scripture

On the night before Jesus died, he and his disciples gathered to celebrate the Passover. Passover recalls when God led the Israelites out of slavery in Egypt. The night that Jesus celebrated Passover with his disciples is called the **Last Supper**. We call it the Last Supper because it was the last meal Jesus had with his disciples before he died. At the Last Supper, Jesus established the **sacrament** in which he gives us his Body and Blood—the **Sacrament of Eucharist**. This sacrament gives us eternal life with God.

More Scripture on the Eucharist

You can learn more about the Eucharist in your Bible. Here are some passages:

- Jesus Feeds Five Thousand — Mark 6:34–42
- The Passover — Exodus 12:1–8, 11–14
- Jesus, the Bread of Life — John 6:47–51

The Last Supper

When the feast of Passover came, Jesus sent Peter and John to make preparations. They did as Jesus instructed, and prepared a place for Jesus and the Apostles to gather.

When they were gathered at the table, Jesus took the bread. He blessed it and broke it. He gave it to them, saying, "This is my body, which will be given for you. Do this in memory of me."

Jesus then took the cup of wine and said, "This cup is the new covenant in my blood, which will be shed for you."

—Based on Luke 22:7–8, 14–20

Vivir las Escrituras

Elige una frase que Jesús haya dicho en la Última Cena y crea un cartel para exhibir la frase. Agrega símbolos u otras imágenes a tu cartel.

Palabras para aprender

Última Cena
Comida que Jesús compartió con sus discípulos la noche antes de morir. En la Última Cena, Jesús se dio a sí mismo en la Eucaristía.

Sacramento
Signo y celebración especial que Jesús le dio a su Iglesia. Los Sacramentos nos permiten participar en la vida y en la obra de Dios.

Sacramento de la Eucaristía
Sacramento en el cual, a través del ministerio del sacerdote y por el poder del Espíritu Santo, Jesús se da a sí mismo, y el pan y el vino se convierten en su Cuerpo y Sangre

Living the Scripture

Choose a phrase that Jesus spoke at the Last Supper and create a banner to display the phrase. Add symbols or other images to your banner.

Words to Know

Last Supper
The meal Jesus shared with his disciples on the night before he died. At the Last Supper, Jesus gave himself in the Eucharist.

sacrament
A special sign and celebration that Jesus gave his Church. The sacraments allow us to share in the life and work of God.

Sacrament of Eucharist
the sacrament in which, through the ministry of the priest and by the power of the Holy Spirit, Jesus shares himself, and the bread and wine become his Body and Blood

Nuestra Tradición Católica

Celebramos la Eucaristía

En la Última Cena, Jesús les dio a todas las personas el don de la Eucaristía. Hoy, nos reunimos en la **Misa** para celebrar la Eucaristía. A través de la Eucaristía, podemos tener vida eterna.

En la Misa, alabamos y damos gracias a Dios por todos los dones que nos ha dado. Le damos gracias especialmente por el don del Cuerpo y Sangre de Jesús en la Eucaristía.

En la celebración de la Eucaristía, los católicos practican su culto como una comunidad. Esta clase de culto público y comunitario se llama **liturgia**. Aunque los católicos tienen muchas maneras de orar y de celebrar su culto, la Eucaristía, o la Misa, es la más importante. En la Eucaristía, nos unimos a Jesús para adorar a Dios Padre. Nuestro culto es guiado por el Espíritu Santo.

En la Misa escuchamos la Palabra de Dios en la Sagrada Escritura. Profesamos nuestra fe. Generalmente hacemos esto rezando el Credo de Nicea. Durante la consagración, cuando el pan y el vino se convierten en el Cuerpo y Sangre de Cristo, recordamos lo que Jesús dijo e hizo durante la Última Cena. También recordamos su sacrificio en la Cruz. Todas las oraciones y las acciones de la Misa son un mismo acto de celebración.

Además de la Misa, podemos mostrar amor por Jesús visitando el **Santísimo Sacramento** de la Iglesia. El Santísimo Sacramento es otro nombre para la Eucaristía, especialmente el Cuerpo de Cristo. Este se guarda en un lugar especial de la iglesia llamado **Sagrario**.

¿Cuándo nos reunimos para celebrar la Eucaristía?

¿Qué es la liturgia?

¿Qué sucede en la Misa?

¿Qué es el Santísimo Sacramento?

Our Catholic Tradition

We Celebrate the Eucharist

At the Last Supper, Jesus gave all people the gift of the Eucharist. Today, we gather at **Mass** to celebrate the Eucharist. Through the Eucharist, we can have eternal life.

When do we gather to celebrate the Eucharist?

At Mass, we give praise and thanks to God for all the gifts he has given us. We especially thank him for the gift of Jesus' Body and Blood in the Eucharist.

At the celebration of the Eucharist, Catholics worship as a community. This kind of public, community worship is called **liturgy**. Although Catholics have many ways to pray and worship, the Eucharist, or the Mass, is the most important. In the Eucharist, we join with Jesus to worship God the Father. Our worship is guided by the Holy Spirit.

What is liturgy?

At Mass we hear God's Word in Scripture. We profess our faith. We usually do this by praying the Nicene Creed. During the Consecration, when the bread and wine become the Body and Blood of Christ, we recall what Jesus said and did at the Last Supper. We also recall his sacrifice on the Cross. All prayers and actions of the Mass are one act of worship.

What happens at Mass?

Outside of Mass, we can show love for Jesus by visiting the **Blessed Sacrament** in Church. The Blessed Sacrament is another name for the Eucharist, especially the Body of Christ. It is kept in a special place in church called a **Tabernacle**.

What is the Blessed Sacrament?

Vive tu fe

Escribe un poema o una oración dando gracias a Dios por el don de la Eucaristía. Agrega un dibujo a tu poema u oración.

DATOS DE FE

➡ Los católicos deben asistir a Misa los domingos y los días de precepto.

➡ Jesucristo está realmente presente en la Eucaristía.

Palabras para aprender

Misa
oración de la Iglesia de alabanza y de acción de gracias a Dios; celebración de la Eucaristía

liturgia
Culto público oficial de la Iglesia. La Eucaristía es la liturgia más importante de la Iglesia.

Santísimo Sacramento
un nombre para la Sagrada Eucaristía, especialmente el Cuerpo de Cristo que se guarda en el Sagrario

Sagrario
lugar especial en la iglesia donde se guarda el Santísimo Sacramento después de la Misa

Live Your Faith

Write a poem or a prayer giving thanks to God for the gift of the Eucharist. Add a picture to your poem or prayer.

FAITH FACTS

- Catholics must attend Mass on Sundays and on Holy Days of Obligation.
- Jesus Christ is truly present in the Eucharist.

Words to Know

Mass
the Church's prayer of praise and thanksgiving to God; the celebration of the Eucharist

liturgy
The official public worship of the Church. The Eucharist is the Church's most important liturgy.

Blessed Sacrament
a name for the Holy Eucharist, especially the Body of Christ kept in the Tabernacle

Tabernacle
the special place in church where the Blessed Sacrament is reserved after Mass

Santos y personas piadosas

Santa Clara de Asís (1194–1253)

Santa Clara provenía de una familia adinerada en Italia. Un día, después de escuchar a San Francisco de Asís predicar, ella decidió vivir una vida sencilla por Jesús. Ella compartió este deseo con San Francisco. En una pequeña capilla en Asís, Italia, San Francisco le cortó el cabello y le dio un sencillo hábito marrón para que se vistiera.

Pronto, otras mujeres siguieron el ejemplo de Clara. Clara estableció una orden religiosa para estas mujeres. Ellas fueron conocidas como las hermanas Clarisas Pobres. Ellas eligieron vivir una vida sencilla sin ninguna posesión. Dedicaron sus vidas a orar.

Clara y las demás monjas fueron muy felices en esta vida porque sabían del gran amor de Dios. También sentían la felicidad de dedicar su vida a Dios.

Santa Clara tenía una gran devoción por Jesús en la Eucaristía. Cuando un ejército llegó para atacar Asís y el convento en donde vivían Clara y las hermanas, Clara oró para que Dios las protegiera. Ella fue hasta los muros del convento y puso el Santísimo Sacramento en una custodia, donde el enemigo pudiera verlo. A través de la ayuda de Jesús, los atacantes huyeron sin atacar el convento.

La Iglesia celebra la fiesta de Santa Clara el 11 de agosto.

Costumbres católicas

Adoración Eucarística

Una manera en que los católicos honran a Jesucristo en el Santísimo Sacramento fuera de la Misa es a través de la Adoración Eucarística. En esta devoción, la Eucaristía es puesta en una custodia sobre el altar. Puedes ver qué aspecto tiene una custodia en la ilustración de la izquierda. Las personas se sientan ante la Presencia Divina de Cristo y oran en silencio. Algunas parroquias tienen una Adoración Eucarística todos los días. Dependiendo del tiempo programado, a esto se le puede llamar una hora santa diaria o adoración perpetua.

Saints and Holy People

Saint Clare of Assisi (1194–1253)

Saint Clare came from a wealthy family in Italy. One day, after she heard Saint Francis of Assisi preach, she decided to live a simple life for Jesus. She shared this wish with Saint Francis. In a little chapel in Assisi, Italy, Saint Francis cut off her hair and gave her a simple brown habit to wear.

Soon other women followed Clare's example. Clare established a religious order for these women. They became known as the Poor Clares. They chose to live a simple life without any possessions. They dedicated their lives to prayer.

Clare and the other nuns were very happy in this life because they knew of God's great love.

Saint Clare had great devotion to Jesus in the Eucharist. When an army came to attack Assisi and the convent where Clare and the sisters lived, Clare prayed to God to protect them. She went to the walls of the convent and placed the Blessed Sacrament in a monstrance where the enemy could see it. Through Jesus' help, the attackers fled without attacking the convent.

We celebrate the feast of Saint Clare on August 11.

Catholic Customs **Eucharistic Adoration**

One way Catholics honor Jesus Christ in the Blessed Sacrament outside of Mass is though Eucharistic Adoration. In this devotion, the Eucharist is placed in a monstrance on the altar. You can see what a monstrance looks like in the picture shown on the left. People sit in Christ's Divine Presence and pray silently. Some parishes have Eucharistic adoration every day. Depending on the scheduled time, this can be called a daily holy hour or perpetual adoration.

Tú puedes hacerlo

En este capítulo has aprendido acerca de cómo mostrar devoción a Jesucristo en el Santísimo Sacramento. ¿Cuáles son algunas maneras en las que puedes hacer esto? En el siguiente espacio, escribe o ilustra algunas de las maneras.

¡En solidaridad!

La devoción de Santa Clara al Santísimo Sacramento evitó que un ejército invadiera su convento y causara daño a las hermanas.

Piensa en alguna cosa que puedes hacer hoy por el bien de los demás con la ayuda de Jesús. ¡Haz un plan para cumplirlo!

Oramos

Oración ante el Santísimo Sacramento

Señor Jesús, creo que verdaderamente estás presente en la Eucaristía.
Al recibir la Sagrada Comunión, ayúdame a amar como Tú amaste, a servir como Tú serviste, para así poder ser el Cuerpo de Cristo para los demás. Amén.

Make It Happen

In this chapter you learned about showing devotion to Jesus Christ in the Blessed Sacrament. What are some ways you can do this? In the space below, write or illustrate some of the ways.

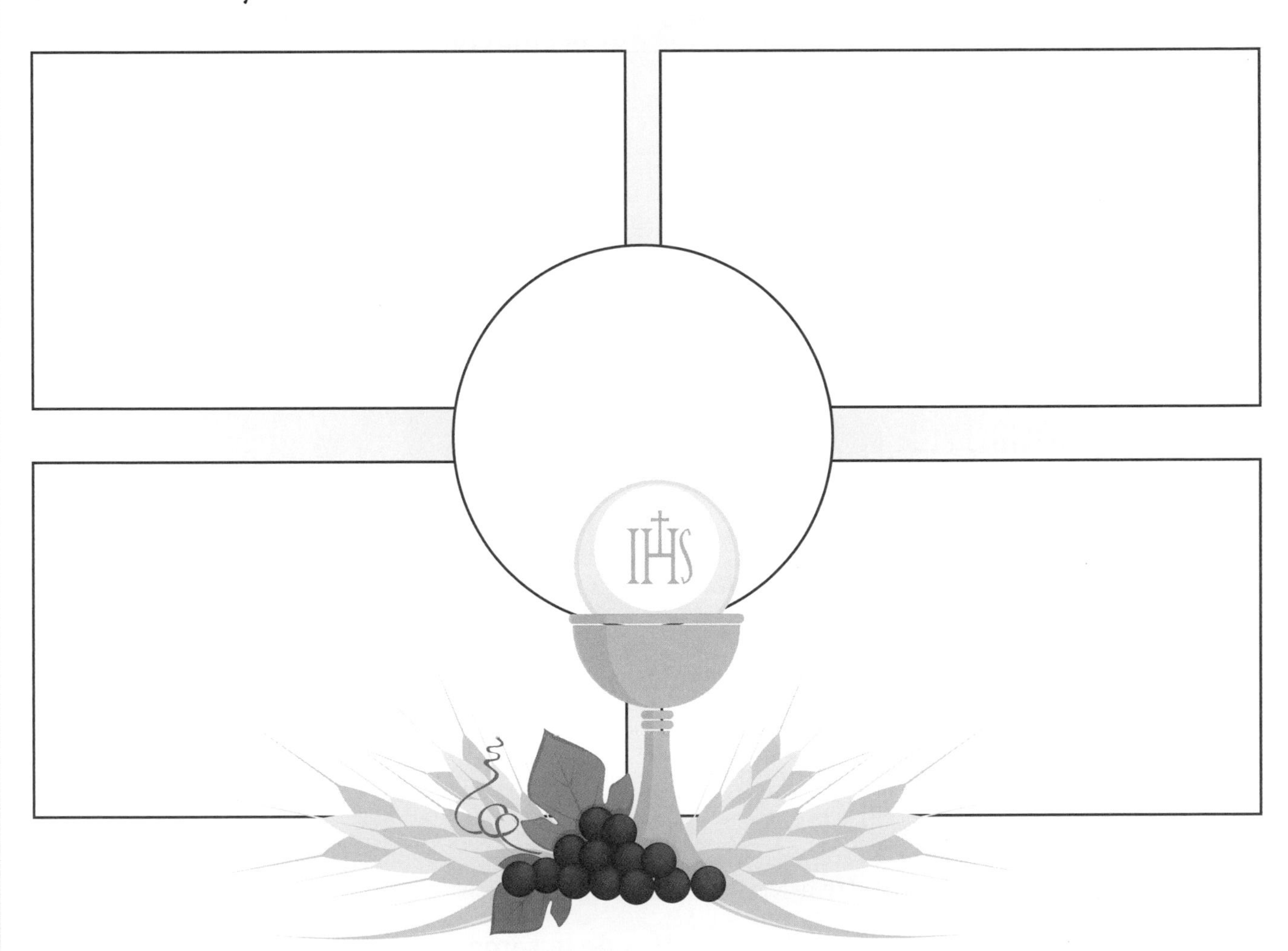

Reach Out!

Saint Clare's devotion to the Blessed Sacrament kept an army from invading her convent and hurting the sisters.

Think about one thing you can do today for the good of others with Jesus' help. Make a plan to do it!

We Pray

A Prayer before the Blessed Sacrament

Lord Jesus, I believe that you are truly present in the Eucharist. As I receive you in Holy Communion, help me to love as you have loved, serve as you have served, so I can be the Body of Christ to others. Amen.

Repaso de la Lección 8

A **Completa** las siguientes oraciones usando las palabras del recuadro.

Santísimo Sacramento
Última Cena
liturgia
Sagrario
Eucaristía

1. La noche antes de morir, Jesús estableció el Sacramento de la ____________________.

2. La ____________________ s el culto oficial público de la Iglesia.

3. Otro nombre para la Sagrada Eucaristía, especialmente el Cuerpo de Cristo que se guarda en el Sagrario, es el ____________________.

4. El lugar especial en la iglesia donde se guarda el Santísimo Sacramento después de la Misa se llama el ____________________.

5. La comida que Jesús compartió con sus discípulos la noche antes de morir se llama la ____________________.

B **Rellena** el círculo que está junto a la respuesta correcta.

6. La celebración de la Eucaristía se llama _____.
   ◯ **Adoración Eucarística** ◯ **Misa** ◯ **el Santísimo Sacramento**

7. Los católicos deben asistir a Misa los domingos y los _____.
   ◯ **días de precepto** ◯ **días de la semana** ◯ **días de fiesta**

8. La _____ es la liturgia más importante de la Iglesia.
   ◯ **Pascua judía** ◯ **Eucaristía** ◯ **Última Cena**

9. _____ es una devoción especial por Jesús en el Santísimo Sacramento.
   ◯ **El Sagrario** ◯ **La Liturgia** ◯ **La Adoración Eucarística**

10. Santa Clara tenía una gran devoción por _____.
    ◯ **San Francisco** ◯ **las Clarisas Pobres** ◯ **Jesucristo en la Eucaristía**

Lesson 8 Review

A **Complete** the following sentences, using words from the box.

Blessed Sacrament
Last Supper
liturgy
Tabernacle
Eucharist

1. On the night before he died, Jesus established the Sacrament of ______________________.

2. The ______________________ is the Church's official public worship.

3. Another name for the Holy Eucharist, especially the Body of Christ kept in the Tabernacle, is the ______________________.

4. The special place in church where the Blessed Sacrament is reserved after Mass is called the ______________________.

5. The meal Jesus shared with his disciples on the night before he died is called the ______________________.

B **Fill in** the circle beside the correct answer.

6. The celebration of the Eucharist is called _____ .
   - ○ **Eucharistic Adoration**
   - ○ **Mass**
   - ○ **the Blessed Sacrament**

7. Catholics must attend Mass on Sundays and on _____.
   - ○ **Holy Days of Obligation**
   - ○ **weekdays**
   - ○ **holidays**

8. The _____ is the Church's most important liturgy.
   - ○ **Passover**
   - ○ **Eucharist**
   - ○ **Last Supper**

9. _____ is a special devotion to Jesus in the Blessed Sacrament.
   - ○ **The Tabernacle**
   - ○ **The liturgy**
   - ○ **Eucharistic Adoration**

10. Saint Clare had a great devotion to _____.
    - ○ **Saint Francis**
    - ○ **the Poor Clares**
    - ○ **Jesus Christ in the Eucharist**

Sacramentos de la Iniciación Cristiana

Oremos

Oración Salmódica

Lado 1: Aclame al Señor la tierra entera,

Lado 2: sirvan al Señor con alegría, lleguen a él, con cánticos de gozo!

Lado 1: Sepan que el Señor es Dios, él nos hizo y nosotros somos suyos,

Lado 2: su pueblo y el rebaño de su pradera.

Todos: "Sí, el Señor es bueno, su amor dura por siempre, y su fidelidad por todas las edades".
Amén.

—Salmo 100, 1-3. 5

Mi fe católica

La oración que acabas de rezar dice que debemos "servir al Señor con alegría".
➡ **¿Qué significa esto para ti?**

Sacraments of Christian Initiation

Let Us Pray

A Psalm Prayer

Side 1: Shout joyfully to the LORD, all you lands;

Side 2: serve the LORD with gladness; come before him with joyful song.

Side 1: Know that the LORD is God, he made us, we belong to him,

Side 2: we are his people, the flock he shepherds.

All: Good indeed is the LORD, His mercy endures forever, his faithfulness lasts through every generation. Amen.

—Psalm 100:1–3, 5

My Catholic Faith

The psalm you just prayed says to "serve the Lord with gladness."

What does this mean to you?

Sagrada Escritura

Antes de su Ascensión al Cielo, Jesús les dio a los Apóstoles estas instrucciones: "Vayan, pues, y hagan que todos los pueblos sean mis discípulos. Bautícenlos en el Nombre del Padre y del Hijo y del Espíritu Santo" (Mateo 28, 19). Los Apóstoles hicieron lo que Jesús les encomendó. En lugares cercanos y lejanos, ellos enseñaron acerca de Jesús y bautizaron a nuevos creyentes. Leeremos acerca de uno de estos bautismos.

Escrituras en la Misa

La Sagrada Escritura acerca de Felipe y el etíope está tomada de un libro de la Biblia llamado Hechos de los Apóstoles. Con frecuencia escuchamos pasajes tomados de los Hechos de los Apóstoles durante la Segunda Lectura de la Misa.

Felipe bautiza a un etíope

El Apóstol Felipe se dirigía hacia el sur, por el camino del desierto que baja de Jerusalén. Él vio a un funcionario de la corte de Etiopía que pasó en su carro. Iba en camino a Jerusalén para rendir culto a Dios. El Espíritu Santo hizo que Felipe fuera y se acercara al etíope. Felipe corrió y oyó al hombre leer las Sagradas Escrituras hebreas. Felipe le preguntó: "¿Entiendes lo que estás leyendo?" El hombre respondió: "¿Cómo lo voy a entender si no tengo quien me lo explique?" El hombre invitó a Felipe a que lo acompañara. Él estaba leyendo los escritos del profeta Isaías. Le preguntó a Felipe: "¿Acerca de quién está hablando el profeta?" Felipe le proclamó la Buena Nueva de Jesús.

Mientras seguían por el camino, llegaron a un lugar donde había agua. El etíope le pidió a Felipe que lo bautizara. Ambos bajaron al agua y Felipe lo bautizó. Cuando salieron del agua, el etíope siguió su camino lleno de gozo.

—Basado en Hechos 8, 26-39

Sacred Scripture

Before his Ascension into Heaven, Jesus gave the Apostles this instruction: “Go, therefore, and make disciples of all nations, baptizing them in the name of the Father, and of the Son, and of the holy Spirit” (Matthew 28:19). The Apostles did as Jesus instructed. In places near and far, they taught about Jesus and baptized new believers. We will read about one of these baptisms.

Scripture in the Mass

The Scripture about Philip and the Ethiopian is from a book of the Bible called Acts of the Apostles. We often hear passages from Acts of the Apostles during the Second Reading at Mass.

Philip and the Ethiopian

The Apostle Philip was heading down along the desert route south of Jerusalem. He saw a court official from Ethiopia riding in a chariot. He was on his way to Jerusalem to worship. The Holy Spirit led Philip to go and join the Ethiopian. Philip ran up and heard the man reading from the Hebrew Scriptures. Philip asked him, “Do you understand what you are reading?” The man answered, “How can I unless someone instructs me?” The man invited Philip to join him. He was reading from the writings of the prophet Isaiah. He said to Philip, “About whom is the prophet speaking?” Philip proclaimed the Good News of Jesus to him.

As they traveled along the road, they came to some water. The Ethiopian asked Philip to baptize him. They went down to the water, and Philip baptized him. When they came out of the water, the Ethiopian went on his way rejoicing.

—Based on Acts 8:26–39

Vivir las Escrituras

Piensa en los dos personajes en el relato de la Sagrada Escritura acerca de Felipe y el etíope. Compárate con los personajes. ¿A cuál te pareces más en tu vida como cristiano? Explica por qué.

___

___

___

¿A quién le puedes pedir que te explique esta y otras cosas acerca de tu fe católica?

___

Escríbele una nota a esa persona pidiéndole que te enseñe acerca de Jesús y acerca de tu fe.

Living the Scripture

Think about the two characters in the Scripture story about Philip and the Ethiopian. Compare yourself to the characters. Which one are you most like in your life as a Christian? Explain why.

Who can you ask important questions about your Catholic faith?

Write a note to this person asking him or her to teach you about Jesus and about your faith.

Nuestra Tradición Católica

Nueva vida en Cristo

¿Cuáles son algunos grupos a los que perteneces? Entre los grupos que podrías mencionar está tu familia, tu clase, tu escuela, un equipo del que formas parte y el pueblo o la ciudad en que vives. Otro grupo al que perteneces es la Iglesia católica. Los **Sacramentos de la Iniciación Cristiana** te convierten en un miembro de la Iglesia. A través de estos Sacramentos comienzas una relación con Cristo.

¿Cuáles Sacramentos comienzan nuestra relación con Cristo?

Los Sacramentos de la Iniciación Cristiana son el Bautismo, la Eucaristía y la Confirmación. Ellos son esenciales para nuestra vida como cristianos. El Bautismo es el primer Sacramento que nos une a Cristo. En el Bautismo, recibes la **gracia** de Dios. El don de la gracia te ayuda a vivir como un seguidor de Cristo. También recibes el perdón del **Pecado Original** y de todos los pecados, y recibes al Espíritu Santo.

¿Cuál Sacramento nos une primero a Cristo?

Los Sacramentos de la Eucaristía y la Confirmación completan tu iniciación en la Iglesia. La Confirmación nos unge con el Espíritu Santo. También hace completa la gracia que recibimos en el Bautismo. En la Confirmación recibimos los dones del Espíritu Santo. Este Sacramento también fortalece nuestra relación con Jesús y nos ayuda a vivir como sus discípulos.

¿Qué ocurre cuando recibimos la Eucaristía?

Cuando recibes la Eucaristía, o Sagrada Comunión, te unes a Jesús. También eres perdonado por los pecados veniales, o pecados leves. La Eucaristía también te ayuda a evitar el pecado. No debemos recibir la Sagrada Comunión si no estamos en estado de gracia. Esto significa que debemos ser perdonados en la confesión por los pecados graves, o pecados mortales, antes de recibir el Sacramento.

¿Cuál Sacramento completa el Bautismo?

Our Catholic Tradition

New Life in Christ

What are some groups you belong to? Some groups you name might be your family, your class, your school, a team you are a part of, and the town or city you live in. Another group you belong to is the Catholic Church. The **Sacraments of Christian Initiation** mark your membership in the Church. Through these sacraments you begin a relationship with Christ.

Which sacraments begin our relationship with Christ?

The Sacraments of Christian Initiation are Baptism, Eucharist, and Confirmation. They are essential for our lives as Christians. Baptism is the first sacrament that joins us to Christ. In Baptism, you receive **grace** from God. The gift of grace helps you live as a follower of Christ. You are also forgiven of **Original Sin** and all sin, and you receive the Holy Spirit.

Which sacrament first joins us to Christ?

The Sacraments of Eucharist and Confirmation complete your initiation into the Church. Confirmation anoints us with the Holy Spirit. It also makes the grace we received at Baptism complete. In Confirmation we receive the gifts of the Holy Spirit. This sacrament also makes our relationship with Jesus stronger and helps us live as his disciples.

Which sacrament completes Baptism?

When you receive the Eucharist, or Holy Communion, you are united with Jesus. You are also forgiven of venial sins, or minor sins. The Eucharist also helps you avoid sin. We must not receive Holy Communion if we are not in a state of grace. This means we must be forgiven of serious sins, or mortal sin, in Confession before receiving the sacrament.

What happens when we receive the Eucharist?

Vive tu fe

¿Alguna vez has asistido al Bautismo, Confirmación o Primera Comunión de un amigo o un miembro de tu familia? Por cada Sacramento al que has asistido, escribe dos cosas que recuerdes de la liturgia.

Bautismo ______________________________

____

Primera Comunión ______________________________

____

Confirmación ______________________________

____

En el siguiente espacio, dibuja un símbolo de uno de los Sacramentos de la Iniciación Cristiana. En las siguientes líneas, escribe acerca del significado del símbolo que elegiste.

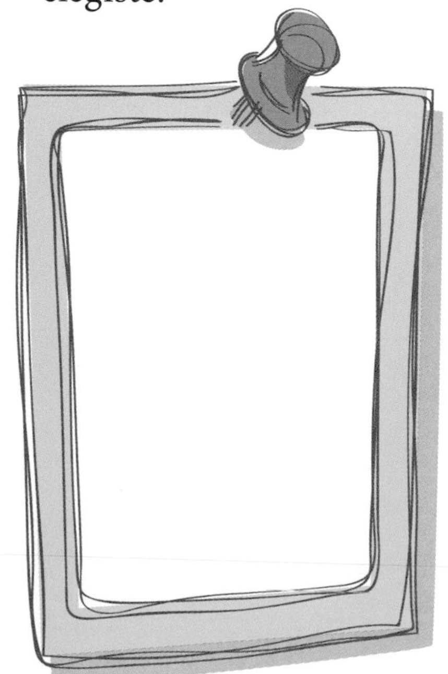

____

____

____

____

____

____

DATOS DE FE

- A través del Bautismo nacemos a la nueva vida en Cristo. Somos fortalecidos por la Confirmación y nos nutrimos por la Eucaristía.
- Jesús está realmente presente en el pan y el vino consagrados. Debido a esto llamamos a la Eucaristía el Sacramento de la Presencia Real de Jesús.

Palabras para aprender

Sacramentos de la Iniciación Cristiana
los tres Sacramentos que celebran ser miembros de la Iglesia: Bautismo, Confirmación y Eucaristía

gracia
don libre y amoroso de Dios de su propia vida y ayuda dado a los seres humanos

Pecado Original
el pecado de nuestros primeros padres, Adán y Eva, que llevó a la condición pecadora del género humano desde sus comienzos

Live Your Faith

Have you ever attended a friend's or family member's Baptism, Confirmation, or First Holy Communion? For each sacrament you have attended, write two things you remember from the liturgy.

Baptism ____________________

____

First Communion ____________________

____

Confirmation ____________________

____

In the space below, draw a symbol for one of the Sacraments of Christian Initiation. Tell about the meaning of your chosen symbol.

____

____

____

____

____

____

FAITH FACTS

➡ Through Baptism we are born to new life in Christ. We are strengthened by Confirmation, and we are nourished by the Eucharist.

➡ Jesus is truly present in the consecrated bread and wine. Because of this we call the Eucharist the Sacrament of the Real Presence of Jesus.

Words to Know

Sacraments of Christian Initiation
the three sacraments that celebrate membership into the Church: Baptism, Confirmation, and Eucharist

grace
God's free and loving gift to us of his own life and help

Original Sin
the sin of our first parents, Adam and Eve, which led to the sinful condition of all people

Santos y personas piadosas

San Juan Bautista (siglo I)

San Juan Bautista es el primo de Jesús. Es posible que recuerdes haber leído acerca de la visita de la Virgen María a su prima Isabel, quien estaba esperando un hijo. Ese niño era San Juan Bautista. Como también puede que recuerdes, cuando María llegó, el niño saltó de alegría dentro del vientre de su madre. Esto se debió a la presencia de Jesús en el vientre de María.

San Juan Bautista sabía de una manera especial que Jesús era el Salvador. Por mucho tiempo vivió una vida de oración y sacrificio en el desierto. Después comenzó a predicar acerca del Reino de Dios. Él les decía a las personas que buscaran el perdón y que se bautizaran para prepararse para la venida de Jesús. Muchas personas lo buscaron para que las bautizara. Inclusive Jesús, que estaba libre de pecado, buscó a Juan para que lo bautizara. Juan le dijo a Jesús: "¿Tú vienes a mí? Soy yo quien necesita ser bautizado por ti." (Mateo 3,14)

Juan el Bautista no tenía miedo de decirle a las personas que no pecaran. Cuando criticó el comportamiento pecaminoso del Rey Herodes, el rey lo hizo poner en prisión. Finalmente, el rey hizo que lo mataran.

La Iglesia celebra la Solemnidad de San Juan Bautista el 24 de junio.

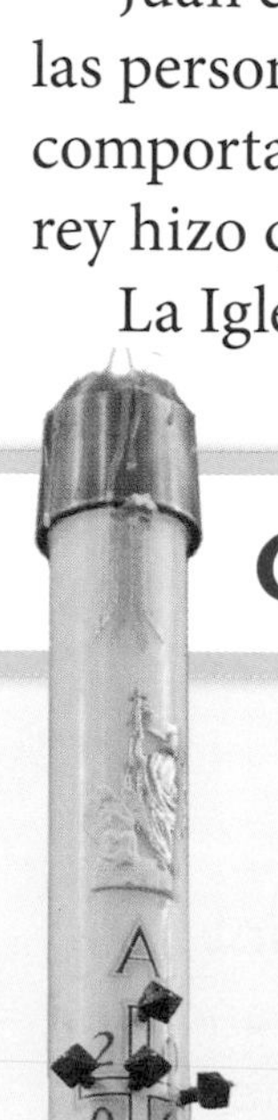

Costumbres católicas

Sacramentales

Cuando oramos y celebramos los Sacramentos, podemos usar ciertas acciones u objetos como ayuda para concentrar nuestra atención en Dios. Estos se llaman Sacramentales. Los Sacramentales nos ayudan a sentirnos santificados y a prepararnos para recibir los Sacramentos. Entre ellos están las bendiciones, el agua bendita, las velas (como el Cirio Pascual de la izquierda), medallas y estatuas religiosas, y acciones como la Señal de la Cruz. Las bendiciones son un sacramental muy especial. Una bendición que es común y probablemente conoces es la bendición de las comidas. Por lo general, dirigimos las bendiciones a la Santísima Trinidad, haciendo la Señal de la Cruz.

Saints and Holy People

Saint John the Baptist (first century)

Saint John the Baptist is Jesus' cousin. You may remember reading about the Virgin Mary's visit to her cousin Elizabeth, who was expecting a child. That child was Saint John the Baptist. As you might also remember, when Mary arrived the child leaped with joy inside his mother's womb. This was because of Jesus' presence, in Mary's womb.

Saint John the Baptist knew in a special way that Jesus was the Savior. For a long time he lived a life of prayer and sacrifice in the desert. He then began to preach about the Kingdom of God. He told people to ask for forgiveness and to be baptized to prepare for the coming of Jesus. Many people went to him to be baptized—even Jesus, who was without sin. John said to Jesus, "I need to be baptized by you, yet you are coming to me?" (Matthew 3:14)

John the Baptist was fearless in telling people not to sin. When he criticized King Herod's sinful behavior, the king had him put in prison. Eventually the king had him killed.

The Church celebrates the feast of John the Baptist on June 24.

Catholic Customs **Sacramentals**

When we pray and celebrate the sacraments, we can use certain actions or objects to help us focus our attention on God. These are called sacramentals. Sacramentals help make us holy and prepare us to receive the sacraments. They include blessings, holy water, candles (like the paschal candle on the left), and religious medals or statues, and actions like the Sign of the Cross. Blessings are a very special sacramental. A common blessing you probably know is the blessing of meals. We usually address blessings to the Trinity, by praying the Sign of the Cross.

Tú puedes hacerlo

San Juan Bautista les dijo a las personas que se prepararan para Jesús. Les dijo: "*Preparen un camino al Señor; hagan sus senderos rectos*" (Mateo 3, 3).

Imagina que tienes el trabajo de decirles a otros niños de tu edad que se preparen para Jesús. ¿Qué les dirías? Haz un cartel que ayude a los niños de tu edad a estar preparados para Jesús.

La fe en el hogar

Celebrar el Sacramento del Bautismo es una ocasión alegre. El Bautismo nos convierte en miembros de la familia de Dios, la Iglesia. Habla con tu familia acerca del bautismo de cada uno de sus miembros y cómo la familia hizo que ese día fuera especial. Si alguien aún no ha sido bautizado, hablen de las razones por qué y de cuándo se bautizará.

Oramos

Ven, Espíritu Santo Creador

Ven, Espíritu Santo Creador
a visitar nuestro corazón,
y llena con tu gracia viva y celestial
nuestras almas que tú creaste por amor.
Amén.

Make It Happen

Saint John the Baptist told people to get ready for Jesus. He said, "Prepare the way of the Lord, make straight his paths" (Matthew 3:3).

Imagine that you have the job of telling other children your age to get ready for Jesus. What would you tell them? Make a sign that will help children your age be ready for Jesus.

Faith at Home

Celebrating the Sacrament of Baptism is a joyful occasion. Baptism makes us members of God's family, the Church. Talk with your family about each family member's baptism and how the family marked the special day. If someone has not been baptized yet, talk about the reasons why and when he or she will be.

We Pray

Come Holy Ghost

Come, Holy Ghost, Creator blest,
and in our hearts take up thy rest.
Come with thy grace and heavenly aid
to fill the hearts which thou hast made.
Amen.

Repaso de la Lección 9

A **Completa** las siguientes oraciones usando las palabras del recuadro.

Confirmación
Gracia
Iniciación
Juan el Bautista
Bautismo

1. ______________________ les dijo a las personas que se prepararan para la venida de Jesús.

2. ______________________ don libre y amoroso de Dios de su propia vida y ayuda dado a los seres humanos.

3. El primer Sacramento que nos une a Cristo es el ______________________.

4. Nos convertimos en miembros de la Iglesia a través de los Sacramentos de la ______________________ Cristiana.

5. La______________________ es el Sacramento que nos unge con el Espíritu Santo.

B **Rellena** el círculo que está junto a la respuesta correcta.

6. Cuando recibimos la Eucaristía se nos perdona el ______.

   ◯ **Pecado venial** ◯ **Pecado Mortal** ◯ **Pecado Original**

7. _____ es otro nombre para la Eucaristía.

   ◯ **Sagrada Comunión** ◯ **Sagrario** ◯ **Sagrario**

8. La Eucaristía también se llama el Sacramento de _____ Real.

   ◯ **Jesús** ◯ **la Presencia** ◯ **la Comunión**

9. El pecado de nuestros primeros padres, Adán y Eva, que llevó a la condición pecadora del género humano se llama _____ .

   ◯ **pecado venial** ◯ **pecado mortal** ◯ **Pecado Original**

10. nos ayudan a ser santos y a prepararnos para recibir los Sacramentos.

   ◯ **Los sacrificios** ◯ **Los sacramentales** ◯ **Las personas**

Lesson 9 Review

A **Complete** the following sentences, using words from the box.

Confirmation
Grace
Initiation
John the Baptist
Baptism

1. ______________________________ told people to prepare for Jesus' coming.

2. ______________________ is God's free and loving gift to humans of his own life and help.

3. The first sacrament that unites us to Christ is ______________________.

4. We become members of the Church through the Sacraments of Christian ______________________.

5. ______________________ is the sacrament that anoints us with the Holy Spirit.

B **Fill in** the circle beside the correct answer.

6. When we receive the Eucharist we are forgiven of _____ .
   ○ **venial sin** ○ **mortal sin** ○ **Original Sin**

7. _____ is another name for the Eucharist.
   ○ **Holy Communion** ○ **Tabernacle** ○ **Sacramental**

8. The Eucharist is also called the Sacrament of the Real _____.
   ○ **Jesus** ○ **Presence** ○ **Communion**

9. The sin of our first parents, Adam and Eve, which led to the sinful condition of the human race is called _____ .
   ○ **venial sin** ○ **mortal sin** ○ **Original Sin**

10. _____ help make us holy and prepare us to receive the sacraments.
   ○ **Sacrifices** ○ **Sacramentals** ○ **People**

Lección 10

Sacramentos de Curación

Oremos

Oración por la misericordia

Todos: Crea en mí, oh Dios, un corazón puro, renueva en mi interior un firme espíritu.

Lado 1: Cuando no muestre amor por los demás…

Todos: Crea en mí, oh Dios, un corazón puro, renueva en mi interior un firme espíritu.

Lado 2: Cuando no sea honesto…

Todos: Crea en mí, oh Dios, un corazón puro, renueva en mi interior un firme espíritu.

Lado 1: Cuando no perdone…

Todos: Crea en mí, oh Dios, un corazón puro, renueva en mi interior un firme espíritu.

Lado 2: Cuando sufra y me sienta triste…

Todos: Crea en mí, oh Dios, un corazón puro, renueva en mi interior un firme espíritu.

Líder: Señor, escucha nuestra oración y muéstranos tu amor y misericordia.

Todos: Amén.

— Respuesta: Salmo 51, 12

Mi fe católica

Dios siempre nos ama y se preocupa por nosotros.

➡ ¿De qué manera saber esto te ayuda cuando te sientes triste?

Lesson 10

Sacraments of Healing

Let Us Pray

A Prayer for Mercy

All: A clean heart create for me, God;
renew within me a steadfast spirit.

Side 1: When I do not show love to others…

All: A clean heart create for me, God;
renew within me a steadfast spirit.

Side 2: When I am not truthful…

All: A clean heart create for me, God;
renew within me a steadfast spirit.

Side 1: When I do not forgive…

All: A clean heart create for me, God;
renew within me a steadfast spirit.

Side 2: When I hurt and feel sad…

All: A clean heart create for me, God;
renew within me a steadfast spirit.

Leader: Lord, hear our prayer and show
us your love and mercy.

All: Amen.

— Response: Psalm 51:10

My Catholic Faith

God always loves us and cares for us.

➡ **How does knowing this help you when you feel sad?**

Sagrada Escritura

Dios es nuestro Padre amoroso. Como padre amoroso, Dios siempre nos ama y se preocupa por nosotros. Al elegir el **pecado** dañamos nuestra relación con Dios, pero Él siempre nos muestra **misericordia**, o compasión, cuando le pedimos perdón. Jesús ayudó a sus discípulos a comprender esto contándoles una parábola acerca de un hijo perdido.

La parábola del hijo pródigo

Jesús contó un relato acerca de un hombre que tenía dos hijos. Un día el menor le dijo a su padre: "Dame mi parte de tu fortuna". El padre hizo así. Después de unos días, el hijo tomó todas sus pertenencias y se fue a un país lejano. Allí malgastó todo su dinero y pronto comenzó a pasar necesidad. Nadie le daba comida para alimentarse. Pensó en los trabajadores en la hacienda de su padre. Ellos tenían comida de sobra, pero él no.

El hijo decidió volver a casa con su padre y pedirle perdón. Cuando su padre lo vio, se llenó de alegría. Le pidió a sus servidores que le prepararan una fiesta.

Cuando el hijo mayor se enteró de esto, se quejó. Dijo que su hermano había lastimado a su padre y no merecía una bienvenida así. Pero el padre, que amaba a sus hijos por igual, respondió: "Hijo, tú estás siempre conmigo y todo lo mío es tuyo. Pero había que hacer fiesta y alegrarse, puesto que tu hermano estaba muerto y ha vuelto a la vida, estaba perdido y ha sido encontrado."

—Basado en Lucas 15, 11-32

Otras Escrituras sobre la curación y el perdón

Puedes leer en tu Biblia más acerca de las veces en que Jesús curó a los enfermos y perdonó a los pecadores. Estos son algunos pasajes:

➡ El ciego de Jericó: Marcos 10, 46-52

➡ Jesús sana a un paralítico de su pecado y de su enfermedad: Marcos 2, 1-12

➡ Jesús resucita a la hija de Jairo: Lucas 8, 40-42. 49-56

Sacred Scripture

God is our loving Father. Like a loving father, God always loves and cares for us. Choosing to **sin** hurts our relationship with God, but he will always show us **mercy**, or kindness, when we ask for forgiveness. Jesus helped his disciples understand this by telling them a parable about a lost son.

More Scripture on Healing and Forgiveness

You can read more about healing and forgiveness in your Bible. Here are some passages:

- The Blind Bartimaeus — Mark 10:46–52
- The Healing of a Paralytic — Mark 2:1–12
- Jairus's Daughter — Luke 8:40–42, 49–56

The Parable of the Prodigal Son

Jesus told a story about a man with two sons. One day the younger son said to his father, "Give me my share of your fortune." The father did so. After a few days the son took all his belongings and set off to a distant country. He wasted all his money and was soon starving. He thought about the workers at his father's farm. They had enough to eat, but he did not.

The son decided to go home to his father and ask for forgiveness. When his father saw him, he was filled with joy. He asked his servants to prepare a feast.

When the older son heard about this, he complained. He said his brother had hurt their father, and did not deserve such a welcome. But the father, who loved his sons equally, replied, "My son, you are here with me always; everything I have is yours. But now we must celebrate and rejoice, because your brother was dead and has come to life again; he was lost and has been found."

—Based on Luke 15:11–32

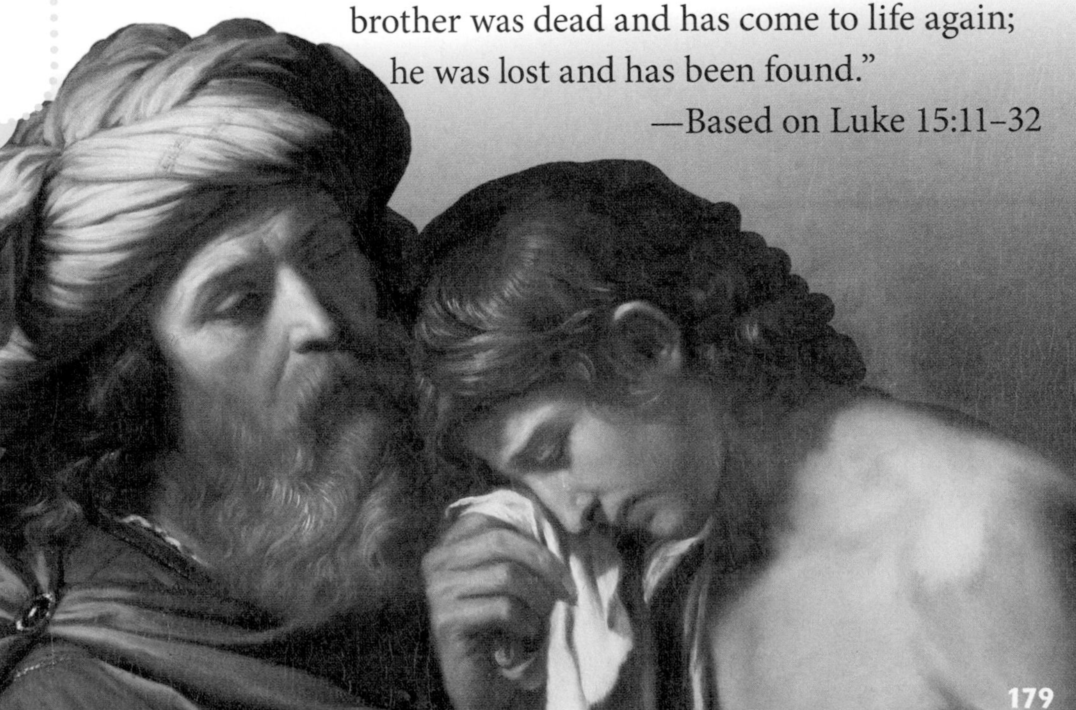

Vivir las Escrituras

Jesús contó la parábola del hijo pródigo para enseñar acerca de la misericordia y el amor de Dios.

¿Qué te enseña la parábola acerca de volverte a Dios cuando has pecado?

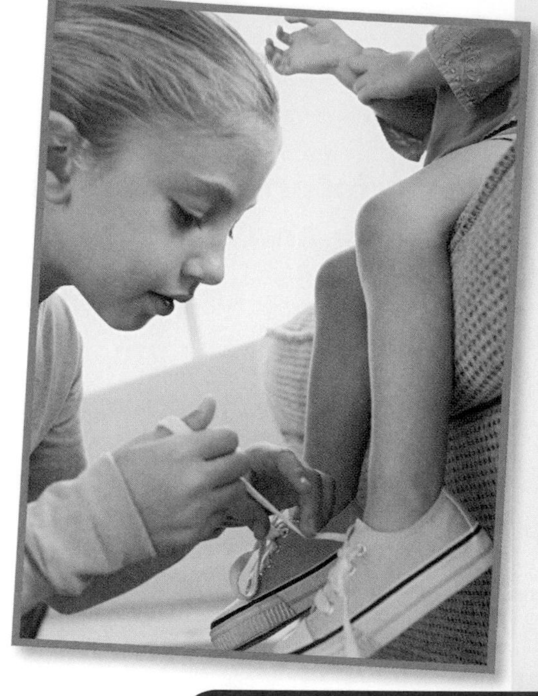

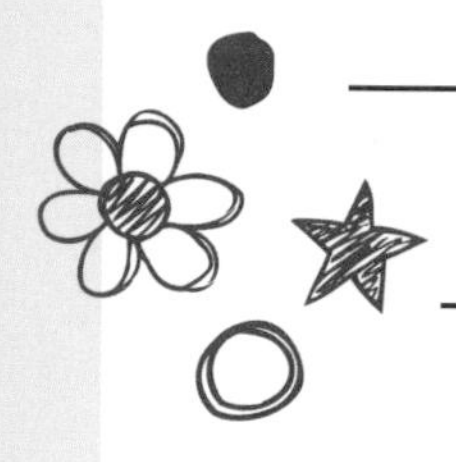

¿Qué te enseña acerca de cómo debes tratar a los demás cuando han hecho algo malo?

Palabras para aprender

pecado
pensamiento, palabra, obra u omisión deliberados que van en contra de la ley de Dios. Los pecados dañan nuestra relación con Dios y con los demás.

misericordia
bondad y preocupación por aquellos que sufren. Dios tiene misericordia de nosotros aunque seamos pecadores.

Living the Scripture

Jesus told the Parable of the Prodigal Son to teach about God's mercy and love. What does the parable teach you about turning to God when you have sinned?

What does it teach you about how to treat others when they have done something wrong?

Words to Know

sin
a deliberate thought, word, deed, or omission that goes against God's law. Sins hurt our relationship with God and other people.

mercy
kindness and concern for those who are suffering. God has mercy on us even though we are sinners.

Nuestra Tradición Católica

Dios nos perdona y nos sana

En la parábola del hijo pródigo, el padre perdonó a su hijo aun cuando el hijo lo había lastimado. Él recibió a su hijo con alegría. Al igual que ese padre, Dios siempre está dispuesto a perdonarnos.

Dios nos ofrece el perdón a través del Sacramento de la Penitencia y de la Reconciliación. Este es uno de los **Sacramentos de Curación**. Este Sacramento también se llama Confesión. Hay momentos en que no seguimos nuestra **conciencia** y hacemos elecciones pecaminosas. El Sacramento de la Penitencia cura nuestra alma y deja que la gracia de Dios regrese a nuestra vida. Es nuestra responsabilidad aprender la ley de Dios y la enseñanza de la Iglesia. Cuando hacemos esto, nuestra conciencia nos ayuda a evitar el pecado.

El pecado es todo lo que decimos o hacemos que va contra la ley de Dios. Existen dos tipos de pecado: el pecado mortal y el pecado venial. Un **pecado mortal** es un pecado grave. Cometemos un pecado mortal cuando sabemos que algo está muy mal pero elegimos hacerlo de todas maneras. Esto nos aparta de la gracia de Dios y hace que sea más difícil elegir lo correcto en el futuro. Un **pecado venial** es un pecado menos grave. Este no nos aparta de la gracia de Dios. Sin embargo, el pecado venial daña nuestra relación con Dios. También puede llevarnos a cometer pecados más graves.

Dios también les da su gracia a los enfermos y moribundos, a través del Sacramento de la Unción de los Enfermos. Celebrar el Sacramento de la Unción de los Enfermos ayuda a las personas que sufren. Estas personas se fortalecen con el amor sanador de Dios. También les recuerda que Jesús entiende su sufrimiento porque él sufrió también. Este Sacramento también concede el perdón de los pecados si la persona no puede ir a confesarse.

¿Qué ocurre en el Sacramento de la Penitencia?

¿Cuál es la diferencia entre el pecado mortal y el pecado venial?

¿Cuál es la diferencia entre el pecado mortal y el pecado venial?

Our Catholic Tradition

God Forgives Us and Heals Us

In the Parable of the Prodigal Son, the father forgave his son even though the son had hurt him. He welcomed the son home joyfully. Just like that father, God is always ready to forgive us.

God offers us forgiveness through the Sacrament of Penance and Reconciliation. This is one of the **Sacraments of Healing**. This sacrament is also called Confession. There are times when we do not follow our **conscience** and we make sinful choices. The Sacrament of Penance heals our soul and lets God's grace back into our lives. It is our responsibility to learn God's law and the Church's teaching. When we do this, our conscience will help us avoid sin.

What happens in the Sacrament of Penance?

Sin is anything we say or do that goes against God's law. There are two kinds of sin: mortal sin and venial sin. A **mortal sin** is a serious sin. We commit a mortal sin when we know that something is very wrong but choose to do it anyway. This separates us from God's grace, and makes it harder to make good choices in the future. A **venial sin** does not separate us from God's grace. Still, venial sin hurts our relationship with God. It can also lead us to more serious sin.

What's the difference between mortal sin and venial sin?

God also gives his grace to those who are sick or dying, through the Sacrament of Anointing of the Sick. Celebrating the Sacrament of Anointing of the Sick helps people who are suffering. They are strengthened by God's healing love. They are also reminded that Jesus understands their suffering because he too suffered. This sacrament also grants forgiveness of sin if the person is not able to go to confession.

How does God help those who are sick?

Vive tu fe

Cuando oyes a tu conciencia, haces lo que complace a Dios. También evitas lo que hiere tu amistad con Él.

Escribe dos maneras como puedes hacer algo que complazca a Dios en tu hogar. Luego escribe dos maneras como puedes hacer algo que complazca a Dios en la escuela. Elige uno de los puntos de la lista y escribe acerca de alguna vez que hayas hecho esto.

En el hogar

1. ______________________________

2. ______________________________

En el hogar

1. ______________________________

2. ______________________________

Una vez que puse en práctica una de estas cosas

____

____

____

DATOS DE FE

➡ Aquellos que mueren sin pedirle a Dios que perdone un pecado mortal corren el riesgo de quedar apartados de Él para toda la eternidad.

➡ Algunas acciones son siempre pecaminosas. Un ejemplo es hacerle daño a una persona que no se puede defender por sí misma.

Palabras para aprender

Sacramentos de Curación
Penitencia y la Unción de los Enfermos. En estos Sacramentos, Dios cura nuestra mente, cuerpo y espíritu.

conciencia
la habilidad que Dios nos dio para juzgar si una acción está bien o está mal

pecado mortal
pecado grave que nos aparta de Dios y de su gracia

pecado venial
pecado menos grave contra la ley de Dios que debilita nuestra relación con Él

Live Your Faith

When you listen to your conscience, you do what pleases God. You also avoid what hurts your friendship with him.

List two ways you can do what pleases God at home. Then list two ways you can do what pleases God at school. Choose one item from the list and write about a time you have done this.

At home

1. ____________________

2. ____________________

At school

1. ____________________

2. ____________________

A time I have put one of these into action

____

____

____

FAITH FACTS

➡ Those who die without asking God to forgive a mortal sin risk being separated from him for all eternity.

➡ Some actions are always sinful. An example is hurting a person who cannot defend himself or herself.

Words to Know

Sacraments of Healing
Penance and the Anointing of the Sick. In these sacraments, God heals our mind, body, and spirit.

conscience
the God-given ability that helps us know right from wrong

mortal sin
a serious sin that separates us from God and his grace

venial sin
a less serious sin against God's law that weakens our relationship with him

Santos y personas piadosas

San Juan Vianney (1786–1859)

Desde temprana edad, Juan Vianney sabía que quería convertirse en sacerdote. Pero debido a que tenía poca educación, tuvo dificultad con las lecciones en el seminario. Finalmente, después de mucha lucha y esfuerzo, fue ordenado sacerdote.

Poco después de hacerse sacerdote, fue enviado a una parroquia en un pueblito de Francia llamado Ars. Con tristeza descubrió que a muchas de las personas en el pueblo no les importaba su fe. Pero la reputación del Padre Juan Vianney como confesor comenzó a atraer a la gente de regreso a su iglesia y a los Sacramentos. Él sabía exactamente qué decir a las personas que le confesaban sus pecados. Él los ayudó a conocer la misericordia y el amor de Dios por ellos. Su reputación se extendió, y en pocos años llegarían a Ars millares de personas solo para acudir a la Confesión. El Padre Juan a menudo pasaba dieciséis horas al día oyendo confesiones y aconsejando a las personas acerca de cómo estar más cerca de Dios. Él realizó muchos actos de caridad e hizo grandes sacrificios por el bien del Reino de Dios.

San Juan Vianney es el santo patrono de los párrocos. Celebramos su Memoria el 4 de agosto.

Costumbres católicas

Las cenizas del Miércoles de Ceniza

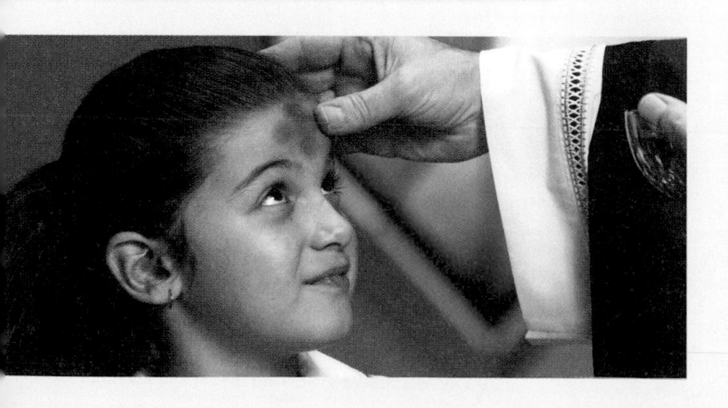

Durante la liturgia del Miércoles de Ceniza, se marca la frente con cenizas. Las cenizas nos recuerdan nuestra mortalidad: esto es, que nuestra vida en la Tierra terminará con la muerte. También nos recuerdan nuestros pecados. Ellas nos ayudan a recordar que debido a la Muerte y Resurrección de Cristo, podemos vivir para siempre con Dios.

Saints and Holy People

Saint John Vianney (1786–1859)

From a young age, John Vianney knew he wanted to become a priest. But because he had little education, he struggled with the lessons in the seminary. Finally, after a great deal of effort and struggle, he was ordained a priest.

Not long after he became a priest, he was sent to a parish in a small French village called Ars. He was sad to discover that many of the people in the village did not care about their faith. But soon, Father John Vianney's reputation as a confessor began to draw people back to church and to the sacraments. He knew just what to say to people who confessed their sins. He helped them know of God's mercy and love for them. His reputation spread, and within a few years thousands of people would come to Ars just to go to confession. Father John often spent sixteen hours a day hearing confessions and counseling people on how to be closer to God. He performed many acts of charity and made great sacrifices for the good of the Kingdom of God.

Saint John Vianney is the patron saint of parish priests. We celebrate his feast day on August 4.

Catholic Customs

Ashes on Ash Wednesday

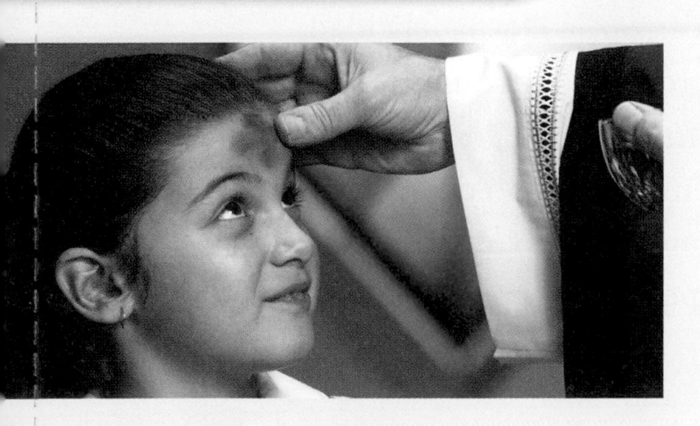

During the Ash Wednesday liturgy, our foreheads are marked with ashes. The ashes remind us of our mortality—that is, that our life on earth will end at our death. They also remind us of our sins. They help us remember that because of Christ's death and Resurrection, we can live forever with God.

Tú puedes hacerlo

Ordena cada una de las palabras acerca del Sacramento de la Reconciliación y San Juan Vianney. Ordena las letras que aparecen en los círculos para formar otro nombre del Sacramento de la Reconciliación.

AUCINCRÓ

SOCNÓIFENS

CIREIRMODASI

OCTEDERAS

DRÓPNE

Otro nombre para el Sacramento de la Reconciliación:

¡En solidaridad!

El Sacramento de la Unción de los Enfermos les da consuelo a los enfermos y a los que sufren. También podemos dar consuelo a los enfermos al mostrar amor y al cuidar de ellos.

➡ Piensa en alguien que conozcas que está enfermo y necesita consuelo. Asegúrate de hacer al menos una cosa por esa persona para demostrarle amor y tu interés por cuidarla.

Oramos

Acto de esperanza

Señor Dios mío, espero por tu gracia la remisión de todos mis pecados; y después de esta vida, alcanzar la eterna felicidad, porque tú lo prometiste que eres infinitamente poderoso, fiel, benigno y lleno de misericordia. Quiero vivir y morir en esta esperanza. Amén.

Make It Happen

Unscramble each of the words about the Sacrament of Reconciliation and Saint John Vianney. Unscramble the letters that appear in the circles to form another name for the Sacrament of Reconciliation.

IGLEHNA

SOCNOIFENS

CERYM

PEITRS

VESNEROSFIG

Another name for the Sacrament of Reconciliation:

Reach Out!

The Sacrament of Anointing of the Sick brings comfort to those who are sick or suffering. We can also bring comfort to those who are sick by showing love and care.

Think about someone you know who is sick and needs comfort. Be sure to do at least one thing for that person to show love and care.

We Pray

Act of Hope

O my God,
relying on your infinite goodness
and promises,
I hope to obtain pardon of my sins,
the help of your grace,
and life everlasting,
through the merits of Jesus Christ,
my Lord and Redeemer. Amen.

Repaso de la Lección 10

A **Une** cada término de la Columna B con su definición en la Columna A, escribiendo la letra correcta en el espacio dado.

Columna A	Columna B
1. _____ habilidad que Dios nos dio para juzgar si una acción está bien o está mal	**a.** conciencia
2. _____ pecado grave contra la ley de Dios que nos aparta de Él y de su gracia	**b.** Sacramento de la Penitencia
3. _____ pecado menos grave contra la ley de Dios que debilita nuestra relación con Él	**c.** Sacramento de la Unción de los Enfermos
4. _____ Sacramento que nos da el perdón de Dios después de que hemos pecado	**d.** pecado mortal
5. _____ Sacramento que da la gracia de Dios a quienes sufren en mente, cuerpo o espíritu	**e.** pecado venial

B **Completa** las siguientes oraciones.

6. Los Sacramentos de la Penitencia y de la Unción de los Enfermos son los Sacramentos de ______________________________ .

7. Cuando aprendemos las leyes de Dios, nuestra ______________________________ puede ayudarnos a tomar buenas decisiones.

8. San Juan Vianney acercó a Dios de nuevo a muchas personas a través del Sacramento de ______________________________ .

9. Un pensamiento, palabra, obra u omisión deliberados que van en contra de la ley de Dios se llaman ______________________________ .

10. Dios tiene ______________________________ de nosotros, o nos muestra compasión, cuando le pedimos perdón.

Lesson 10 Review

A **Match** each term in column B with its definition in column A by writing the correct letter in the space provided.

Column A	Column B
1. _____ the God-given ability that helps us judge whether actions are right or wrong	**a.** conscience
2. _____ a serious sin against God's law that separates us from God and his grace	**b.** Sacrament of Penance
3. _____ a less serious sin against God's law that weakens our relationship with him	**c.** Sacrament of Anointing of the Sick
4. _____ the sacrament that gives us God's forgiveness when we have sinned	**d.** mortal sin
5. _____ the sacrament that gives God's grace to those who are suffering in mind, body, or spirit	**e.** venial sin

B **Complete** the following sentences.

6. The Sacraments of Penance and Anointing of the Sick are Sacraments of

_______________________________.

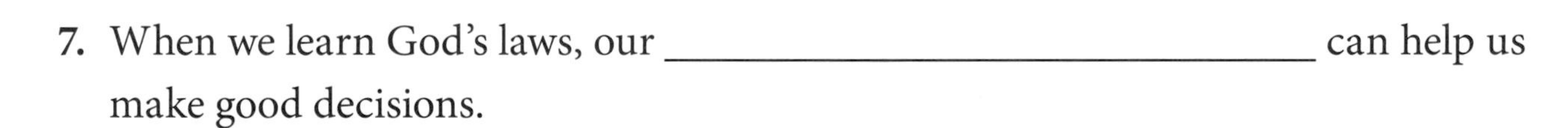

7. When we learn God's laws, our _______________________________ can help us make good decisions.

8. Saint John Vianney brought many people back to God through the Sacrament of _______________________________.

9. A deliberate thought, word, deed, or omission that goes against God's law is called a _______________________________.

10. God has _______________________________ on us, or shows us kindness, when we ask for forgiveness.

Lección 11

Sacramentos al Servicio de la Comunidad

Oremos

Oración de bendición

Líder: Señor, te damos gracias por los obispos, los sacerdotes, los diáconos y los casados.

Lector 1: Por los obispos que nos guían,

Todos: Señor, concédeles tu bendición.

Lector 2: Por los sacerdotes que nos dirigen hacia ti,

Todos: Señor, concédeles tu bendición.

Lector 3: Por los diáconos que nos enseñan,

Todos: Señor, concédeles tu bendición.

Lector 4: Por las parejas de casados que se guían mutuamente hacia ti,

Todos: Señor, concédeles tu bendición.

Lector 5: Por nuestros padres que nos demuestran cómo amarte,

Todos: Señor, concédeles tu bendición.

Mi fe católica

Piensa en una persona casada o un sacerdote que conozcas.

¿Cómo te demuestra esta persona la manera de vivir como Dios quiere?

Lesson 11

Sacraments at the Service of Communion

Let Us Pray

A Prayer of Blessing

Leader: Lord, thank you for bishops, priests, deacons, and married people.

Reader 1: For bishops who guide us,

All: Lord, grant them your blessing.

Reader 2: For priests, who lead us to you,

All: Lord, grant them your blessing.

Reader 3: For deacons, who teach us,

All: Lord, grant them your blessing.

Reader 4: For married couples, who lead each other to you,

All: Lord, grant them your blessing.

Reader 5: For parents, who show us how to love you,

All: Lord, grant them your blessing.

My Catholic Faith

Think about a married person or a priest that you know.

➡ **How does this person show you how to live as God wants?**

Sagrada Escritura

Jesús hizo muchos **milagros** durante su tiempo en la tierra. Tal vez recuerdes algunos de estos. El primer milagro público de Jesús fue en una boda. Jesús ayudó a los novios cuando convirtió el agua en vino para que no se arruinara la celebración de la boda. Este milagro fue el principio del **ministerio** público de Jesús.

Escrituras en la Misa

Cuando las parejas se casan, con frecuencia eligen la Sagrada Escritura acerca de La boda de Caná para la lectura del Evangelio durante la ceremonia o Misa por los esposos. Otra lectura que las parejas eligen con frecuencia es la 1.a Carta de San Pablo a los Corintios. Esta Sagrada Escritura describe las características del amor, como su bondad, paciencia y perdón (ver 1.a Corintios 13).

La boda de Caná

Tres días más tarde se celebraba una boda en Caná de Galilea, y la madre de Jesús estaba allí. También fue invitado Jesús a la boda con sus discípulos. Sucedió que se terminó el vino preparado para la boda, y se quedaron sin vino. Entonces la madre de Jesús le dijo: "No tienen vino."

…[S]u madre dijo a los sirvientes: "Hagan lo que él les diga." Había allí seis recipientes de piedra, de los que usan los judíos para sus purificaciones, de unos cien litros de capacidad cada uno. Jesús dijo: "Llenen de agua esos recipientes." Y los llenaron hasta el borde. "Saquen ahora, les dijo, y llévenle al mayordomo." Y ellos se lo llevaron. Después de probar el agua convertida en vino, el mayordomo llamó al novio, pues no sabía de dónde provenía, … Y le dijo: "Todo el mundo sirve al principio el vino mejor, … pero tú has dejado el mejor vino para el final." Esta señal milagrosa fue la primera, y Jesús la hizo en Caná de Galilea. Así manifestó su gloria y sus discípulos creyeron en él.

—Juan 2, 1–3, 5–11

Sacred Scripture

Jesus performed many **miracles** during his time on earth. You might remember some of these. Jesus' first public miracle was at a wedding. Jesus helped the bride and groom by changing water into wine, so that their wedding celebration would not be ruined. This miracle was the beginning of Jesus' public **ministry**.

Scripture at Mass

Couples getting married often choose the Scripture about the Wedding Feast at Cana for the Gospel reading at their wedding Mass or ceremony. Another reading that couples often choose is from Saint Paul's First Letter to the Corinthians. That Scripture is about the qualities of love, such as that it is kind, patient, and forgiving (see 1 Corinthians 13).

The Wedding at Cana

On the third day there was a wedding in Cana in Galilee, and the mother of Jesus was there. Jesus and his disciples were also invited to the wedding. When the wine ran short, the mother of Jesus said to him, "They have no wine."

His mother said to the servers, "Do whatever he tells you." Now there were six stone water jars there for Jewish ceremonial washings, each holding twenty to thirty gallons. Jesus told them, "Fill the jars with water." So they filled them to the brim. Then he told them, "Draw some out now and take it to the headwaiter." So they took it. And when the headwaiter tasted the water that had become wine, without knowing where it came from ... the headwaiter called the bridegroom and said to him, "Everyone serves good wine first ... but you have kept the good wine until now." Jesus did this as the beginning of his signs in Cana in Galilee and so revealed his glory, and his disciples began to believe in him.

—John 2:1–3, 5–11

Vivir las Escrituras

¿Por qué crees que María les dijo a los sirvientes que hicieran lo que Jesús les dijera?

Jesús ayudó a los recién casados al convertir el agua en vino. ¿De qué maneras puede Jesús ayudar a los esposos en la actualidad?

Escribe una oración corta en la que le pidas a Jesús que ayude o bendiga a una pareja de esposos que conozcas.

Palabras para aprender

milagro
suceso asombroso o maravilloso que ocurre por el poder de Dios

ministerio
una manera de ser un signo del Reino de Dios, al cuidar y servir a los demás

Living the Scripture

Why do you think Mary told the servers to do whatever Jesus tells them?

Jesus helped the bride and groom by turning water into wine. What are some ways Jesus helps married couples today?

Write a short prayer asking Jesus to help or bless a married couple you know.

Words to Know

miracle
an amazing or wonderful event that happens by the power of God

ministry
a way of being a sign of the Kingdom of God by caring for and serving others

Nuestra Tradición Católica

Servir a Dios sirviendo a los demás

Como católicos estamos llamados a servir a la Iglesia. Tú haces esto ahora al cuidar de la creación de Dios y ayudar a tu familia en el hogar. La Iglesia celebra dos sacramentos que nos ayudan especialmente a responder a este llamado como adultos. Estos son el Sacramento del Matrimonio y el Sacramento del Orden Sagrado. Son llamados **Sacramentos al Servicio de la Comunidad**.

¿Cuáles sacramentos nos ayudan a servir a la Iglesia como adultos?

En el Orden Sagrado, los hombres bautizados son ordenados para servir a la Iglesia como obispos, sacerdotes o diáconos. El Orden Sagrado sella con un carácter permanente el alma de quienes lo reciben. Los obispos prometen usar su autoridad para guiar a la Iglesia con otros obispos y con el Papa. Los obispos, sacerdotes y diáconos nos enseñan el mensaje del Evangelio y lo que significa para nuestra vida. Los obispos y sacerdotes también nos guían en la celebración de los Sacramentos. Sin estos ministros ordenados, la Iglesia no estaría completa. Pero la labor de la Iglesia también es realizada por **laicos**.

¿Quién puede recibir el Orden Sagrado?

Una manera en que los laicos ayudan a la Iglesia de Dios es a través del Sacramento del Matrimonio. En el matrimonio, un hombre y una mujer bautizados se prometen fidelidad mutua por el resto de su vida. Ellos se comprometen a compartir el amor de esposos solo entre ellos. El hombre y la mujer también prometen estar dispuestos a recibir de Dios el don de los hijos. Ellos se comprometen a amar, cuidar y educar a todos los hijos que Dios les dé. El Matrimonio se celebra públicamente frente a un sacerdote o diácono, testigos y la asamblea reunida.

¿Qué es el Sacramento del Matrimonio?

Our Catholic Tradition

Serving God by Serving Others

As Catholics, we are all called to serve the Church. You do this now by taking care of God's creation and helping your family at home. The Church celebrates two sacraments that especially help us answer this call as adults. These are the Sacrament of Matrimony and the Sacrament of Holy Orders. They are called **Sacraments at the Service of Communion**.

Which sacraments help us to serve the Church as adults?

In Holy Orders, baptized men are ordained to serve the Church as bishops, priests, or deacons. Holy Orders imprints a permanent character on the soul of those who receive it. Bishops promise to use their authority to lead the Church with other bishops and with the Pope. Bishops, priests, and deacons teach us the Gospel message and what it means for our lives. Bishops and priests also lead us in celebrating the sacraments. Without these ordained ministers, the Church would not be complete. But the work of the Church is also done by **lay people**.

Who can receive Holy Orders?

One way lay people help God's Church is through the Sacrament of Matrimony, or Marriage. In Marriage, a baptized man and baptized woman promise to be faithful to each other throughout their lives. They commit to sharing married love only with each other. The man and woman also promise to always be open to God's gift of children. They commit to love, care for, and educate any children God gives them. Marriage is celebrated publicly before a priest or deacon, witnesses, and the gathered assembly.

What is the Sacrament of Matrimony?

Vive tu fe

Piensa en una persona casada o un sacerdote o diácono que conozcas y a quien admires. Escribe acerca de esta persona. Explica por qué la admiras. Explica también qué te enseñan las palabras o acciones de esta persona.

____

____

____

____

____

____

____

____

DATOS DE FE

➡ En el Orden Sagrado, el ministro es el obispo. El signo visible es la Imposición de Manos.

➡ El signo visible en el Sacramento del Matrimonio es el intercambio de promesas o votos entre la pareja.

➡ El Matrimonio se celebra públicamente frente a un sacerdote o diácono, testigos y la asamblea reunida.

Palabras para aprender

Sacramentos al Servicio de la Comunidad
los dos Sacramentos que celebran el compromiso de las personas de servir a Dios y a la comunidad: el Orden Sagrado y el Matrimonio

laicos
todas las personas bautizadas en la Iglesia que comparten la misión de Dios pero que no están ordenadas; a veces se los llama laicado

Live Your Faith

Think about a married person or a priest or deacon you know whom you admire. Write about this person. Tell why you admire him or her. Also tell what the person's words or actions teach you.

____

____

____

____

____

____

____

____

FAITH FACTS

- In Holy Orders, the minister is the bishop. The visible sign is the Laying on of Hands.
- The visible sign in the Sacrament of Matrimony is the couple's exchange of promises, or vows.
- Marriage is celebrated publicly before a priest or deacon, witnesses, and the gathered assembly.

Words to Know

Sacraments at the Service of Communion
the two sacraments that celebrate people's commitment to serve God and the community: Holy Orders and Matrimony

lay people
all of the baptized people in the Church who share in God's mission but are not ordained; sometimes called the laity

Santos y personas piadosas

San José (siglo I)

San José era el esposo de María y el padre adoptivo de Jesús en la tierra. Antes del nacimiento de Jesús, un ángel se le apareció a José en un sueño y le dijo: "...[N]o tengas miedo de llevarte a María, tu esposa, a tu casa; si bien está esperando por obra del Espíritu Santo..." (Mateo 1, 20). Aunque José no entendió cómo podía ser esto, obedeció la voluntad de Dios. Se casó con María y cuidó de ella y de Jesús.

Cuando Jesús era un bebé, José lo llevó con María a Egipto para protegerlos del Rey Herodes quien quería matar a todos los niños varones recién nacidos. Con María, José llevó a Jesús al Templo para presentárselo a Dios. Cuando Jesús se perdió en el Templo, a la edad de doce años, José ayudó a María a encontrarlo.

José era un carpintero, y le enseñó a Jesús cómo ser también un carpintero. No sabemos cómo murió José, pero creemos que María y Jesús estuvieron con él. Hoy le rezamos a San José para tener una muerte feliz y pacífica.

La Iglesia honra a San José el 19 de marzo y el día de la Sagrada Familia, el domingo después de Navidad.

Costumbres católicas

La Iglesia doméstica

¿Sabías que una familia católica es conocida como la "iglesia doméstica"? Esto es porque la familia es la "escuela de santidad". Es donde aprendemos quién es Dios y cómo vivir una vida cristiana. También es el primer lugar en el que aprendemos lo que significa vivir en una comunidad. La familia es donde aprendemos a amar a los demás.

Saints and Holy People

Saint Joseph (first century)

Saint Joseph was Mary's husband and the foster father of Jesus on earth. Before Jesus' birth, an angel came to Joseph in a dream and told him, "Do not be afraid to take Mary your wife into your home. For it is through the holy Spirit that this child has been conceived in her" (Matthew 1:20). Even though Joseph did not understand how this could be, he obeyed God's will. He married Mary and cared for her and Jesus.

When Jesus was a baby, Joseph took him and Mary to Egypt to protect them from King Herod, who wanted to kill all newborn boys. With Mary, Joseph took Jesus to the Temple to present him to God. When Jesus was lost in the Temple at age twelve, Joseph helped Mary find him.

Joseph was a carpenter, and he taught Jesus how to be a carpenter, too. We don't know how Saint Joseph died, but we believe Mary and Jesus were with him. Today, we pray to Saint Joseph for a happy and peaceful death.

The Church honors Saint Joseph on March 19 and on the Feast of the Holy Family, on the Sunday after Christmas.

Catholic Customs

The Domestic Church

Did you know that a Catholic family is known as the "domestic church"? That's because the family is the "school of holiness." It's where we learn who God is and how to live a Christian life. It is also the first place where we learn what it means to live in a community. The family is where we learn to love others.

Tú puedes hacerlo

Encuentra las palabras del recuadro en la siguiente sopa de letras. Luego escribe una oración acerca de San José usando al menos dos de estas palabras.

K	F	Y	A	W	M	J	O	K	U	G	L	T	S
M	D	R	V	N	Q	W	O	T	O	T	X	E	Ú
H	E	R	O	D	E	S	N	S	P	T	K	M	S
S	A	G	R	A	D	Á	D	F	É	I	H	P	E
H	O	L	Í	F	N	M	I	L	I	A	G	A	J
B	U	R	N	G	I	X	N	D	M	U	I	E	Y
E	A	W	E	T	E	M	P	L	O	R	V	R	Q
M	H	L	E	H	S	R	Y	Q	A	X	E	J	A
S	A	G	R	A	D	A	F	A	M	I	L	I	A

María
José
ángel
Templo
Sagrada Familia
Herodes
Egipto
Jesús

La fe en el hogar

Todos los días de esta semana, ora por una pareja de casados que sea importante para tu familia (como tus padres o abuelos), un sacerdote que conozcas (como el pastor de tu parroquia) o alguien a quien le enseñes sobre tu fe. Invita a miembros de la familia a turnarse para nombrar personas por las cuales orar.

Oramos

Oración para el matrimonio

Padre amoroso, te pedimos que escuches nuestras súplicas y que bendigas a todos aquellos unidos en Matrimonio, para que siempre conozcamos de tu misericordia y tu amor por nosotros. Te lo pedimos por Jesucristo, nuestro Señor. Amén.

—Basada en el *Ritual del Matrimonio*

Make It Happen

Find the following words in the word search below. Then write a sentence about Saint Joseph using at least two of these words.

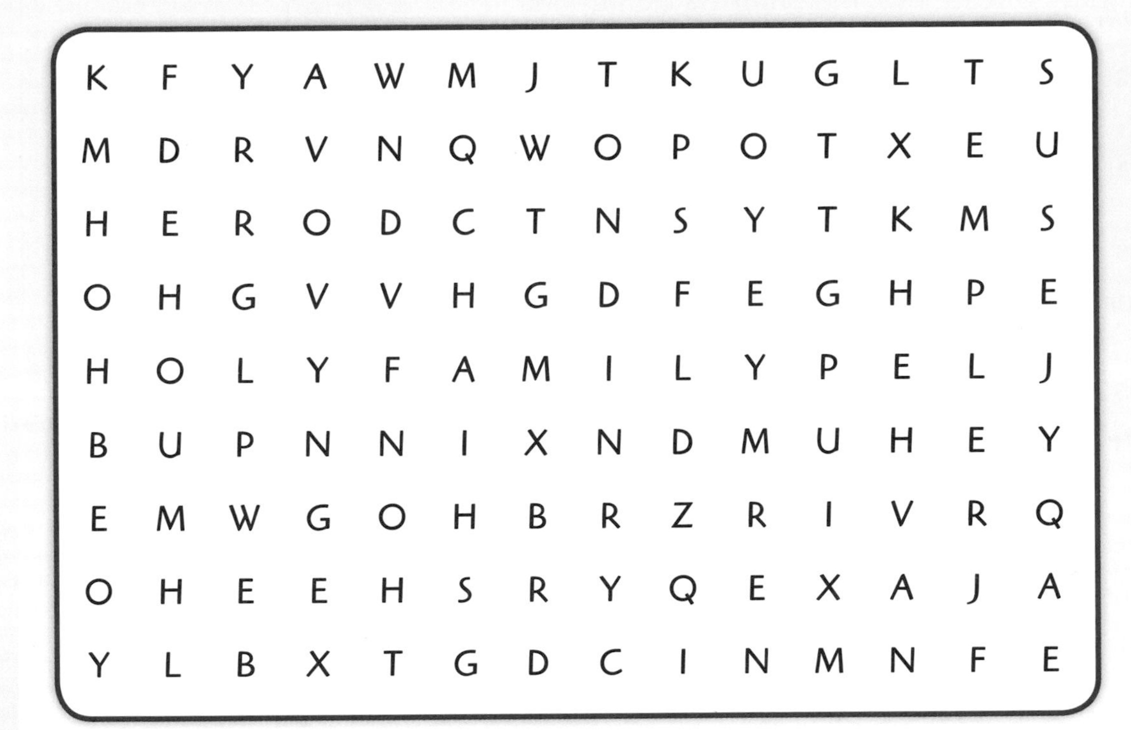

K	F	Y	A	W	M	J	T	K	U	G	L	T	S
M	D	R	V	N	Q	W	O	P	O	T	X	E	U
H	E	R	O	D	C	T	N	S	Y	T	K	M	S
O	H	G	V	V	H	G	D	F	E	G	H	P	E
H	O	L	Y	F	A	M	I	L	Y	P	E	L	J
B	U	P	N	N	I	X	N	D	M	U	H	E	Y
E	M	W	G	O	H	B	R	Z	R	I	V	R	Q
O	H	E	E	H	S	R	Y	Q	E	X	A	J	A
Y	L	B	X	T	G	D	C	I	N	M	N	F	E

Mary
Joseph
angel
Temple
Holy Family
Herod
Egypt
Jesus

____

Faith at Home

Every day this week, pray for a married couple that is important to your family (such as your parents or grandparents), a priest you know (such as the pastor at your parish), or someone who teaches you about your faith. Invite family members to take turns naming people to pray for.

We Pray

A Marriage Prayer

Loving Father,
we ask you to hear our prayers
and to bless all those united in
Matrimony, that we may always
know of your mercy and love for
us. We ask this through Jesus
Christ, our Lord. Amen.
—Based on the *Rite of Marriage*

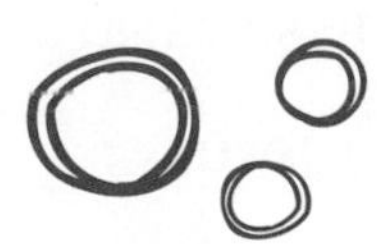

Repaso de la Lección 11

A **Completa** cada oración usando la letra de la palabra o palabras correctas, que están en el recuadro.

a. ministerio
b. intercambio de votos
c. iglesia doméstica
d. milagro
e. Imposición de manos

1. La familia es donde aprendemos quién es Dios y cómo vivir una vida Cristiana. Por esta razón, la familia es llamada la _____.
2. El signo visible del Sacramento del Orden Sagrado es la _____.
3. El signo visible del Sacramento del Matrimonio es el _____.
4. Un _____ es un suceso asombroso o maravilloso que ocurre por el poder de Dios.
5. Un _____ es una manera de cuidar y servir a los demás y ser un signo del Reino de Dios.

B **Rellena** el círculo que está junto a la respuesta correcta.

6. Los dos Sacramentos que celebran el compromiso de las personas de servir a Dios y a la comunidad son _____ .

   ◯ **tos Sacramentos de Curación** ◯ **los Sacramentos al Servicio de la Comunidad** ◯ **Sagrado y la Eucaristía**

7. Los hombres bautizados son ordenados como obispos, sacerdotes, o diáconos en el Sacramento de _____ .

   ◯ **la Eucaristía** ◯ **el Orden Sagrado** ◯ **el Matrimonio**

8. Todas las personas bautizadas en la Iglesia que comparten la misión de Dios pero que no están ordenadas se los llama _____ .

   ◯ **laicos** ◯ **diáconos** ◯ **personas casadas**

9. En el Sacramento de _____ un hombre y una mujer bautizados se comprometen para toda la vida a amarse mutuamente y cuidar de sus hijos.

   ◯ **Eucaristía** ◯ **el Orden Sagrado** ◯ **el Matrimonio**

10. Antes del nacimiento de Jesús, _____ se le apareció a José en un sueño para decirle que se casara con María.

   ◯ **Jesús** ◯ **un ángel** ◯ **el Rey Herodes**

Lesson 11 Review

A **Complete** each sentence with the letter of the correct word or words from the box.

a. ministry
b. exchange of vows
c. domestic church
d. miracle
e. Laying on of Hands

1. The family is the place where we learn who God is and how to live a Christian life. Because of this, the family is called the _____.

2. The visible sign of the Sacrament of Holy Orders is the _____.

3. The visible sign of the Sacrament of Matrimony is the _____.

4. A _____ is an amazing or wonderful event that happens by the power of God

5. A _____ is a way of caring for and serving others and being a sign of the Kingdom of God.

B **Fill in** the circle beside the correct answer.

6. The two sacraments that celebrate people's commitment to serve God and the community are _____ .

○ **the Sacraments of Healing** ○ **the Sacraments at the Service of Communion** ○ **Holy Orders and Eucharist**

7. Baptized men are ordained as bishops, priests, or deacons in the Sacrament of _____ .

○ **Eucharist** ○ **Holy Orders** ○ **Matrimony**

8. All of the baptized people in the Church who share in God's mission but are not ordained are called _____ .

○ **lay people** ○ **deacons** ○ **married couples**

9. In the Sacrament of _____ a baptized man and a baptized woman make a lifelong commitment to love each other and care for their children.

○ **Eucharist** ○ **Holy Orders** ○ **Matrimony**

10. Before Jesus' birth, _____ came to Joseph in a dream to tell him to marry Mary.

○ **Jesus** ○ **an angel** ○ **King Herod**

SER CATÓLICOS

Morir y resucitar con Jesús

La vida es una combinación de momentos felices y tristes, sufrimiento y alegría, belleza y destrucción. Algunas cosas malas de la vida son ocasionadas por fuerzas de la naturaleza. Por ejemplo, los huracanes, los tornados y las inundaciones destruyen las propiedades y causan muertes. Algunas cosas malas suceden por las enfermedades. Y algunas cosas malas sucedes a causa de accidentes. Como resultado, gente inocente sufre.

A veces las personas sufren por el mal que otras personas deciden hacer. Un niño es acosado en la escuela, a un anciano lo roban y lo lastiman, una pelea se desata por culpa de la envidia o la rabia. Y lo que es peor, a veces las personas son asesinadas a causa del odio y la violencia.

Este tipo de sufrimiento es ocasionado por las decisiones egoístas que las personas toman a veces. Aunque Dios nos haya creado para una vida de bondad y amor, el Pecado Original significa que a veces somos débiles y no podemos resistir la tentación y pecamos. A cambio, nuestros pecados pueden ocasionarle daño y sufrimiento a los demás.

Pensar en el sufrimiento

Cuenta acerca de alguna vez en que alguien que conoces sufrió a causa de un accidente, una enfermedad o un desastre natural.

____

¿Cómo te hizo sentir? ______________________________

____

Describe alguna vez en que alguien que conoces o de quien has oído hablar sufrió a causa de las acciones egoístas de otra persona.

____

¿Qué piensas que cause que una persona actúe con egoísmo? ______________________________

____

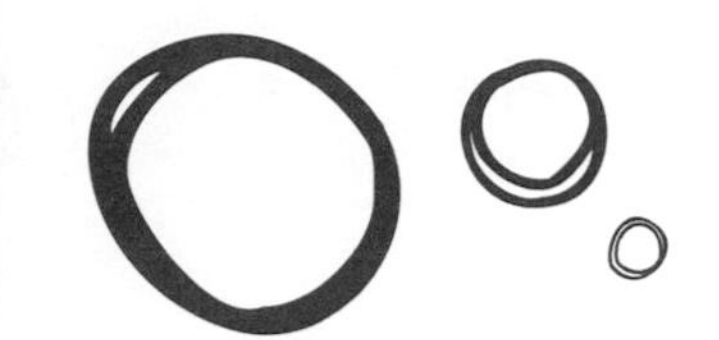

BEING CATHOLIC

Dying and Rising with Jesus

Life is a mixture of happy and sad times, suffering and joy, beauty and destruction. Some bad things in life are caused by forces of nature. For example, hurricanes, tornadoes, and floods destroy property and cause death. Some bad things happen because of illness. And some bad things happen because of accidents. Innocent people suffer as a result.

Sometimes people suffer because of the evil other people choose to do. A kid is bullied at school, an elderly man is robbed and hurt, a fight breaks out because of jealousy or anger. Worse, sometimes people are killed because of hatred and violence.

Suffering like this is caused by the selfish choices people sometimes make. Even though God created us for a life of goodness and love, Original Sin means we are sometimes weak and cannot resist temptation and sin. In turn, our sins can bring hurt and suffering to others.

Thinking about Suffering

Tell about someone you know who suffered because of an accident, illness, or a natural disaster.

____

How did that make you feel? ___________________________

____

Describe a time when someone you know or heard about suffered because of the selfish actions of another person.

____

What do you think can make a person act selfishly? ________________

____

Participamos de la Nueva Vida con Jesús

El hecho de que Dios permita que ya haya maldad física y moral en nuestro mundo es un misterio que no podemos comprender. Pero, debido a Jesús siempre podemos tener esperanza. El amor de Jesús nos da fortaleza, y su misericordia nos da consuelo. Especialmente por causa de la muerte de Jesús en la Cruz y su Resurrección, tenemos la esperanza de que la alegría vendrá después del dolor y la tristeza.

Jesús murió por nuestros pecados. Él restableció nuestra amistad con Dios. Él también curó el pecado que ocasiona daños y destrucción.

Jesús también resucitó y luego subió al Cielo. Por causa del sufrimiento, Muerte, Resurrección y Ascensión de Jesús, sabemos que también podemos experimentar la alegría después del sufrimiento. También sabemos que después de la muerte, podremos conocer la mayor alegría de todas: la alegría de estar unidos con la Santísima Trinidad en el Cielo. Comenzamos nuestro viaje hacia esta unión en nuestro Bautismo.

Esperanza en la Resurrección

Menciona alguna vez que estuviste preocupado o herido. ¿Qué esperanzas tenías?

____

¿Cómo puede la Resurrección de Jesús darte esperanzas en tiempos difíciles?

____

____

Piensa en lo que significa tener esperanza. Escribe una oración de esperanza.

Querido Dios: ______________________________

____

____

We Share in New Life with Jesus

The fact that God permits physical and even moral evil in our world is a mystery we can't understand. But because of Jesus we can always have hope. Jesus' love gives us strength, and his mercy gives us comfort. Especially because of Jesus' death on the Cross and his Resurrection, we have hope that joy can follow pain and sadness.

Jesus died for our sins. He restored our friendship with God. He also healed the sin that causes hurt and destruction.

Jesus also rose again, and then ascended to Heaven. Because of Jesus' suffering, death, Resurrection, and Ascension, we know that we can also experience joy after suffering. We also know that after death, we can know the greatest joy of all: the joy of being united with the Blessed Trinity in Heaven. We begin our journey toward this union at our Baptism.

Hope in the Resurrection

Name a time when you were worried or hurt. What did you hope for?

____

How can Jesus' Resurrection give you hope in hard times?

____

____

Think about what it means to have hope. Write a prayer of hope.

Dear God, ______________________________

____

____

Unidad 3: Vivir

La vida en Cristo

La Palabra de Dios es una luz para nuestros pasos. Es preciso que la asimilemos en la fe y en la oración, y la pongamos en práctica. (*CIC*, 1802)

Unit 3: Living

Life in Christ

The Word of God is a light for our path. We must assimilate it in faith and prayer and put it into practice. (*CCC*, 1802)

Los Diez Mandamientos

1. Yo soy el Señor, tu Dios. No habrá para ti otros dioses delante de mí.
2. No tomarás en falso el nombre del Señor tu Dios.
3. Guardarás el día del sábado para santificarlo.
4. Honra a tu padre y a tu madre.
5. No matarás.
6. No cometerás adulterio.
7. No robarás.
8. No darás testimonio falso contra tu prójimo.
9. No desearás la mujer de tu prójimo.
10. No codiciarás... nada que sea de tu prójimo.

The Ten Commandments

1. I am the LORD your God. You shall not have other gods besides me.
2. You shall not take the name of the LORD, your God, in vain.
3. Remember to keep holy the Sabbath day.
4. Honor your father and mother.
5. You shall not kill.
6. You shall not commit adultery.
7. You shall not steal.
8. You shall not bear false witness against your neighbor.
9. You shall not covet your neighbor's wife.
10. You shall not covet anything that belongs to your neighbor.

Lección 12

Dios nos creó a su propia imagen

Oremos

Oración de acción de gracias y alabanza

Lider: Dios amoroso, ayúdanos a apreciar los dones maravillosos del mundo que has creado.

Lector: Todo depende de tu voluntad, Señor, y nadie puede resistirse a ella. Tú has hecho los cielos y la tierra y las maravillas que contienen. Tú eres el Señor del universo.

—Del *Misal Romano* (cf. Est. 13, 9. 10-11)

Todos: Te alabamos Señor por todas las maravillas de la creación. Te damos las gracias por todo lo bueno que has creado. Ayúdanos a amar y a cuidar de toda la creación. Amén.

Mi fe católica

Dios creó un mundo maravilloso. ¡También creó la maravillosa persona que eres!

➡ ¿Qué puedes hacer hoy para darle gracias a Dios por su creación?

Lesson 12

God Created Us in His Image

Let Us Pray

A Prayer of Thanks and Praise

Leader: Loving God, help us appreciate the marvelous gifts of the world you have created.

Reader: Lord, you have given everything its place in the world, and no one can make it otherwise. For it is your creation, the heavens and the earth and the stars: you are Lord of all.
— From the *Roman Missal* (cf. Est 4:17)

All: We praise you, Lord, for all the wonders of creation. We thank you for the goodness of all you have created. Help us to love and care for all creation. Amen.

My Catholic Faith
God created a wonderful world. He also created a wonderful you!
➞ **What can you do today to say thank you to God for his creation?**

Sagrada Escritura

¿Alguna vez has levantado la vista hacia el cielo nocturno para contar las estrellas? ¿Alguna vez has visto una hermosa flor a punto de florecer? ¿O has visto a un bebé recién nacido tan perfectamente formado? ¿Has sentido curiosidad acerca de dónde provienen todas estas cosas maravillosas en nuestro mundo?

En el primer libro de la Biblia, el libro del Génesis, aprendemos acerca del relato de la **creación**.

Otras Escrituras sobre la Creación

Puedes leer acerca de la creación en otros pasajes de las Sagradas Escrituras. Aquí hay algunos:

- Dios creó los cielos y las estrellas: Job 9, 5-9
- De la tierra fuimos formados: Proverbios 8, 23-29
- Nuestro ser está en Dios: Hechos 17, 24-28

Dios nos creó a todos y a todo el mundo

En el principio, cuando no había nada, Dios creó los cielos y la tierra. Él creó la luz. Luego separó la luz de las tinieblas e hizo la noche y el día. Dios creó el cielo y los océanos y el suelo seco de la tierra. Dios creó todo tipo de plantas y árboles frutales. Él creó las estrellas y el sol y la luna. Creó a todos los peces de los mares y las aves del cielo, y a los animales para poblar la tierra.

Luego Dios dijo: "Haré a las personas a mi propia imagen. Les daré autoridad sobre los peces del mar, las aves del cielo y sobre todas las criaturas de la tierra."

Dios creó al hombre y la mujer. Los bendijo y les dijo: "Sean fecundos y multiplíquense. Tengan autoridad sobre los peces del mar, sobre las aves del cielo y sobre todo ser viviente que se mueve sobre la tierra."

Y así fue. Dios vio que todo cuanto había hecho era muy bueno.

—Basado en el Génesis 1, 1-31

Sacred Scripture

Have you ever looked up at the night sky to count the stars? Have you ever seen a beautiful flower about to bloom, or a newborn baby, so perfectly formed? Have you felt wonder at where all these marvelous things in our world come from?

In the first book of the Bible, the Book of Genesis, we learn about the story of **creation**.

More Scripture on Creation

You can read about creation in other Scripture passages. Here are some:

- God Created the Heavens and Stars – Job 9:5–9
- From the Earth We Were Formed – Proverbs 8:23–29
- In God We Have Our Being – Acts 17:24–28

God Creates Us and All the World

In the beginning, when there was nothing, God created the heavens and the earth. He created light. He then separated light from darkness and made night and day. He created the sky and the oceans, and the dry land of the earth. God created every kind of plant and tree that bears fruit. He created the stars and sun and moon. He created all the fish of the seas and the birds of the sky, and animals to fill the land.

God then said, "I will make people in my own image. I will give them authority over the fish of the sea, the birds of the air, and over all the creatures of the earth."

God created man and woman. He blessed them and said to them, "Be fruitful and multiply. Have power over the fish of the sea, the birds of the air, and the living things on earth."

And so it was. God looked at everything he had made, and he found it very good.

—Based on Genesis 1:1–31

Vivir las Escrituras

Haz un dibujo que describa parte del relato de la creación. Ponle un título a tu dibujo. En la parte inferior del dibujo, escribe una cita de las Sagradas Escrituras acerca del relato de la creación que ayude a explicar el dibujo.

Palabras para aprender

creación
todo lo que hay en el mundo hecho por Dios

Living the Scripture

Draw a picture that tells part of the story of creation. Give your picture a title. At the bottom of your picture, write a quote from the Scripture account of creation that helps explain the picture.

Words to Know

creation
everything in the world made by God

Nuestra Tradición Católica

Dios nos hizo especiales

El relato de la creación en la Biblia nos cuenta acerca de las cosas maravillosas que Dios creó. También nos cuenta qué tan especiales somos para Dios.

De todos los seres vivos que creó, Dios nos hizo especiales cuando nos creó a su propia imagen. Como Jesús, su propio Hijo hecho hombre, somos la imagen del Dios invisible. Dios nos hizo seres espirituales con un cuerpo y un alma. Nuestra alma viene de Dios. Es parte de nosotros desde el momento en que somos concebidos, antes de nacer. Dios también nos dio un deseo natural de conocerlo y amarlo. Incluso cuando la Biblia no nos explica hechos científicos acerca de la creación, nos dice que Dios es el Creador. Él creó el universo y a todas las personas. Creó al universo por amor a nosotros.

¿Cómo nos hizo Dios especiales?

El relato de la creación también nos cuenta que Dios creó a los humanos para vivir en comunidad. Él les pide a las personas que se amen y cuiden mutuamente. Dios creó a Adán y Eva, el primer hombre y la primera mujer, el uno para el otro. Este vínculo entre hombre y mujer ha sido siempre la primera manera en que las personas forman una comunidad. Como Adán y Eva, Dios creó a los hombres y las mujeres los unos para los otros.

¿Quiénes fueron el primer hombre y la primera mujer?

Dios llama a todas las personas a cuidar de su creación. Respondemos a través de la **administración**. Ser administradores de la creación significa que tenemos una responsabilidad de proteger y cuidar de todo lo que Dios creó. También debemos usar la creación para el bien de todas las personas.

¿Cuál es nuestra responsabilidad con la creación de Dios?

Our Catholic Tradition

God Made Us Special

The story of creation in the Bible tells us about all the wonderful things God created. It also tells us how special we are to God.

Of all the living things he created, God made us special by creating us in his own image. Like Jesus, his own Son made man, we are the image of the invisible God. God made us spiritual beings with a body and a soul. Our soul comes from God. It is part of us from the moment we come into being, before we are born. God also made us to have a natural desire to know him and to love him. Even though the Bible does not tell us scientific facts about creation, it tells us that God is the Creator. He created the universe and all people. He created the universe out of love for us.

How did God make us special?

The story of creation also tells us that God created humans to live in community. He calls all people to love and care for one another. God created Adam and Eve, the first man and first woman, for each other. This bond between man and woman has always been the first way people form a community. Like Adam and Eve, God created men and women for each other.

Who were the first man and woman?

God calls all people to care for his creation. We respond through **stewardship**. Being stewards of creation means we have a responsibility to protect and care for all that God has created. We must also use creation for the good of all people.

What is our responsibility for God's creation?

Vive tu fe

Estamos llamados a cuidar de la creación de Dios. Escribe una manera en que las personas algunas veces no cuidan la creación, para cada uno de los artículos de la tabla. Luego escribe al menos una manera en que puedes ser un buen administrador de la creación.

	Maneras de no cuidar	Maneras de cuidar
Mi familia 		
A los enfermos o pobres		
El ambiente 		
Plantas y animales		

DATOS DE FE

➡ La Biblia nos enseña que lo bueno de la creación está hecho para dar gloria a Dios. Al ver la belleza de la creación podemos llegar a conocer a Dios.

➡ Nuestra alma sigue viviendo cuando morimos. Esta se reunirá con nuestro cuerpo después del Juicio Final, en la resurrección final.

➡ Dios le dio a los hombres y las mujeres una dignidad igual. Él los creó los unos para los otros y para compartir el don de los hijos.

Palabras para aprender

administración
cuidar y proteger los dones de la creación que Dios nos ha dado

Live Your Faith

We are called to care for God's creation. For each of the items in the chart, write a way people sometimes do not take care of creation. Then write or draw at least one way you can be a good steward of creation.

	Ways of Not Caring	Ways to Care
My family		
Those who are sick or poor		
The environment		
Plants and animals		

FAITH FACTS

- The Bible teaches us that the goodness of creation is meant to give glory to God. By seeing the beauty of creation, we can come to know God.
- Our souls live on when we die. They are reunited with our bodies after the Last Judgment, at the final resurrection.
- God gave men and women equal dignity. He created them for each other and to share the gift of children.

Words to Know

stewardship
caring for and protecting the gifts of creation that God has given us

Santos y personas piadosas

Santa Mariana Cope (1838–1918)

Mariana Cope creció en un pequeño pueblo del norte del estado de Nueva York. Cuando tuvo edad suficiente para trabajar, buscó un trabajo en una fábrica para poder ayudar a su familia. Más adelante se convirtió en una hermana religiosa.

La Hermana Mariana sirvió como maestra y luego como superiora de su orden religiosa. Luego le pidieron que fuera la superiora de un hospital católico. En el hospital, aprendió mucho acerca de cuidar a los enfermos y los que sufren.

Cuando el rey y la reina de Hawái pidieron voluntarios para que los ayudaran a administrar un hospital, la Madre Mariana fue y llevó a un grupo de hermanas. En Hawái, la Hermana Mariana atendió a leprosos, personas con una enfermedad contagiosa en la piel. Ella transformó hospitales sucios en lugares hermosos donde los leprosos podían recibir una buena atención. Abrió hogares y otras facilidades para ayudarlos a ellos y a sus familias.

La Madre Mariana Cope dedicó su vida al cuidado de los leprosos quienes con frecuencia eran rechazados por la sociedad.

La Madre Mariana Cope fue canonizada o nombrada santa por el Papa Benedicto XVI en el 2012. Su día festivo es el 23 de enero.

Costumbres católicas

Vitrales

¿Cuántas veces has visto vitrales en una iglesia? ¿Cuántas veces has detallado las imágenes de esos vitrales? Los vitrales se han usado en iglesias por más de mil años. Hace mucho tiempo, antes de que la mayoría de las personas pudiera leer, los vitrales eran la manera de enseñarle a las personas acerca de Dios. Los vitrales podían enseñar imágenes de Jesús, de la Virgen María o los santos, o de escenas de las Sagradas Escrituras como el relato de la creación. La próxima vez que estés en una iglesia, asegúrate de observar de cerca las imágenes de los vitrales.

Saints and Holy People

Saint Marianne Cope (1838–1918)

Marianne Cope was raised in a small town in Upstate New York. When she was old enough to work, she took a job in a factory so that she could help support her family. She later became a religious sister.

Sister Marianne served as a teacher, and then as superior of her religious order. Then she was asked to be the superior of a Catholic hospital. At the hospital, she learned a great deal about caring for sick and suffering people.

When the king and queen of Hawaii asked for volunteers to help them run a hospital, Mother Marianne went and took a group of sisters with her. In Hawaii, Sister Marianne tended to the care of lepers, people with a contagious skin disease. She transformed dirty hospitals into beautiful places where lepers can get good care. She opened homes and other facilities to help them and their families.

Mother Marianne Cope dedicated her life to the care of lepers, who were often shunned by society.

Mother Marianne Cope was canonized, or named a saint, by Pope Benedict XVI in 2012. Her feast day is January 23.

Catholic Customs

Stained Glass Windows

How many times have you seen stained glass windows in church? How often have you looked closely at the images in those windows? Stained glass windows have been used in churches for more than a thousand years. A long time ago, before most people were able to read, stained glass windows were a way to teach people about God. The windows may have shown images of Jesus, of the Virgin Mary or saints, or of scenes from Scripture, such as the story of creation. The next time you are in church, be sure to take a close look at the images in the stained glass windows.

Tú puedes hacerlo

Santa Mariana Cope cuidó de los enfermos que la sociedad rechazaba. Ella entendió que todas las personas están hechas a imagen de Dios. ¿Qué puedes aprender del ejemplo de Santa Mariana Cope? Escribe un relato acerca de la vez en que cuidaste de alguien necesitado. Cuenta cómo tus acciones demostraron amor.

____

____

____

____

____

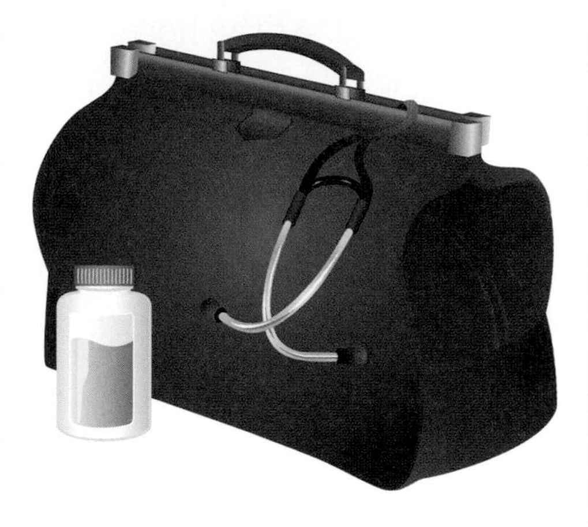

¡En solidaridad!

Cuando Dios creó el mundo, nos dio el trabajo de cuidar de la creación. ¿Cómo puedes hacer tu parte?

➡ Nombra dos cosas que harás esta semana para cuidar de la creación.

Oramos

Oración de alabanza

¡Oh, Señor, nuestro Dios,
qué grande es tu nombre
en toda la tierra!
...Al ver tu cielo, obra de tus dedos,
la luna y las estrellas que has
fijado...
...ovejas y bueyes por doquier,
y también los animales
silvestres,
aves del cielo y peces del mar...

—Salmo 8, 2. 4. 8-9

Make It Happen

Saint Marianne Cope took care of sick people whom society rejected. She understood that all people are made in God's image. What can you learn from Saint Marianne Cope's example? Write a story about a time you cared for someone in need. Tell how your actions showed love.

____

____

____

____

____

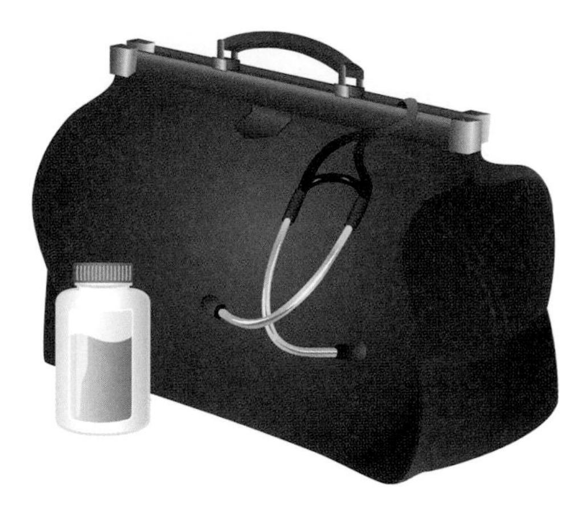

Reach Out!

When God created the world, he gave us the job of caring for creation. How can you do your share?

➡ **Name two things you will do this week to care for creation.**

We Pray

A Prayer of Praise

O Lord, our Lord,
how awesome is your name
through all the earth!
When I see your heavens, the work
of your fingers,
the moon and stars that you set in
place—
All sheep and oxen,
even the beasts of the fields,
The birds of the air, the fish of the
sea.
O Lord, our Lord,
how awesome is your name
through all the earth!

—Psalm 8:2, 4, 8–9

Repaso de la Lección 12

A **Completa** las siguientes oraciones con las palabras del recuadro. Dos palabras son usadas dos veces.

Génesis
administración
alma
dignidad
comunidad
imagen
amor
creación

1. ______________________ es cuidar y proteger los dones de la creación que Dios nos ha dado

2. Santa Mariana Cope cuidó a las personas que eran rechazadas por la sociedad. Ella entendió que todas las personas son creadas a ______________________ de Dios.

3. Debemos usar la ______________________ de Dios para el bien de todas las personas.

4. Dios le dio a los hombres y las mujeres una ______________ igual. Él los creó los unos para los otros y para compartir el don de los hijos.

5. ______________________ es todo lo que hay en el mundo hecho por Dios.

6. Dios creó el universo por ______________________ fa nosotros.

7. Dios creó a los humanos para vivir en ______________________.

8. En la Biblia, podemos leer el relato de la creación en el Libro del

   ______________________.

9. Dios nos hizo especiales cuando nos creó a su propia ______________________.

10. Nuestra ______________________ viene de Dios. Es parte de nosotros desde el momento en que somos concebidos, antes de nacer.

Lesson 12 Review

A **Complete** the following sentences, using words from the box. Two words are used twice.

Genesis
stewardship
soul
dignity
community
image
love
creation

1. ______________________ is caring for and protecting the gifts of creation that God has given us.
2. Saint Marianne Cope cared for people who were shunned by society. She understood that all people are created in the ______________________ of God.
3. We must use God's ______________________ for the good of all people.
4. God gave men and women equal ______________________. He created them for each other and to share the gift of children.
5. ______________________ is everything in the world made by God.
6. God created the universe out of ______________________ for us.
7. God created humans to live in ______________________.
8. In the Bible, we can read the story of creation in the Book of ______________________.
9. God made us special by creating us in his own ______________________.
10. Our ______________________ comes from God. It is part of us from the moment we come into being, before we are born.

Lección 13

La caída del hombre y el don de la gracia de Dios

Oremos

Oración de bendición

Todos: Bendice al Señor, alma mía, alabe todo mi ser su santo Nombre.

Lado 1: El Señor obra en justicia y a los oprimidos les da lo que es debido.

Todos: Bendice al Señor, alma mía, alabe todo mi ser su santo Nombre.

Lado 2: El Señor es ternura y compasión, lento a la cólera y lleno de amor.

Todos: Bendice al Señor, alma mía, alabe todo mi ser su santo Nombre.

—Salmo 103:1, 6, 8

Mi fe católica

Dios siempre es misericordioso y compasivo.

➡ ¿Cómo el saber esto te ayuda cuando has hecho algo malo?

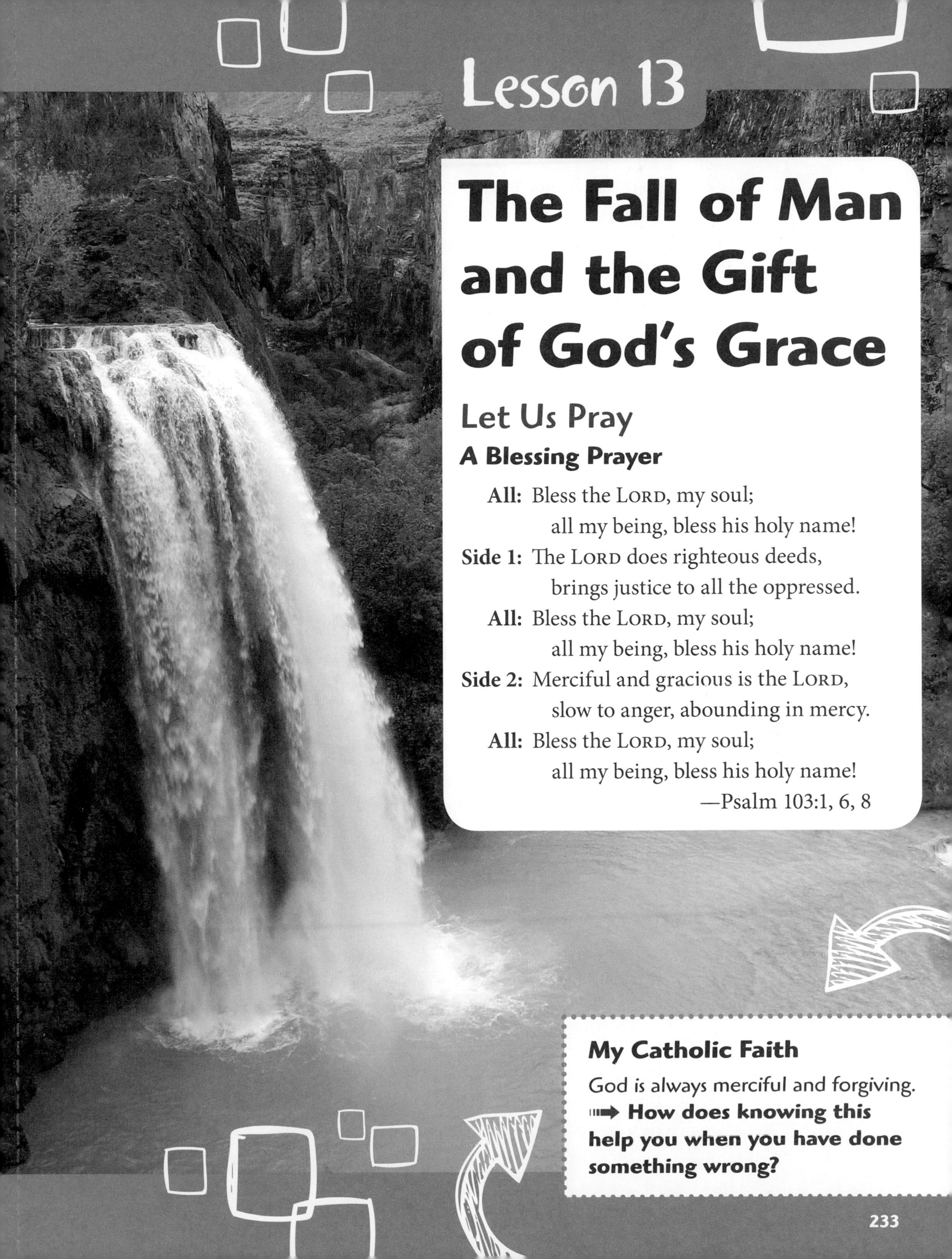

Lesson 13

The Fall of Man and the Gift of God's Grace

Let Us Pray

A Blessing Prayer

All: Bless the LORD, my soul;
all my being, bless his holy name!
Side 1: The LORD does righteous deeds,
brings justice to all the oppressed.
All: Bless the LORD, my soul;
all my being, bless his holy name!
Side 2: Merciful and gracious is the LORD,
slow to anger, abounding in mercy.
All: Bless the LORD, my soul;
all my being, bless his holy name!
—Psalm 103:1, 6, 8

My Catholic Faith

God is always merciful and forgiving.
How does knowing this help you when you have done something wrong?

Sagrada Escritura

Cuando Dios creó a Adán y a Eva, el primer hombre y la primera mujer, estos vivían en una felicidad perfecta. Pero ellos se dejaron llevar por la **tentación** y usaron su **libre albedrío** para desobedecer a Dios. Cuando hicieron esto, Adán y Eva cometieron el primer pecado. Perdieron la santidad perfecta que Dios les había dado. Esto los afectó a ellos y a todos los seres humanos.

Adán y Eva desobedecieron a Dios

Yavé Dios creó a Adán y a Eva. Ellos vivían en el Jardín del Edén. Dios llenó el jardín con árboles agradables a la vista y buenos para comer. En el medio del jardín Dios puso el árbol de la Ciencia del bien y del mal. Dios les dijo a Adán y Eva que podían comer de la fruta de cualquier árbol excepto del árbol de la Ciencia.

Había una serpiente que vivía en el jardín. La serpiente le preguntó a Eva: "¿Es cierto que Dios les ha dicho: No coman del árbol de la Ciencia?" Eva respondió: "Dios nos ha dicho: 'No coman de él ni lo prueben siquiera, porque si lo hacen morirán.'" Pero la serpiente le dijo: "¡No es cierto que morirán si comen de ese árbol! No, Dios sabe que en el momento que coman de su fruta sus ojos se abrirán y serán sabios. Serán como dioses."

Eva miró el árbol y vio que era bueno para comer. También quería la sabiduría que ofrecía. Así que tomó de su fruto y se lo comió. También le dio a Adán que estaba con ella y él se lo comió. Entonces sus ojos se abrieron y se dieron cuenta de que estaban desnudos. Cosieron hojas de higos para hacerse taparrabos. Cuando Dios vio que Adán y Eva lo habían desobedecido, los sacó del Jardín del Edén.

—Basado en el Génesis 2, 7-9; 3, 1-7

Escrituras en la Misa

El pasaje de la Sagrada Escritura sobre Adán y Eva desobedeciendo a Dios, es leído en la Misa durante la Cuaresma. Esta es una buena lectura de la Sagrada Escritura para la Cuaresma. Nos recuerda que el pecado de Adán y Eva dañó nuestra relación con Dios y que Jesús sanó nuestra relación con Dios.

Sacred Scripture

When God created Adam and Eve, the first man and first woman, they lived in perfect happiness. But then they gave in to **temptation**, and they used their **free will** to disobey God. When they did this, Adam and Eve committed the first sin. They lost the perfect holiness God had given them. This affected them and all human beings.

Scripture at Mass

The Scripture passage about Adam and Eve disobeying God is read at Mass during Lent. This is a good Scripture reading for Lent. It reminds us that Adam and Eve's sin hurt our relationship with God, and that Jesus healed our relationship with God.

Adam and Eve Disobey God

The Lord God created Adam and Eve. They lived in the Garden of Eden. God had filled the garden with trees that were beautiful to look at and good for food. In the middle of the garden God set the tree of the knowledge of good and evil. God told Adam and Eve they could eat the fruit of any tree except the tree of knowledge.

A serpent lived in the garden. The serpent asked Eve, "Did God really tell you not to eat from the tree of knowledge?" Eve answered: "God said, 'You shall not eat it or even touch it, or you will die.'" But the serpent said to her: "You certainly will not die if you eat of that tree! No, God knows that the moment you eat its fruit your eyes will be opened and you will become wise. You will be like gods."

Eve looked at the tree and saw that it was good for food. She also wanted the wisdom it gave. So she took some of its fruit and ate it. She also gave some to Adam, who was with her, and he ate it. Then their eyes were opened, and they realized that they were naked. They sewed fig leaves together and made loincloths for themselves. When God saw that Adam and Eve had disobeyed him, he sent them out of the Garden of Eden.

—Based on Genesis 2:7–9; 3:1–7

Vivir las Escrituras

Escribe un cuento sobre la tentación basado en el relato de Adán y Eva. Pero en tu cuento, deja que los personajes tomen una buena decisión para que tenga un buen final.

1. **Adán y Eva están en el Jardín del Edén.**
   ¿Quiénes son los personajes de tu cuento? ¿Cuál es el ambiente?

2. **Adán y Eva caen en la tentación. Se comen la fruta que Dios les dijo que no comieran.** A diferencia de Adán y Eva, tus personajes se resisten a la tentación. ¿Qué piensan o dicen cuando se apartan de la tentación?

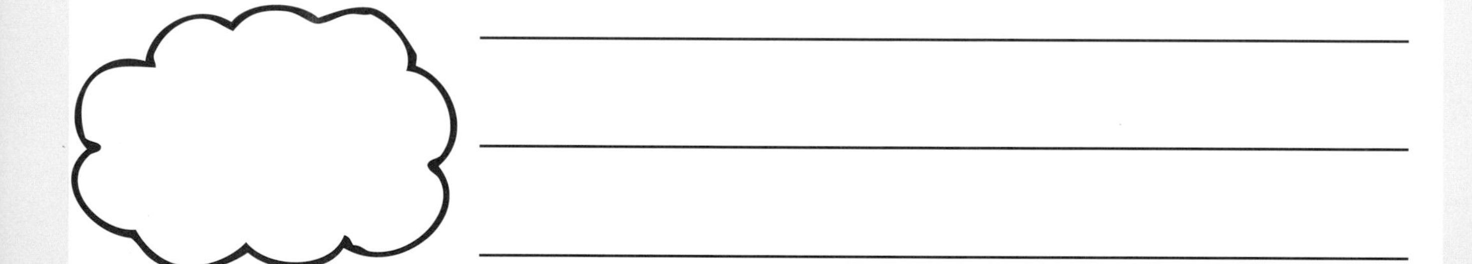

3. **Adán y Eva se tienen que ir del Jardín del Edén. Pierden la felicidad que tenían con Dios.**
   ¿Qué pasa con tus personajes? ¿Cómo se sienten?

Palabras para aprender

tentación
deseo de hacer algo que no debemos hacer o no hacer algo que deberíamos hacer

libre albedrío
libertad y habilidad para elegir lo que Dios nos ha dado

Living the Scripture

Write a story about temptation based on the story of Adam and Eve. But in your story, let the characters make a good choice and have a good ending.

1. **Adam and Even are in the Garden of Eden.**
   Who are the characters in your story? What is the setting?

   ____

   ____

2. **Adam and Eve give in to the temptation. They eat the fruit God told them not to eat.** Unlike Adam and Eve, your characters resist temptation. What do they think or say as they turn away from temptation?

   ____

   ____

   ____

3. **Adam and Eve have to leave the Garden of Eden. They lose the happiness they had with God.** What happens for your characters? How do they feel?

   ____

   ____

   ____

   ____

Words to Know

temptation
wanting to do something we should not or not do something we should

free will
our God-given freedom and ability to make choices

Nuestra Tradición Católica

Dios nos ayuda a vivir vidas santas

Todas las personas encuentran que es difícil resistirse a veces a la tentación. El relato de Adán y Eva en el Jardín del Edén nos puede ayudar a entender por qué. Cuando Adán y Eva desobedecieron a Dios, su pecado no solo los afectó a ellos. Afectó a todas las personas. Por culpa de su pecado, somos débiles y a veces desobedecemos a Dios. El pecado de Adán y Eva borró nuestra santidad original. Su pecado y la manera en que este afecta a todas las personas se llama Pecado Original. Por el Pecado Original, a veces tenemos problemas para mantenernos alejados de la tentación y el pecado.

¿Qué es el Pecado Original?

También como Adán y Eva, tenemos la libertad de elegir obedecer a Dios y su ley. Si no sabemos que algo es pecaminoso, nuestra responsabilidad por dicha acción es menor. Pero somos responsables de aprender acerca de la ley de Dios y su voluntad para que podamos tomar buenas decisiones que lo agraden.

¿Cómo podemos aprender a tomar buenas decisiones?

Dios nos ayuda a vivir una vida buena y santa al darnos las **virtudes**. Hay dos tipos de virtudes: Las Virtudes Cardinales y las Virtudes Teologales.

Aunque a veces no sigamos la voluntad de Dios, Él siempre nos perdona. Primero recibimos la misericordia o perdón de Dios en nuestro Bautismo. A través del Bautismo el Espíritu Santo nos da la gracia que borra nuestro pecado y nos une a Jesús. También recibimos la misericordia de Dios en el Sacramento de la Penitencia. El Espíritu Santo, la Tercera Persona Divina de la Santísima Trinidad, nos lleva de regreso a Dios cuando pecamos. Esto forma parte del don de Dios de la gracia.

¿Cómo podemos recibir la gracia de Dios cuando pecamos?

Our Catholic Tradition

God Helps Us Live Holy Lives

All people find it hard to turn away from temptation sometimes. The story of Adam and Eve in the Garden of Eden can help us understand why. When Adam and Eve disobeyed God, their sin did not affect only them. It affected all people. Because of their sin, we are weak and sometimes disobey God. Adam and Eve's sin took away our original holiness. Their sin and the way it affects all people is called Original Sin. Because of Original Sin, we sometimes have trouble staying away from temptation and sin.

What is Original Sin?

Also like Adam and Eve, we have freedom to choose whether to obey God and follow his law. If we do not know that something is sinful, our responsibility for that action is reduced. But we are responsible to learn about God's law and his will so that we can make good choices that please him.

How can we learn to make good choices?

God helps us live good and holy lives by giving us **virtues**. There are two kinds of virtues: Cardinal Virtues and Theological Virtues.

Even though we sometimes do not follow God's will, he is always forgiving. We first receive God's mercy, or forgiveness, at our Baptism. Through Baptism, the Holy Spirit gives us grace that takes away our sin and unites us with Jesus. We also receive God's mercy in the Sacrament of Penance. The Holy Spirit, the Third Divine Person of the Trinity, leads us back to God when we sin. This is part of God's gift of grace.

How can we receive God's grace when we sin?

Vive tu fe

Adán y Eva conocían la voluntad de Dios, pero fueron en contra de ella. ¿De qué maneras los niños de tu edad pueden estar tentados a ir en contra de la voluntad de Dios?

___

___

¿Cómo te puedes hacer más fuerte para seguir tu consciencia en momentos como estos?

___

___

Dibuja o escribe acerca de una vez en que seguiste tu consciencia y no te dejaste llevar por la tentación.

DATOS DE FE

➡ Las Virtudes Cardinales son la prudencia, la justicia, la fortaleza y la templanza. Mientras más escuchamos a Dios más fuertes se hacen estas virtudes.

➡ Las Virtudes Teologales son la fe, la esperanza y la caridad. Practicar estas virtudes nos acerca más a Dios.

Palabras para aprender

virtudes
buenos hábitos espirituales que nos hacen más fuertes y nos ayudan a hacer lo que es correcto y bueno

Live Your Faith

Adam and Eve knew God's will, but went against it. What are some ways children your age may be tempted to go against God's will?

____

____

How can you become stronger in following your conscience at times like these?

____

____

Draw or write about a time when you followed your conscience and didn't give in to temptation.

FAITH FACTS

- The Cardinal Virtues are prudence, justice, fortitude, and temperance. The more we listen to God, the stronger these virtues become.
- The Theological Virtues are faith, hope, and charity. Practicing these virtues brings us closer to God.

Words to Know

virtues
good spiritual habits that make us stronger and help us do what is right and good

Santos y personas piadosas

San Miguel Arcángel

En la Biblia con frecuencia leemos acerca de los ángeles. Por ejemplo, en los tiempos de la Resurrección de Jesús, dos ángeles se aparecieron a los discípulos en la tumba de Jesús.

Los ángeles son criaturas espirituales que glorifican a Dios. También son sus mensajeros y protectores de su pueblo. Los ángeles de la Biblia no suelen tener un nombre. Pero tres de los ángeles de la Biblia son mencionados por su nombre. Estos tres ángeles son una clase especial de ángel llamado arcángel. En el Libro del Apocalipsis en la Biblia, leemos acerca del Arcángel Miguel derrotando al mal en una batalla. Por esta razón, los artistas muestran con frecuencia a San miguel Arcángel matando a un serpiente o un dragón con una espada.

San Miguel Arcángel es conocido como el guardián de la Iglesia. También es el protector de todas las personas en momentos de peligro y el patrón de los oficiales de la policía. La Iglesia celebra su día festivo el 29 de septiembre.

Los otros arcángeles son Gabriel y Rafael. Tal vez recuerdes que el ángel Gabriel se le apareció a María para decirle que Dios quería que fuera la madre de su Hijo, Jesús. Rafael aparece en el Antiguo Testamento para guiar a un hombre llamado Tobías, por una importante travesía.

Costumbres católicas

Peregrinaciones

Una peregrinación es un viaje a un sitio santo para orar por una bendición especial. Las personas han estado haciendo peregrinajes desde los tiempos de Jesús. En el presente los católicos hacen peregrinajes a muchos lugares santos como Roma y Tierra Santa. Otros lugares de peregrinaje populares son los santuarios dedicados a María. Uno de estos es Lourdes en Francia. Cada año, aproximadamente ¡cinco millones de peregrinos visitan Lourdes!

Saints and Holy People

Saint Michael the Archangel

In the Bible we often read about angels. For example, at the time of Jesus' Resurrection, two angels appeared to the disciples at Jesus' tomb.

Angels are spiritual creatures who glorify God. They are also his messengers and protectors of his people. Angels in the Bible usually do not have a name. But three of the angels in the Bible are named. These three are a special kind of angel called an *archangel*. In the Book of Revelation in the Bible, we read about the archangel Michael defeating the devil in a battle. Because of this, artists often show Saint Michael the Archangel slaying a serpent or a dragon with a sword.

Saint Michael the Archangel is known as the guardian of the Church. He is also a protector of all people in times of danger, and he is the patron saint of police officers. The Church celebrates his feast day on September 29.

The other archangels are Gabriel and Raphael. You might remember that the angel Gabriel came to Mary to tell her that God wanted her to be the Mother of his Son, Jesus. Raphael appears in the Old Testament to guide a man named Tobias on an important journey.

Catholic Customs

Pilgrimages

A pilgrimage is a journey to a holy site to pray for a special blessing. People have been going on pilgrimages since the time of Jesus. Today Catholics make pilgrimages to many holy places, such as Rome and the Holy Land. Other popular pilgrimage sites are shrines dedicated to Mary. One of these is Lourdes, in France. About five million pilgrims visit Lourdes every year!

Tú puedes hacerlo

Encuentra las siguientes palabras del relato de San Miguel Arcángel en la siguiente sopa de letras.

D	R	A	G	Ó	N	H	R	A	F	A	E	L	G
Y	C	M	E	N	S	A	J	E	R	O	X	L	G
A	H	G	A	B	R	I	E	L	X	R	B	E	M
A	R	C	Á	N	G	E	L	P	V	B	A	U	Z
E	S	E	R	P	I	E	N	T	E	C	Z	G	O
N	P	R	O	T	E	C	T	O	R	T	V	I	D
O	K	Y	R	R	J	T	J	X	F	N	D	M	A

arcángel
dragón
Gabriel
mensajero
Miguel
protector
Rafael
serpiente

La fe en el hogar

El *Confíteor o,* la oración que está a la derecha, es de la Misa. Aprende esta oración con tu familia y hablen acerca de su significado.

Oramos

El Confíteor

Yo confieso ante Dios todopoderoso
y ante vosotros, hermanos,
que he pecado mucho
de pensamiento, palabra, obra y
omisión.
Por mi culpa, por mi culpa, por mi
gran culpa.
Por eso ruego a santa María,
siempre Virgen,
a los ángeles, a los santos
y a vosotros, hermanos,
que intercedáis por mí ante Dios,
nuestro Señor. Amén.

—*Misal Romano*

Make It Happen

Find the following words from the story of Saint Michael the Archangel in the word search.

D	R	A	G	O	N	R	A	P	H	A	E	L	G
Y	C	M	E	S	S	E	N	G	E	R	X	E	G
A	H	G	A	B	R	I	E	L	X	R	B	A	M
A	R	C	H	A	N	G	E	L	V	B	A	H	Z
E	S	E	R	P	E	N	T	D	M	C	Z	C	O
N	P	R	O	T	E	C	T	O	R	T	V	I	D
O	K	Y	R	R	J	T	J	X	F	N	D	M	A

archangel
dragon
Gabriel
messenger
Michael
protector
Raphael
serpent

Faith at Home

The *Confiteor,* the prayer to the right, is from the Mass. Learn this prayer with your family and talk about its meaning.

We Pray

The Confiteor

I confess to almighty God
and to you, my brothers and sisters,
that I have greatly sinned,
in my thoughts and in my words,
in what I have done
and in what I have failed to do,
through my fault, through my fault,
through my most grievous fault;
therefore I ask blessed Mary,
ever-Virgin,
all the Angels and Saints,
and you, my brothers and sisters,
to pray for me to the Lord our God.

—*Roman Missal*

Repaso de la Lección 13

A **Completa** cada oración con la letra de la palabra o palabras correctas, del recuadro.

1. Por el pecado de Adán y Eva todas las personas a veces encuentran difícil resistirse a _____ .
2. El pecado de Adán y Eva borró nuestra _____ .
3. El pecado de Adán y Eva y la manera en que afecta a todas las personas se llama _____ .
4. Dios nos ayuda a tomar buenas decisiones y vivir una vida buena y santa al darnos _____ .
5. Primero recibimos la _____, o perdón de Dios en nuestro Bautismo.

a. virtudes
b. la tentación
c. Pecado Original
d. misericordia
e. santidad original

B **Rellena** el círculo que está junto a la respuesta correcta.

6. _____ es querer hacer algo que no debemos hacer.
   - ○ **Tentación**
   - ○ **Libre albedrío**
   - ○ **Virtud**

7. Dios le dijo a Adán y Eva que no comieran del _____ .
   - ○ **árbol de manzanas**
   - ○ **árbol de la Ciencia**
   - ○ **árbol frutal del jardín**

8. La libertad y habilidad para elegir lo que Dios nos ha dado se llama _____ .
   - ○ **libre albedrío**
   - ○ **tentación**
   - ○ **virtudes**

9. _____ son buenos hábitos espirituales que nos hacen más fuertes y nos ayudan a hacer lo que es correcto y bueno.
   - ○ **Virtudes**
   - ○ **Tentación**
   - ○ **Libre albedrío**

10. El Arcángel Miguel es conocido como el protector de _____ .
    - ○ **la Iglesia**
    - ○ **las Sagradas Escrituras**
    - ○ **la tumba de Jesús**

Lesson 13 Review

A **Complete** each sentence with the letter of the correct word or words from the box.

1. Because of Adam and Eve's sin, all people sometimes find it hard to resist _____ .
2. Adam and Eve's sin took away our _____ .
3. Adam and Eve's sin and the way it affects all people is called _____ .
4. God helps us make good choices and live good and holy lives by giving us _____ .
5. We first receive God's _____ , or forgiveness, at our Baptism.

a. virtues
b. temptation
c. Original Sin
d. mercy
e. original holiness

B **Fill in** the circle beside the correct answer.

6. _____ is wanting to do something we should not do.
   ○ **Temptation** ○ **Free will** ○ **Virtue**
7. God told Adam and Eve not to eat from the _____ .
   ○ **apple tree** ○ **tree of knowledge** ○ **fruit trees in the garden**
8. Our God-given freedom and ability to make choices is called _____ .
   ○ **free will** ○ **temptation** ○ **virtues**
9. _____ is/are good spiritual habits that make us stronger and help us do what is right and good.
   ○ **Virtues** ○ **Temptation** ○ **Free will**
10. The Archangel Michael is known as the protector of _____ .
    ○ **the Church** ○ **the Scriptures** ○ **Jesus' tomb**

La Iglesia es nuestra Madre y Maestra

Oremos

Oración por la Iglesia

Líder: Oremos por la Iglesia y todos los que nos enseñan y guían.

Lector 1: Oremos por el Papa y todos los obispos. Guíalos siempre.

Todos: Señor, te pedimos que guíes a tu pueblo.

Lector 2: Oremos por todos los sacerdotes, diáconos y hermanas y hermanos religiosos. Guíalos al enseñarnos la fe.

Todos: Señor, te pedimos que guíes a tu pueblo.

Lector 3: Oramos por nuestra familia que nos enseña a tomar decisiones que te agraden.

Todos: Señor, te pedimos que guíes a tu pueblo.

Líder: Señor, te pedimos que nos bendigas y bendigas a aquellos que nos han mostrado la manera de vivir como tus discípulos.

Todos: Amén.

Mi fe católica

La Iglesia es una familia de Dios.

➡ **¿De qué maneras es la Iglesia como una familia?**

Lesson 14

The Church Is Our Mother and Teacher

Let Us Pray

A Prayer for the Church

Leader: Let us pray for the Church and for all those who teach and guide us.

Reader 1: We pray for the Pope and all the bishops. Guide them always.

All: Lord, please guide your people.

Reader 2: We pray for all priests, deacons, and all religious brothers and sisters. Guide them in teaching us the faith.

All: Lord, please guide your people.

Reader 3: We pray for our families, who teach us to make choices that please you.

All: Lord, please guide your people.

Leader: Lord, please bless us and bless all those who show us the way to live as your disciples.

All: Amen.

My Catholic Faith

The Church is one family of God.

➡ In what ways is the Church like a family?

Sagrada Escritura

San Pablo Apóstol escribió muchas cartas a las comunidades de los primeros cristianos. En estas cartas él les enseñó a los primeros cristianos lo que significa ser parte de la Iglesia de Jesús. El pasaje de la Sagrada Escritura que vas a leer es de una de las cartas de Pablo. En esta carta, San Pablo explica que todos los cristianos son miembros de la familia de Dios, la Iglesia.

Otras Escrituras sobre la Iglesia

➡ La primera comunidad: Hechos 2, 42-47

➡ El crecimiento de la Iglesia primitiva: Hechos 5, 12-16

➡ Colocó todo bajo los pies de Cristo: Efesios 1, 15–23

La Iglesia es una en Jesús

Reciban gracia y paz de Dios, nuestro Padre. Bendito sea Dios quien nos eligió para ser sus hijos.

Recuerden que una vez estuvieron sin Cristo. No tenían esperanza y estaban lejos de Dios. Pero Jesús vino y predicó paz para todos y ahora ya no son extranjeros ni huéspedes. Son ciudadanos con los santos y miembros de la familia de Dios. La Iglesia está construida sobre los cimientos de los Apóstoles. Y Jesús es la piedra angular que la sostiene. Gracias a Jesús, juntos son una sola morada para el Espíritu Santo.

—Basado en Efesios 1, 2-5; 2, 11-13. 19-22

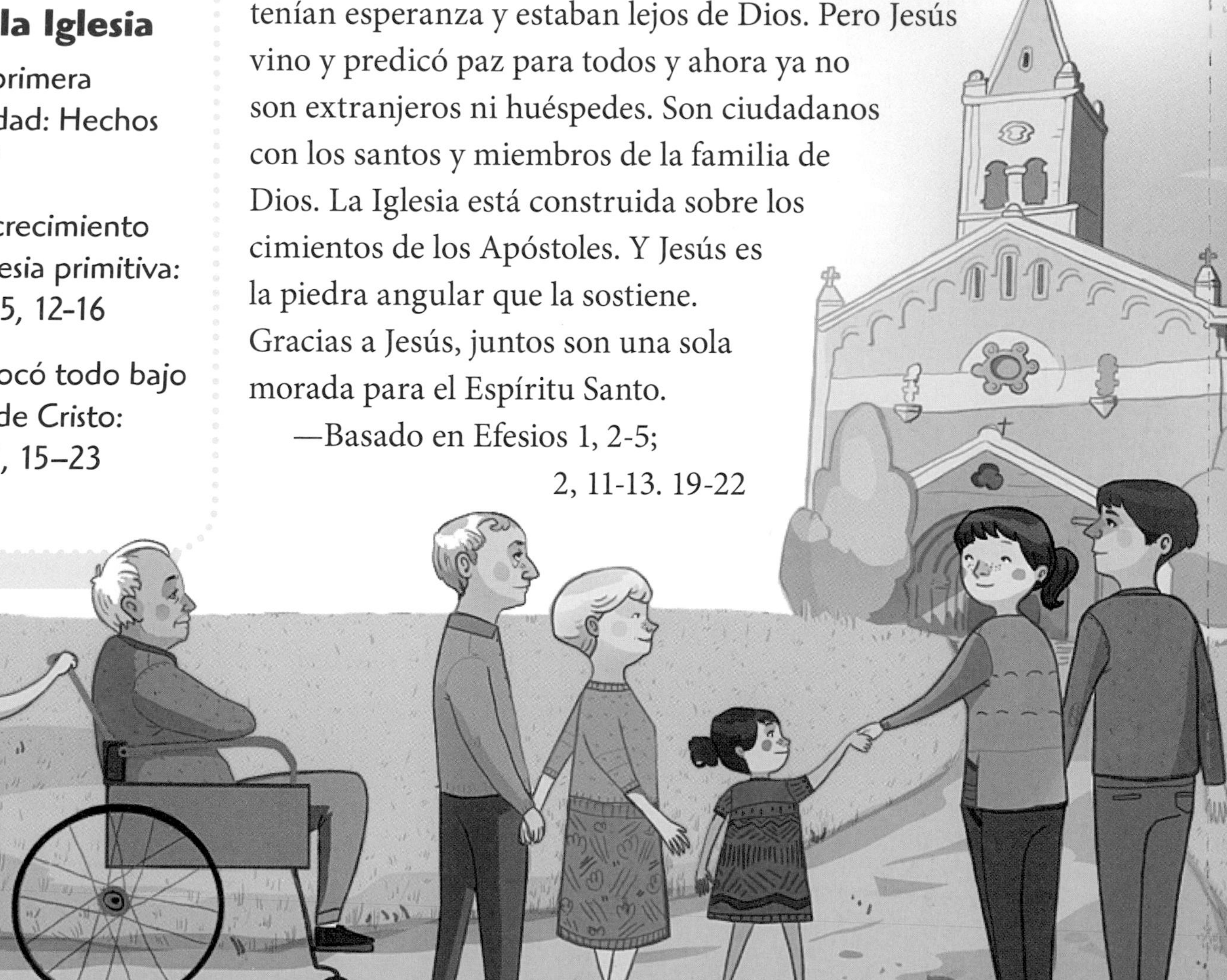

Sacred Scripture

Saint Paul the Apostle wrote many letters to the early Christian communities. In these letters, he taught the early Christians what it means to be part of Jesus' Church. The Scripture passage you are about to read is from one of Paul's letters. In the letter, Saint Paul explains that all Christians are members of God's family, the Church.

More Scripture on the Church

- The Communal Life of the Early Church — Acts 2:42–47
- The Growth of the Early Church — Acts 5:12–16
- The Church as the Body of Christ — Ephesians 1:15–23

The Church Is One in Jesus

Grace to you and peace from God our Father. Blessed be God who chose us to be his children.

Remember that at one time, you were without Christ. You were without hope and far from God. But Jesus came and preached peace to everyone, and now you are no longer strangers or wanderers. You are fellow citizens with the saints and members of God's family. The Church is built upon the foundation of the Apostles. And Jesus is the center stone that holds it all together. Because of Jesus, together you are a single dwelling place of the Holy Spirit.

—Based on Ephesians 1:2–5; 2:11–13, 19–22

Vivir las Escrituras

San Pablo les recuerda a los primeros cristianos cómo era la vida antes de que Jesús viniera al mundo. Piense cómo pudo haber sido esta vida antes de Jesús. Explica cómo se deben haber sentido las personas de esta época.

San Pablo también les recuerda a los primeros cristianos que Jesús vino y trajo la paz. Él les dice que gracias a Jesús ya no son extranjeros. Son una familia de Dios. Describe algunos sentimientos que las personas pueden haber tenido después de conocer a Jesús y sus enseñanzas.

Piensa en un momento en tu vida en el que aprendiste algo importante acerca de Jesús. ¿Qué aprendiste? ¿Cómo te cambió o te ayudó?

Living the Scripture

Saint Paul reminds the early Christians what life was like before Jesus came into the world. Think about what life before Jesus may have been like. Tell how the people may have felt at this time.

Saint Paul also reminds the early Christians that Jesus came and brought peace. He tells them that because of Jesus, they are no longer strangers. They are one family of God. Describe some feelings the people may have had after knowing Jesus and his teachings.

Think about a time in your life when you learned something important about Jesus. What did you learn? How did it change you or help you?

Nuestra Tradición Católica

La Iglesia nos enseña la ley de Dios

¿Quién te ayuda a conocer la diferencia entre lo bueno y lo malo? Tal vez aprendiste mucho de tu familia. También aprendiste reglas en la escuela acerca de cómo respetarte a ti mismo y a los demás. Y también eres guiado por tu consciencia, la habilidad que te dio Dios para saber lo que es bueno y lo que es malo. Junto con todo esto, la Biblia y las enseñanzas de la Iglesia también te guían.

La Biblia nos enseña lo que significa vivir como pueblo de Dios. En el Antiguo Testamento, los Diez Mandamientos nos ofrecen un resumen de la ley de Dios. La ley de Dios en el Antiguo Testamento se llama Antigua Ley. Esto no quiere decir que sea vieja o anticuada sino que existe antes de Jesús. La Antigua Ley nos prepara para el mensaje del Evangelio de Jesús. En el Nuevo Testamento aprendemos la Nueva Ley. Esto es todas las enseñanzas de Jesús sobre cómo vivir como cristianos. Podemos aprender mucho acerca de cómo vivir una vida moral con las enseñanzas de Jesús en el Sermón de la Montaña. Jesús nos enseñó que la base de una vida **moral** es el amor, amor por Dios y por el prójimo.

La Iglesia nos ayuda a entender todo lo que está en la Biblia y lo que nos explica acerca de cómo vivir. A través de Magisterio de la Iglesia aprendemos la ley de Dios y cómo seguirla en nuestra vida diaria. Al seguir las enseñanzas del Magisterio podemos vivir en felicidad eterna con Dios.

¿Cómo distinguimos el bien del mal?

¿Cuál es la base de una vida moral?

¿Cómo nos ayuda la Iglesia a saber cómo vivir?

Our Catholic Tradition

The Church Teaches Us God's Law

Who helps you know the difference between right and wrong? You probably learn a lot from your family. You also learn rules about how to respect yourself and others at school. And you are also guided by your conscience, your God-given ability to know what is good and what is bad. Along with all of this, the Bible and the teachings of the Church also guide you.

How do we know right from wrong?

The Bible teaches us what it means to live as God's people. In the Old Testament, the Ten Commandments give us a summary of God's law. God's law in the Old Testament is called the Old Law. This does not mean it is old or outdated, but that it is from before Jesus. The Old Law prepares us for the Gospel message of Jesus. In the New Testament we learn the New Law. This is all of Jesus' teachings about how to live as Christians. We can learn a lot about how to live **moral** lives from Jesus' teachings in the Sermon on the Mount. Jesus taught us that the foundation to a moral life is love—love for God and for others.

What is the foundation for a moral life?

The Church helps us understand everything in the Bible and what it tells us about how to live. Through the Church's Magisterium, we learn God's law and how to follow it in our daily lives. By following the Magisterium's teachings, we can live in eternal happiness with God.

How does the Church help us know how to live?

Vive tu fe

En la Iglesia somos una familia de Dios. La Iglesia es como una madre para todos los miembros de esta familia. Ella nos enseña acerca de Dios y cómo vivir como cristianos.

En el siguiente espacio, haz una lista de las personas que te enseñan a vivir tu fe cristiana. Primero, escribe las personas de la iglesia, luego las personas de tu familia y luego las demás personas.

¿Quién nos enseña a vivir como cristianos?

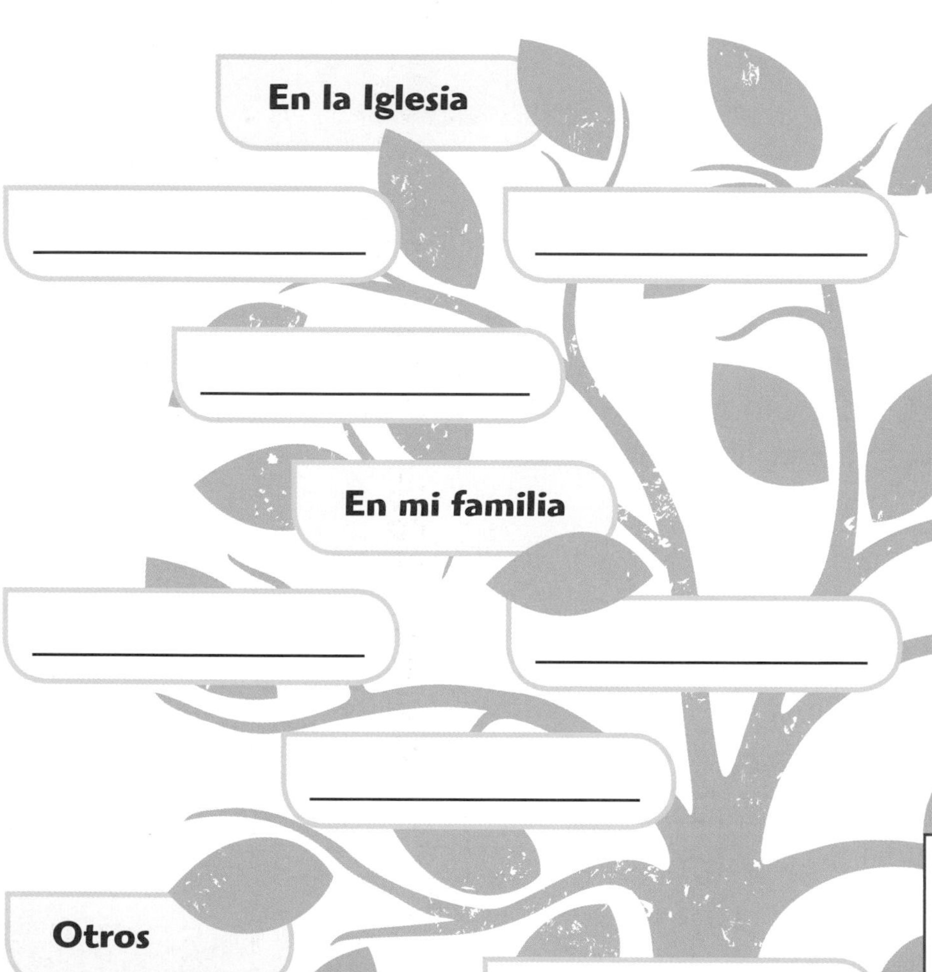

DATOS DE FE

➡ La iglesia, como la **Comunión de los Santos**, busca la salvación de todos. La Iglesia confía a la misericordia de Dios a aquellas personas que han muerto. Ella ora por su recompensa eterna en el cielo.

➡ En los Preceptos de la Iglesia podemos encontrar algunas reglas básicas acerca de cómo vivir como cristianos. Celebrar la liturgia y los sacramentos son otras maneras en que la iglesia nos ayuda a vivir una vida moral.

Palabras para aprender

moral
en una relación correcta con Dios, contigo mismo y con los demás

Comunión de los Santos
todos los que creen en Jesús y lo siguen: las personas en la Tierra y las personas que han muerto y están en el Purgatorio o en el Cielo

Live Your Faith

In the Church, we are all one family of God. The Church is like a parent to all the members of this family. She teaches us about God and how to live as Christians.

In the space below, list people who teach you to live your Christian faith. First, list people in the Church, then people in your family, then other people.

Who teaches me to live as a Christian?

In the Church

_______________ _______________

____

In my family

_______________ _______________

____

Others

____

____

____

FAITH FACTS

- The Church, as the **Communion of Saints**, seeks the salvation of all people. The Church entrusts those who have died to God's mercy. She prays for their eternal reward in Heaven.
- We can find some basic rules about how to live as Christians in the Precepts of the Church.
- Celebrating the liturgy and the sacraments are more ways the Church helps us to live a moral life.

Words to Know

moral
in right relationship with God, yourself, and others

Communion of Saints
everyone who believes in and follows Jesus—people on earth and people who have died and are in Purgatory or Heaven

Santos y personas piadosas

San Pablo (siglo I)

San Pablo fue uno de los grandes santos de la Iglesia primitiva. Le trajo la Buena Nueva a un sinnúmero de personas y ayudó a la Iglesia a crecer.

A diferencia de San Pedro o los otros Apóstoles, San Pablo no era un seguidor de Jesús en la época en que Él estuvo en la tierra. De hecho, al principio San Pablo era un enemigo de aquellos que creían en Jesús. Él quería castigar e incluso matar a los primeros cristianos. San Pablo comenzó a creer en Jesús cuando tuvo una visión del Jesús resucitado. Pablo se convirtió después en un cristiano y un **misionero**.

San Pablo viajó a ciudades que aún no habían escuchado acerca de Jesús. Con sus seguidores cercanos predicaba acerca de Jesús. Muchas personas fueron bautizadas. En las diferentes ciudades, los creyentes formaron comunidades de la iglesia. Comenzaron a reunirse para orar y celebrar la Eucaristía.

Algunos de los viajes misioneros de San Pablo fueron a lugares muy lejanos. Algunos tardaron muchos años a pie y en barco. Gracias a la labor de San Pablo, la Iglesia se extendió a través del Imperio Romano.

San Pablo comparte el día festivo con San Pedro el 29 de junio.

Costumbres católicas

pez como un símbolo del cristianismo

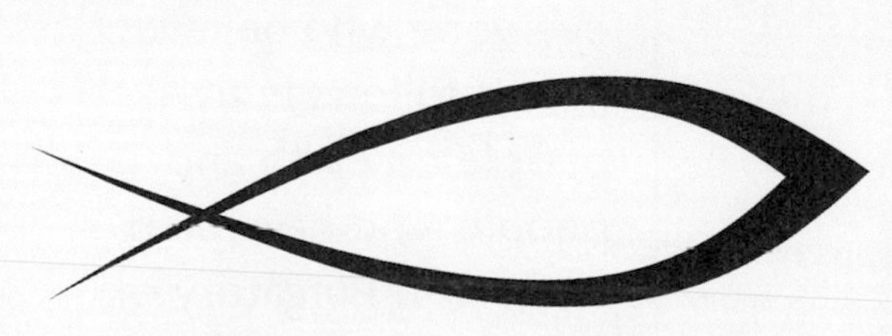

¿Alguna vez has visto un símbolo de pez usado para representar el cristianismo? Este símbolo ha sido usado desde el tiempo de los primeros cristianos, hace casi dos mil años. El símbolo representa a Jesús y se relaciona con la multiplicación de los panes y los peces de Jesús. También está relacionada con otros sucesos de la Sagrada Escritura como cuando Jesús llamó a los dos pescadores para que fueran los primeros Apóstoles.

Saints and Holy People

Saint Paul (first century)

Saint Paul was one of the great saints of the early Church. He brought the Good News to countless people and helped the Church grow.

Unlike Saint Peter or the other Apostles, Saint Paul was not a follower of Jesus during Jesus' time on earth. In fact, at first Saint Paul was an enemy of those who believed in Jesus. He wanted to punish and even kill the early Christians. Saint Paul came to believe in Jesus when he had a vision of the Risen Jesus. Paul then became a Christian and a **missionary**.

Saint Paul traveled to cities that had not yet heard about Jesus. With his close followers, he would preach about Jesus. Many people were baptized. In the different cities, believers formed church communities. They began to meet for prayer and to celebrate the Eucharist.

Some of Saint Paul's missionary journeys were to places that were very far away. Some took several years by foot or by boat. Because of Saint Paul's work, the Church spread throughout the Roman Empire.

Saint Paul shares a feast day with Saint Peter on June 29.

Catholic Customs

The Fish as a Symbol for Christianity

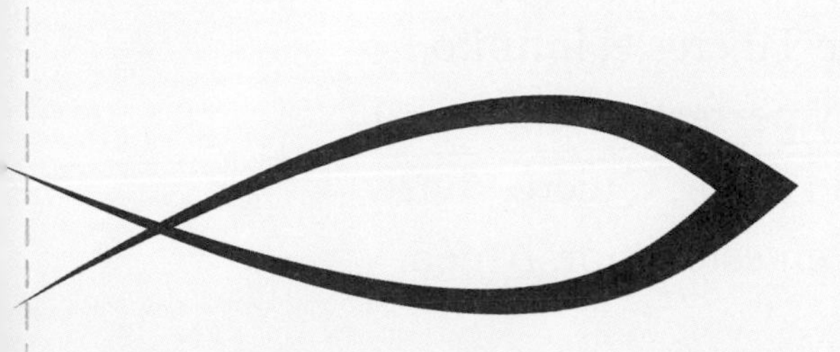

Have you ever seen a fish symbol used to represent Christianity? This symbol has been used since the time of the early Christians, almost two thousand years ago. The symbol represents Jesus, and connects to Jesus' multiplication of the loaves and fishes. It also connects to other Scripture events, such as Jesus calling two fishermen to be the first Apostles.

Tú puedes hacerlo

San Pablo viajó a lugares muy lejanos para enseñar a los demás acerca de Jesús. Tú puedes enseñar a los demás acerca de Jesús sin ir muy lejos. En cada espacio siguiente, dibuja un lugar donde puedas enseñar acerca del amor de Jesús.

Palabras para aprender

misionero
persona que responde al llamado de Dios de ayudar a que las personas de todo el mundo conozcan acerca de Jesús

¡En solidaridad!

Gracias a San Pablo muchas personas llegaron a saber acerca de Jesús y su amor.

¿Cómo pueden tus amigos o compañeros aprender a través de ti acerca del amor de Jesús?

Oramos

Acto de caridad

Dios mío, te amo sobre todas las cosas y al prójimo por ti, porque Tú eres el infinito, sumo y perfecto Bien, digno de todo amor. Quiero vivir y morir en este amor. Amén.

Make It Happen

Saint Paul traveled to faraway places to teach others about Jesus. You can teach others about Jesus without going far away. In each space below, draw a place where you can teach about Jesus' love.

Words to Know

missionary
a person who answers God's call to help people all over the world know about Jesus

Reach Out!

Because of Saint Paul many people came to know about Jesus and his love.

➡ How can your friends or classmates know about Jesus' love because of you?

We Pray

Act of Love

O my God, I love you above all things, with my whole heart and soul, because you are all good and worthy of all love. I love my neighbor as myself for the love of you. I forgive all who have injured me, and ask pardon of all whom I have injured. Amen.

Repaso de la Lección 14

A **Completa** la crucigrama

9. 5. 4. 8. 7. 2. 1. 6. 10. 3.

Horizontal

1. Un _____ es una persona que responde al llamado de Dios de ayudar a que las personas de todoel mundo conozcan acerca de Jesús.
3. San _____ escribió muchas cartas a las comunidades de los primeros cristianos.
7. La _____ Ley es la ley en el Antiguo Testamento que está resumida en los Diez Mandamientos.
8. Los primeros cristianos usaron el símbolo de un _____ para mostrar que eran seguidores de Jesús.
10. Jesús nos enseñó que la base de una vida moral es _____.

Vertical

2. La Comunión de los _____ son todas las personas que creen y siguen a Jesús, personas en la Tierra, en el Purgatorio o en el Cielo.
4. La _____ Ley es la ley de amor que enseñó Jesús en los Evangelios.
5. San Pablo conoció al Jesús resucitado y se convirtió en un _____.
6. Vivir una vida _____ significa estar en una relación correcta con Dios, contigo y los demás.
9. La Iglesia nos ayuda a entender todo en la _____ y lo que significa para nuestra vida.

Lesson 14 Review

A **Complete** the crossword puzzle.

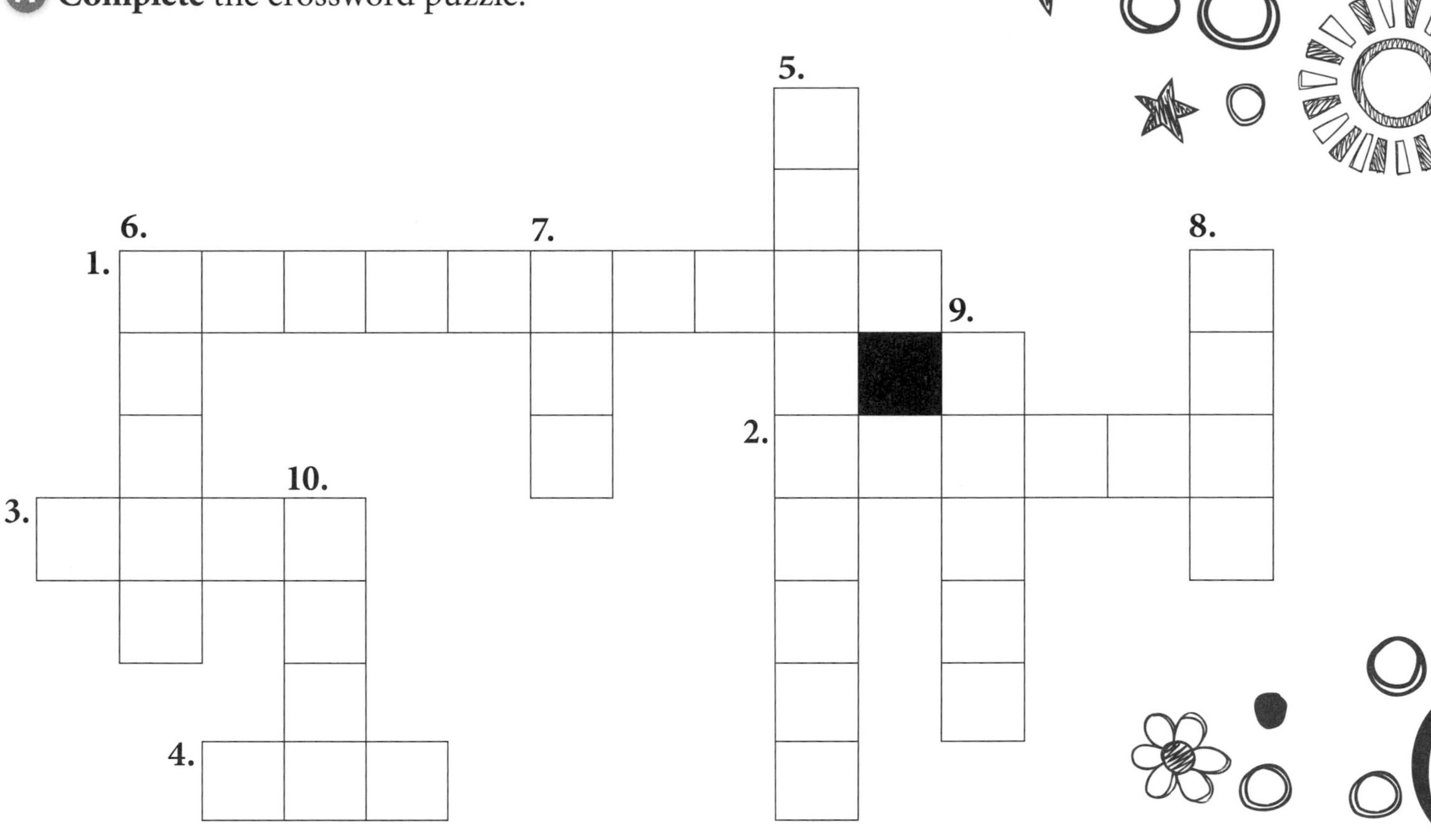

Across

1. A _____ is a person who answers God's call to help people all over the world know about Jesus.
2. The Communion of _____ is everyone who believes in and follows Jesus—people on Earth or in Purgatory or Heaven.
3. Saint _____ wrote many letters to the early Christian communities.
4. The _____ Law is the law of love Jesus taught in the Gospels.

Down

5. Saint Paul met the Risen Jesus and became a _____.
6. To live a _____ life means to be in right relationship with God, yourself, and others.
7. The _____ Law is God's law in the Old Testament, summed up in the Ten Commandments.
8. The early Christians used a _____ symbol to show that they were followers of Jesus.
9. The Church helps us understand everything in the _____ and what it means for our lives.
10. Jesus taught us that the foundation of a moral life is _____.

Lección 15

Los Diez Mandamientos:

Ama al Señor tu Dios

Oremos

Oración de Petición

Líder: Te bendecimos y adoramos, Señor.

Grupo 1: Enséñanos a ponerte en primer lugar en nuestra vida y a reconocer que toda la gloria es tuya.

Todos: Mi socorro me viene del Señor, que hizo el cielo y la tierra.

Grupo 2: Enséñanos a alabarte y sacar el tiempo para darte gracias y adorarte.

Todos: Mi socorro me viene del Señor, que hizo el cielo y la tierra.

Grupo 3: Guíanos para que sigamos tus mandamientos y para que siempre actuemos por amor a ti y al prójimo.

Todos: Mi socorro me viene del Señor, que hizo el cielo y la tierra.

Lider: Te lo pedimos por Jesús nuestro Señor.

Todos: Amén.

(Refrán basado en el Salmo 121, 2)

Mi fe católica

Hay muchas maneras de demostrar amor a Dios en nuestra vida diaria.

➡ **¿De qué maneras demuestras tu amor a Dios?**

Lesson 15

The Ten Commandments:

Love the Lord, Your God

Let Us Pray

A Prayer of Petition

Leader: We bless you and adore you, Lord.

Group 1: Teach us to put you first in our lives, and to know that all glory is yours.

All: Our help comes from the Lord, who made heaven and earth.

Group 2: Teach us to worship you and to make time to praise and adore you.

All: Our help comes from the Lord, who made heaven and earth.

Group 3: Guide us in following your commandments, and to always act with love for you and for all.

All: Our help comes from the Lord, who made heaven and earth.

Leader: We ask this through Jesus, our Lord.

All: Amen.

(Refrain based on Psalm 121:2)

My Catholic Faith

There are many ways to show love for God in our daily lives.

➡ **What are some ways you show love for God?**

Sagrada Escritura

Hace mucho, antes del tiempo de Jesús, Dios hizo una alianza o promesa sagrada con los israelitas. Parte de la alianza es los Diez Mandamientos. Los Diez Mandamientos ayudaron a los israelitas a saber cómo mantener su promesa con Dios.

Escrituras en la Misa

Escuchamos las Escrituras acerca de los mandamientos del Libro del Éxodo durante la Misa en Cuaresma. ¿Por qué crees que es una buena lectura para que la escuchemos y reflexionemos en la Cuaresma?

Los Diez Mandamientos:

El Señor Dios le dio estos mandamientos a Moisés en el Monte Sinaí.

"Yo soy Yavé, tu Dios… No tendrás otros dioses fuera de mí.
...No tomes en vano el nombre de Yavé, tu Dios…
Acuérdate del día del Sábado, para santificarlo…
Respeta a tu padre y a tu madre…
No mates.
No cometas adulterio.
No robes.
No atestigües en falso contra tu prójimo.
No codicies la casa de tu prójimo."

—Basado en Éxodo 19, 20; 20, 1-17

En los Evangelios Jesús explica la Ley de Dios del Antiguo Testamento.

El Gran Mandamiento

Un hombre le preguntó a Jesús cuál de los mandamientos es el más importante. Jesús le contestó: "El primer mandamiento es… '*Amarás al Señor tu Dios con todo tu corazón, con toda tu alma, con toda tu inteligencia y con todas tus fuerzas.*' Y después viene este otro: '*Amarás a tu prójimo como a ti mismo.*'No hay ningún mandamiento más importante que éstos."

—Basado en Marcos 12, 28-31

Sacred Scripture

Long ago, before the time of Jesus, God made a covenant, or a sacred promise, with the Israelites. Part of the covenant is the Ten Commandments. The Ten Commandments helped the Israelites know how to keep their promise to God.

Scripture at Mass

We hear the Scripture about the commandments, from the Book of Exodus, at Mass during Lent. Why do you think this is a good reading for us to hear and think about in Lent?

The Ten Commandments

The Lord God gave these commandments to Moses on Mount Sinai.

I am the Lord, your God. You shall not have strange gods before me.

You shall not take the name of the Lord, you God, in vain.

Remember to keep holy the Lord's day.

Honor your father and your mother.

You shall not kill.

You shall not commit adultery.

You shall not steal.

You shall not bear false witness against your neighbor.

You shall not covet your neighbor's wife or your neighbor's goods.

—Based on Exodus 19:20; 20:1–17

In the Gospels, Jesus explains God's law of the Old Testament.

The Great Commandment

A man asked Jesus which of the commandments is most important. Jesus answered: "The first is this ... 'You shall love the Lord your God with all your heart, with all your soul, with all your mind, and with all your strength.' The second is this: 'You shall love your neighbor as yourself.' There is no other commandment greater than these."

—Based on Mark 12:28–31

Vivir las Escrituras

Elige uno de los tres primeros mandamientos de la lectura de la Sagrada Escritura y crea un cartel para el mandamiento. Además de escribir el mandamiento en el cartel, escribe palabras y símbolos que expliquen cómo vivirlo.

Living the Scripture

Choose one of the first three commandments from the Scripture reading, and create a banner for the commandment. Along with writing the commandment on the banner, write words and symbols that tell how to live it.

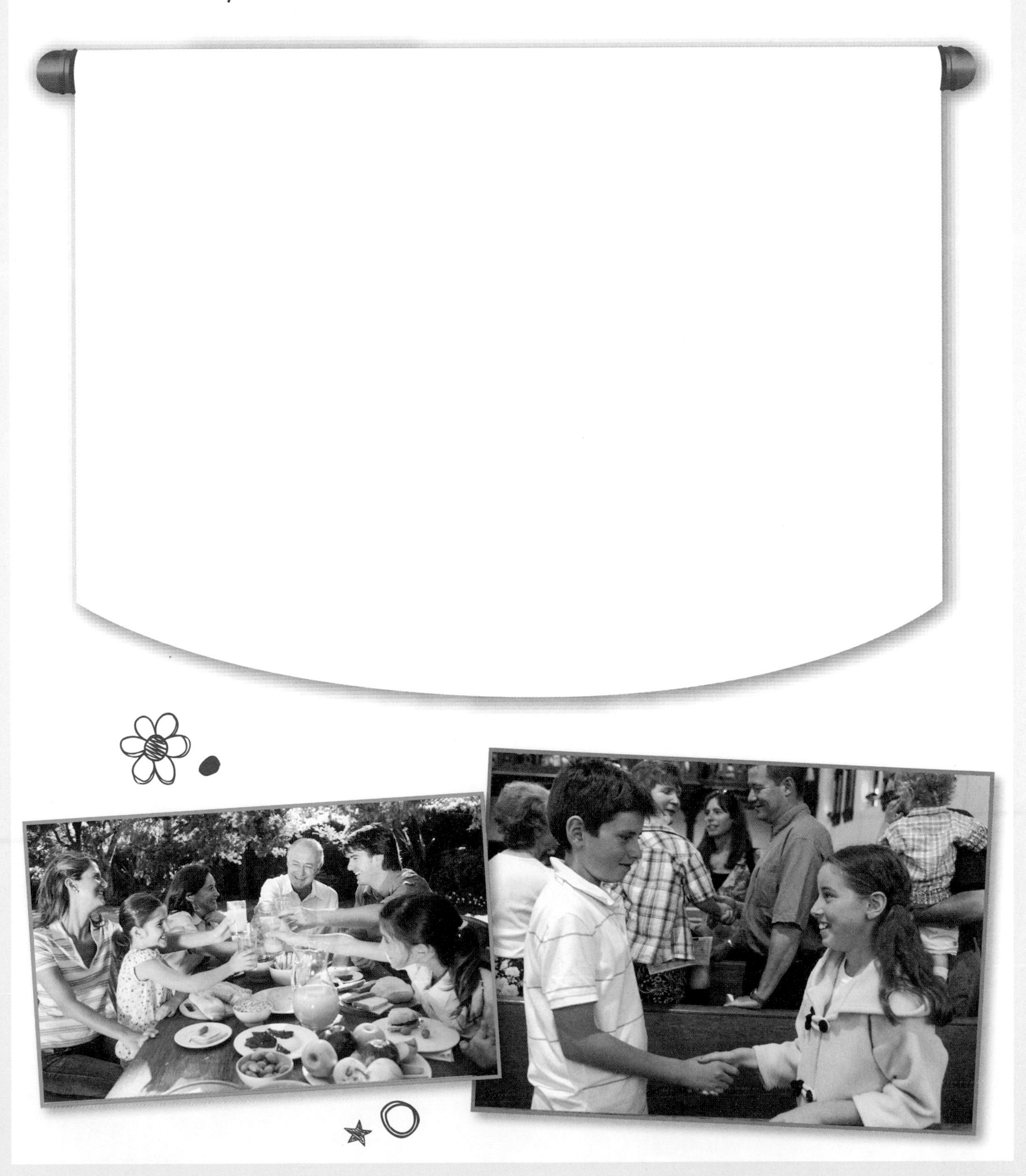

Nuestra Tradición Católica

Los tres primeros mandamientos: Amor de Dios

¿Qué tan bien conoces los **Diez Mandamientos**? Tal vez has visto imágenes de tablas de piedra de los mandamientos pero, ¿conoces cada uno de los mandamientos? ¿Sabes lo que cada uno te dice acerca de cómo vivir tu vida cada día?

Los primeros tres mandamientos nos explican cómo serle fiel a Dios. Los otros siete nos explican cómo tratar a las personas con amor. En esta lección, aprenderás acerca de los primeros tres mandamientos.

En los Diez Mandamientos, Dios le dio su ley a todas las personas. Los Mandamientos de Dios están basados en la **ley natural**. La ley natural está presente en el corazón de todas las personas. Esta expresa la dignidad de todas las personas. La ley natural incluye los valores que todas las personas aceptan como correctos. Por ejemplo, las personas de todas partes entienden que nadie puede matar a otro injustamente. Todos deben obedecer la ley natural porque todos son creados por Dios.

¿Qué nos enseñan los Diez Mandamientos?

¿Qué es la ley natural?

El Mandamiento	Lo que significa el mandamiento
1 Yo soy Yavé, tu Dios… No tendrás otros dioses fuera de mí.	• Pon tu fe solamente en Dios. • No hagas que otras cosas de tu vida sean más importantes que Dios. • Cree, confía y ama a Dios.
2 …No tomes en vano el nombre de Yavé, tu Dios…	• Usa el nombre de Dios con respeto. • No uses el nombre de Dios, Jesucristo, María o los santos de una manera irrespetuosa.
3 Acuérdate del día del Sábado, para santificarlo…	• Reúnete para celebrar la Eucaristía el domingo y los Días de Precepto. • Descansa y evita el trabajo innecesario el domingo. Pasa tiempo con la familia y sirve a aquellos que lo necesitan.

Our Catholic Tradition

The First Three Commandments: Love of God

How well do you know the **Ten Commandments**? You've probably seen images of the stone tablets of the commandments, but do you know each of the commandments? Do you know what each tells you about how to live your life each day?

The first three commandments tell us how to be faithful to God. The other seven tell us how to treat other people with love. In this lesson, you will learn about the first three commandments.

In the Ten Commandments, God gave his law to all people. God's commandments are based on the **natural law**. The natural law is present in every person's heart. It expresses the dignity of all people. The natural law includes the values that all people accept as right. For example, people everywhere understand that no person can kill another unjustly. Everyone must obey the natural law, because everyone is created by God.

What do the Ten Commandments teach us?

What is the natural law?

The Commandment	What the Commandment Means
1 I am the LORD, your God. You shall not have strange gods before me.	• Place your faith in God alone. • Don't make other things in your life more important than God. • Believe in, trust, and love God.
2 You shall not take the name of the LORD, your God, in vain.	• Speak God's name with reverence. • Don't use the name of God, Jesus Christ, Mary, or the saints in a disrespectful way.
3 Remember to keep holy the LORD's Day.	• Gather to celebrate the Eucharist on Sunday and Holy Days of Obligation. • Rest and avoid unnecessary work on Sunday. Spend time with family and serving those in need.

Vive tu fe

En los siguientes recuadros, dibuja algo que puedes hacer para cumplir con el Tercer Mandamiento.

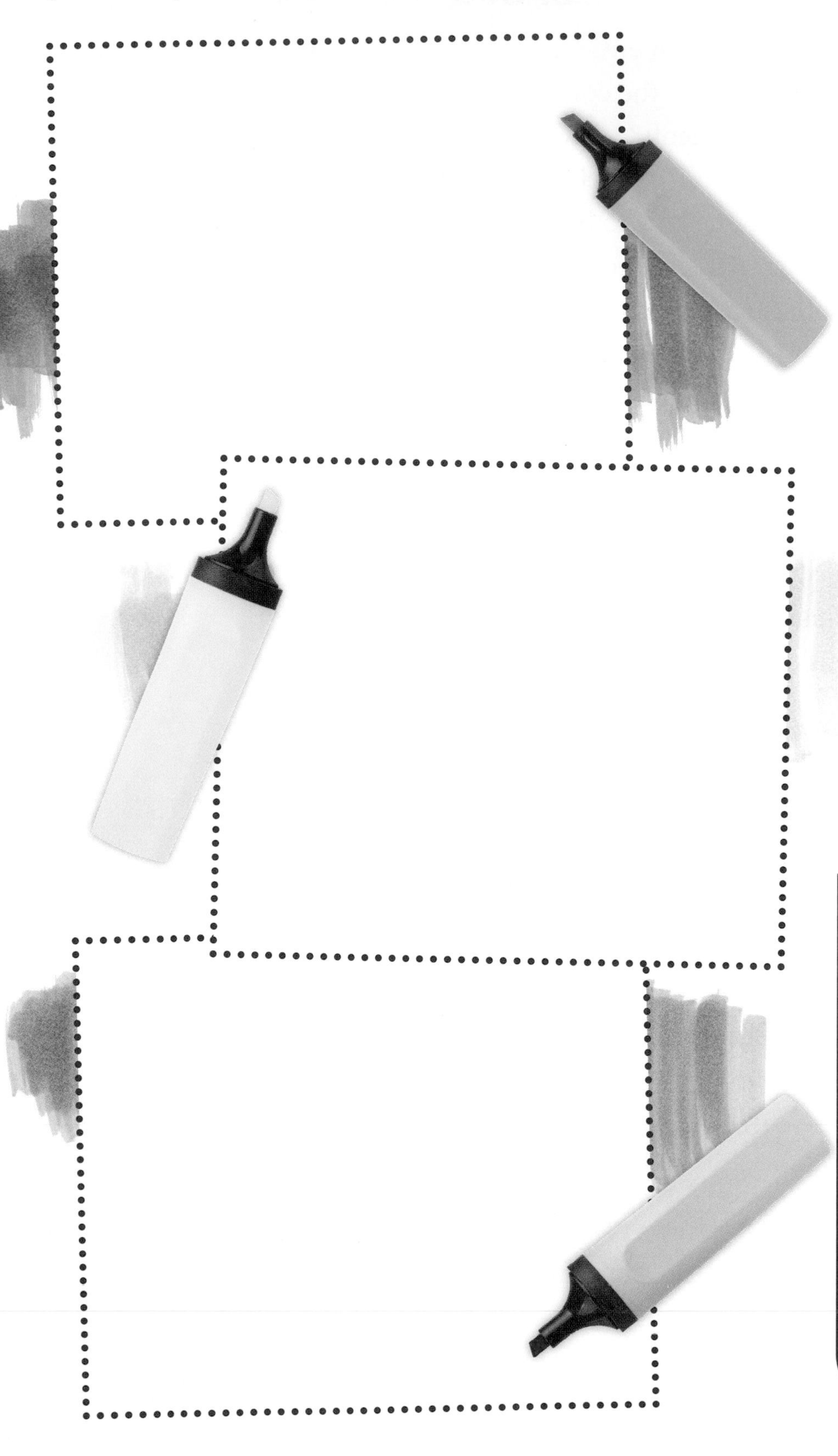

DATOS DE FE

- La ley natural nunca cambia. Esta guía a todas las personas todo el tiempo. Guía las leyes que nos dicen cómo vivir en sociedad.
- Los Diez Mandamientos nos ayudan a entender la ley natural y lo que significa para nuestra vida. Estos nos indican los requisitos mínimos para amar a Dios y a los demás.
- Dios nos da la gracia para seguir sus mandamientos.

Palabras para aprender

Diez Mandamientos
Leyes que Dios le dio a Moisés en el Monte Sinaí. Ellas nos indican lo que debemos hacer para amar a Dios y a los demás.

ley natural
reglas sobre la bondad que están escritas en nuestro corazón y que es natural seguirlas

Live Your Faith

In each frame below, draw something you can do to follow the Third Commandment.

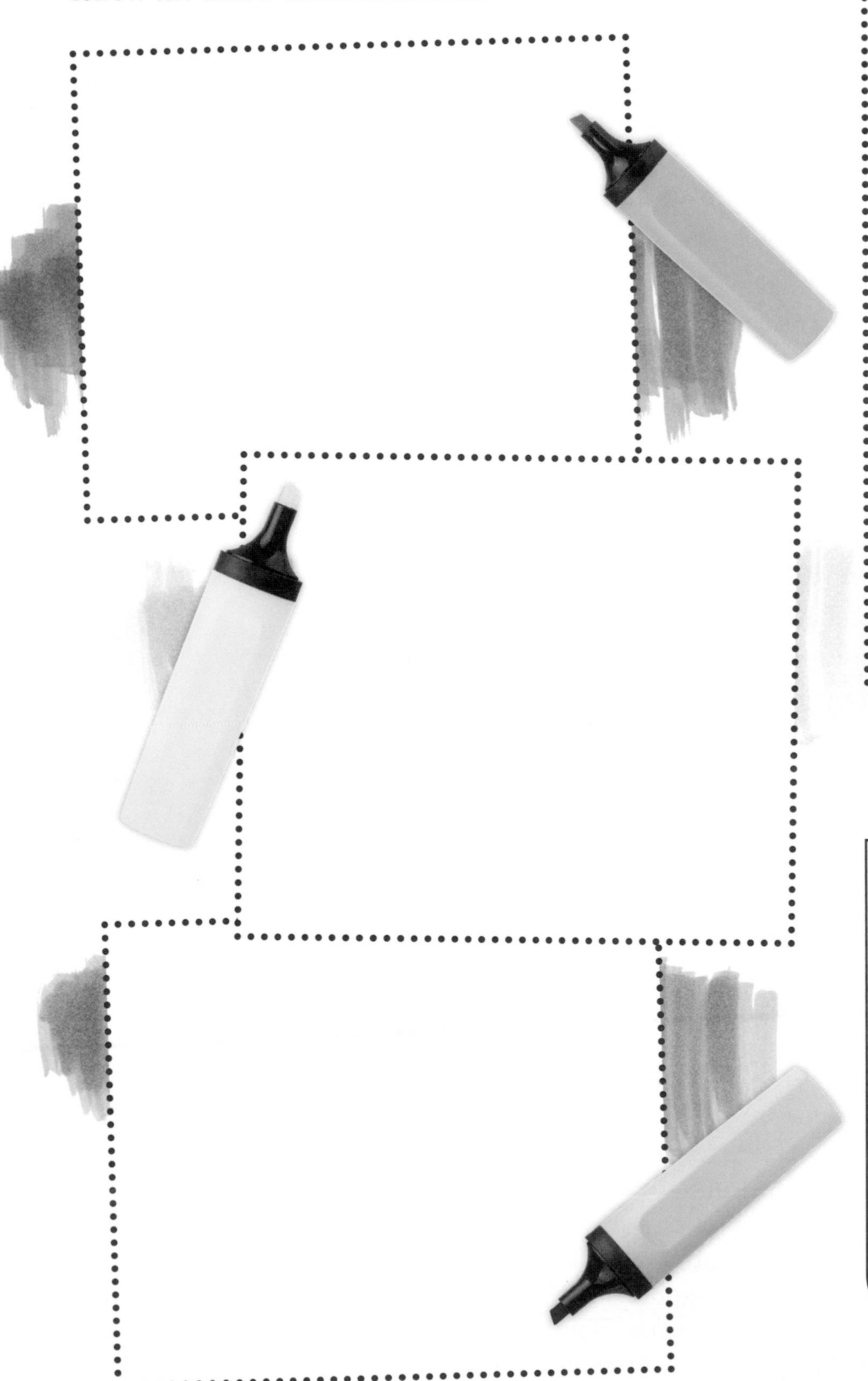

FAITH FACTS

- The natural law never changes. It guides all people in all time. It guides the laws for how we live in society.
- The Ten Commandments help us understand the natural law and what it means for our lives. They tell us the minimum that is required to love God and others.
- God gives us the grace to follow his commandments.

Words to Know

Ten Commandments
the laws that God gave Moses on Mount Sinai. They tell us what is required to love God and others.

natural law
rules about goodness that are written in our hearts and are natural to follow

Santos y personas piadosas

Santa Teresa Benedicta de la Cruz (Edith Stein) (1891–1942)

Edith Stein creció en un hogar judío donde sus padres le enseñaron la fe judía. Cuando Edith era una adolescente, le dio la espalda a su fe. Por muchos años, no oró ni creyó en Dios.

Cuando Edith era una estudiante universitaria, leyó la autobiografía de Santa Teresa de Ávila, una santa que vivió en el siglo XVL. La historia de Santa Teresa y su amor por Dios causó una gran impresión en Edith. Ella quiso conocer más a Dios.

La travesía espiritual de Edith la llevó a celebrar el Sacramento del Bautismo. Con el tiempo, ella siguió el ejemplo de Santa Teresa y se convirtió en una monja carmelita. Adoptó el nombre de Teresa Benedicta de la Cruz.

Teresa vivió con su comunidad religiosa en Holanda. En 1940, los nazis invadieron y tomaron control de ese país. Los obispos de Holanda habían criticado a los nazis. Para vengarse, los nazis arrestaron a todos los judíos en el país que se habían convertido al cristianismo. En agosto de 1942, Teresa Benedicta y su hermana Rosa, quien también se había convertido al catolicismo, fueron ejecutadas en un campo de concentración.

El Papa San Juan Pablo II canonizó a Teresa Benedicta de la Cruz en 1999. Su día festivo es el 9 de agosto.

Costumbres católicas

Arte religioso

Desde los tiempos de la Iglesia primitiva, los cristianos han mostrado su fe y amor por Dios a través del arte. Este arte toma muchas formas como cuadros, íconos (como los que se muestran a la derecha) y estatuas. Nosotros no oramos a las imágenes. Más bien, las imágenes nos ayudan a rezar y adorar a Dios. También nos ayudan a honrar a los santos como María y los demás santos.

Saints and Holy People

Saint Teresa Benedicta of the Cross (Edith Stein) (1891–1942)

Edith Stein was raised in a Jewish home, where her parents taught her the Jewish faith. When Edith was a teenager, she turned away from her faith. For many years, she did not pray or even believe in God.

When Edith was a student in college, she read the autobiography of Saint Teresa of Ávila, a saint who lived in the sixteenth century. The story of Saint Teresa and her love for God made a great impression on Edith. She wanted to know more about God.

Edith's spiritual journey led her to celebrate the Sacrament of Baptism. Eventually, she followed Saint Teresa's example and became a Carmelite nun. She took the name Teresa Benedicta of the Cross.

Teresa lived with her religious community in the Netherlands. In 1940, the Nazis invaded and took control of that country. The bishops of the Netherlands had criticized the Nazis. To get revenge, the Nazis arrested all Jews in the country who had become Christian. In August 1942, Teresa Benedicta and her sister Rosa, who had also become Catholic, were put to death in a concentration camp.

Pope Saint John Paul II canonized Teresa Benedicta of the Cross in 1999. Her feast day is August 9.

Catholic Customs

Religious Art

Since the time of the early Church, Christians have shown their faith and their love for God through art. This art takes many forms, such as paintings, icons (like the one shown at left), and statues. We do not pray to the images. Instead, the images help us pray and adore God. They also help us honor holy people, such as Mary and the saints.

Tú puedes hacerlo

Aprender acerca de cómo Santa Teresa de Ávila inspiró a Santa Teresa Benedicta de la Cruz. La hizo querer estar más cerca de Dios. Cuenta acerca de alguien que conozcas que muestre un gran amor por Dios. Luego cuenta lo que el ejemplo de esta persona te enseña.

Alguien que conoces

___

___

___

Qué te enseña esta persona

___

___

___

___

La fe en el hogar

Aprende más acerca de los santos con tu familia. Elige entre los santos de este libro o de los de algún otro recurso y lee acerca de ellos con alguien de tu familia. Hablen acerca de cosas sorprendentes que aprendan y lo que los santos les enseñan.

Oramos

Oración de alabanza

A ti, oh Dios, te alabamos, a ti, Señor, te reconocemos. A ti, eterno Padre, te venera toda la creación. Los ángeles todos, los cielos y todas las potestades te honran. Proclamamos nuestra fe en ti. Todos los días te alabamos, hoy y siempre. En tu bondad, Señor, líbranos del pecado. Ten piedad de nosotros. Ponemos nuestras esperanzas en ti.
Amén.

—Basado en el *Te Deum*

Make It Happen

Learning about Saint Teresa of Ávila inspired Saint Teresa Benedicta of the Cross. It made her want to be closer to God. Tell about someone you know who shows great love for God. Then tell what this person's example teaches you.

Someone you know

____

____

____

What this person teaches you

____

____

____

____

Faith at Home 

Learn more about the saints with your family. Choose saints from this book or from another resource and read about them with someone in your family. Talk about surprising things you learn, and about what the saints teach you.

We Pray

A Prayer of Praise

We praise you, O God. We profess you as Lord. Everlasting Father, all the world bows down before you. All the angels sing your praise. The heavens and the earth are filled with your majesty and glory.
We proclaim our faith in you. Day by day we praise you, now and forever. In your goodness, Lord, keep us free from sin. Have mercy on us. We place our hope in you. Amen.

—Based on the *Te Deum*

Repaso de la Lección 15

A **Completa** las siguientes oraciones con las palabras del recuadro

Diez Mandamientos
Dios
ley natural
nuestro prójimo
Santa Teresa de Ávila

1. Los ______________________________ son las leyes de Dios que nos indican lo que se necesita para amar a Dios y a los demás.
2. Santa Teresa Benedicta de la Cruz se inspiró en conocer acerca de Dios gracias a la historia de

   ______________________________ .
3. Las reglas sobre la bondad que están escritas en nuestro corazón y que es natural seguirlas son conocidas

   como ______________________________ .
4. Jesús dijo que el mandamiento más importante es amar a ______________________ con todo tu corazón, toda tu alma, toda tu mente y todas tus fuerzas.
5. Jesús dijo que el segundo mandamiento más importante es amar a

   ______________________________ como nos amamos a nosotros mismos.

B **Traza una línea** que una cada acción con el mandamiento que cumple.

6. Creer y confiar en Dios
7. Usar el nombre de Dios con respeto
8. Asistir a Misa el domingo
9. Usar el nombre de Dios, Jesús, María y los santos solo de manera respetuosa
10. Dedicar tiempo a la familia y ayudar a aquellos que lo necesiten el domingo

Primer Mandamiento

Segundo Mandamiento

Tercer Mandamiento

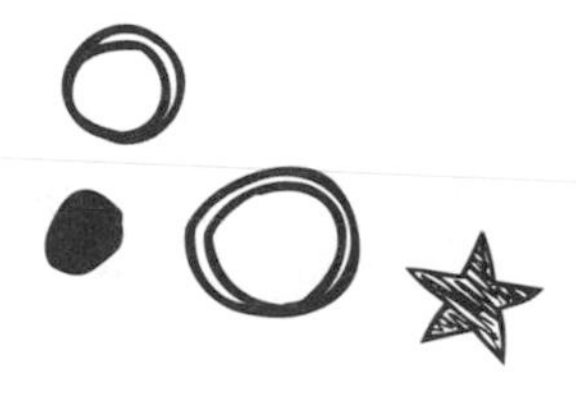

Lesson 15 Review

A **Complete** the following sentences, using words from the box.

Ten Commandments
God
natural law
our neighbor
Saint Teresa of Ávila

1. The ______________________ are God's laws that tell us what is required to love God and others.
2. Saint Teresa Benedicta of the Cross was inspired to know about God by the story of ______________________.
3. Rules about goodness that are written in our hearts and are natural to follow are known as the ______________________.
4. Jesus said the most important commandment is to love ______________________ with all our heart, all our soul, all our mind, and all our strength.
5. Jesus said the second most important commandment is to love ______________________ as we love ourselves.

B **Draw a line** to match each action with the commandment it follows.

6. Believing in and trusting God
7. Speaking God's name with reverence
8. Attending Mass on Sunday
9. Saying the name of God, Jesus, Mary, and the saints only in respectful ways
10. Spending time with family and helping those in need on Sunday

First Commandment

Second Commandment

Third Commandment

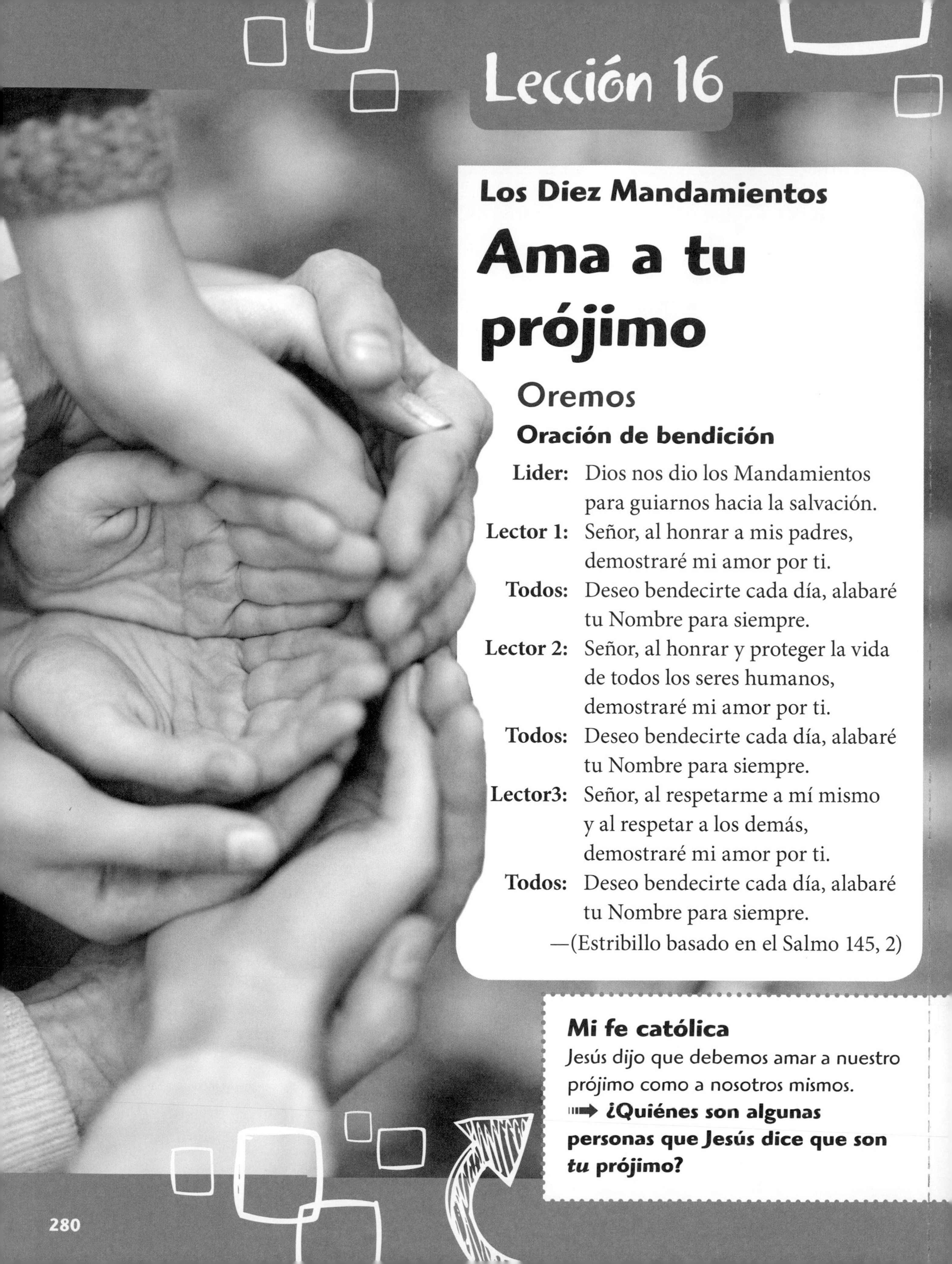

Lección 16

Los Diez Mandamientos

Ama a tu prójimo

Oremos

Oración de bendición

Lider: Dios nos dio los Mandamientos para guiarnos hacia la salvación.

Lector 1: Señor, al honrar a mis padres, demostraré mi amor por ti.

Todos: Deseo bendecirte cada día, alabaré tu Nombre para siempre.

Lector 2: Señor, al honrar y proteger la vida de todos los seres humanos, demostraré mi amor por ti.

Todos: Deseo bendecirte cada día, alabaré tu Nombre para siempre.

Lector3: Señor, al respetarme a mí mismo y al respetar a los demás, demostraré mi amor por ti.

Todos: Deseo bendecirte cada día, alabaré tu Nombre para siempre.

—(Estribillo basado en el Salmo 145, 2)

Mi fe católica

Jesús dijo que debemos amar a nuestro prójimo como a nosotros mismos.

➡ ¿Quiénes son algunas personas que Jesús dice que son *tu* prójimo?

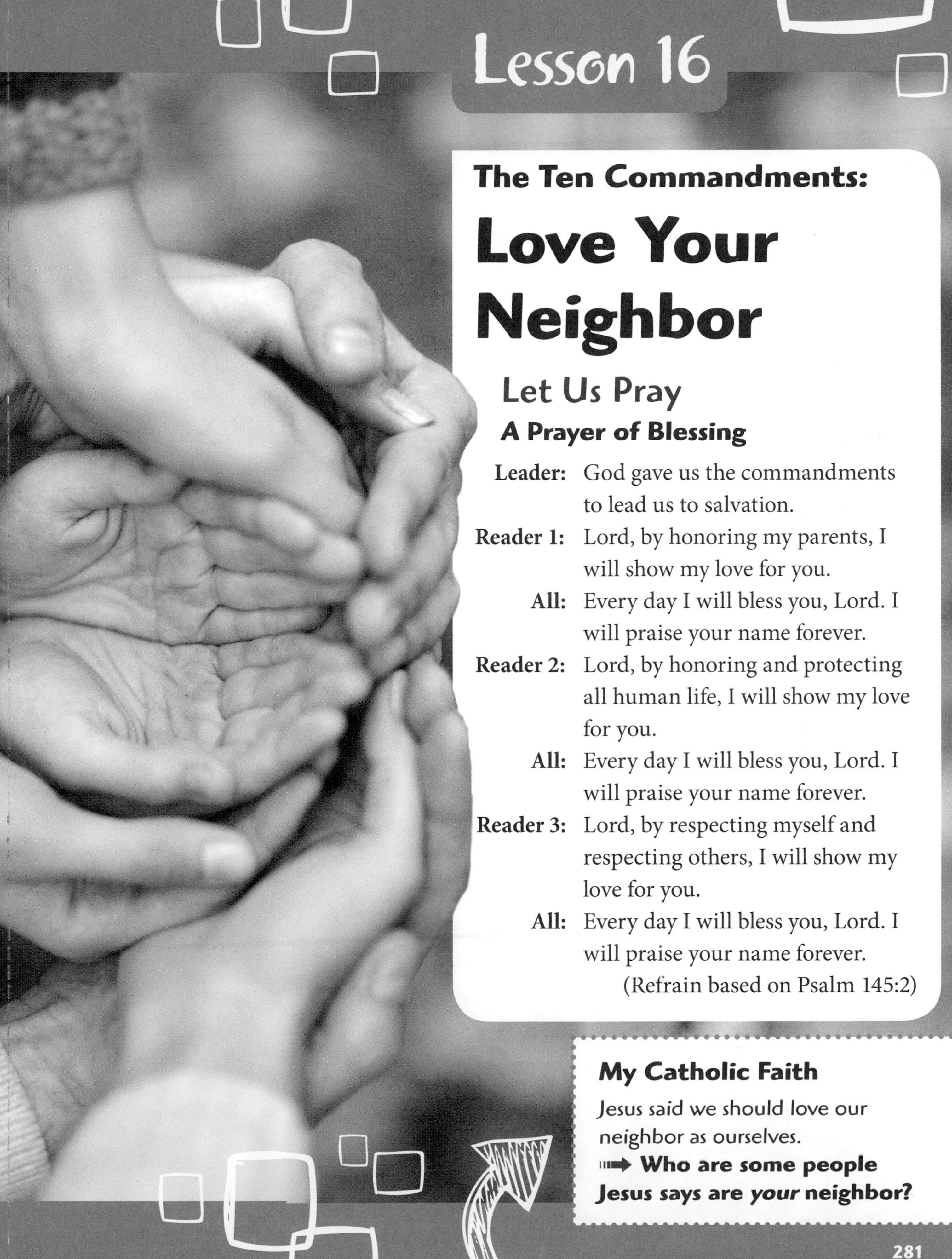

Lesson 16

The Ten Commandments:
Love Your Neighbor

Let Us Pray
A Prayer of Blessing

Leader: God gave us the commandments to lead us to salvation.

Reader 1: Lord, by honoring my parents, I will show my love for you.

All: Every day I will bless you, Lord. I will praise your name forever.

Reader 2: Lord, by honoring and protecting all human life, I will show my love for you.

All: Every day I will bless you, Lord. I will praise your name forever.

Reader 3: Lord, by respecting myself and respecting others, I will show my love for you.

All: Every day I will bless you, Lord. I will praise your name forever.

(Refrain based on Psalm 145:2)

My Catholic Faith

Jesus said we should love our neighbor as ourselves.

➡ **Who are some people Jesus says are *your* neighbor?**

Sagrada Escritura

¿Recuerdas cómo Jesús resumió los Diez Mandamientos? Él dijo que debemos amar a Dios por sobre todas las cosas y amar a nuestro prójimo como a nosotros mismos. Para explicar esto, Jesús contó una parábola acerca de un hombre herido y la persona que lo salvó.

Otras Escrituras sobre amar a nuestro prójimo

➡ El joven rico: Mateo 19, 16-22

➡ Dios es amor: 1.a Juan 4, 20-21

➡ La regla de oro: Mateo 7, 12

La parábola del buen samaritano

Un hombre le preguntó a Jesús: "¿Quién es mi prójimo?"

Jesús le respondió contando este relato.

"Bajaba un hombre por el camino de Jerusalén a Jericó y cayó en manos de unos bandidos, que lo despojaron hasta de sus ropas, lo golpearon y se marcharon dejándolo medio muerto. Por casualidad bajaba por ese camino un sacerdote; lo vio, tomó el otro lado y siguió. Lo mismo hizo un levita que llegó a ese lugar: lo vio, tomó el otro lado y pasó de largo. Un samaritano también pasó por aquel camino y lo vio, pero éste se compadeció de él. Se acercó, curó sus heridas con aceite y vino y se las vendó; después lo montó sobre el animal que traía, lo condujo a una posada y se encargó de cuidarlo."

Jesús entonces le dijo al hombre que le hizo la pregunta: Según tu parecer, "¿cuál de estos tres fue el prójimo del hombre que cayó en mano de los salteadores?" *Él contestó:* "El que se mostró compasivo con él." Y Jesús le dijo: "Vete y haz tú lo mismo."

—Lucas 10, 29-34. 36-37

Sacred Scripture

Do you remember how Jesus summarized the Ten Commandments? He said we must love God above all else and love our neighbor as ourselves. To explain this, Jesus told a parable about an injured man and the person who saved him.

More Scripture on Loving Our Neighbor

➡ The Rich Young Man — Matthew 19:16–22

➡ God Is Love — 1 John 4:20–21

➡ The Golden Rule — Matthew 7:12

The Parable of the Good Samaritan

A man asked Jesus, "Who is my neighbor?"

Jesus answered by telling this story.

"A man fell victim to robbers as he went down from Jerusalem to Jericho. They stripped and beat him and went off leaving him half-dead. A priest happened to be going down that road, but when he saw him, he passed by on the opposite side. Likewise a Levite came to the place, and when he saw him, he passed by on the opposite side. But a Samaritan traveler who came upon him was moved with compassion at the sight. He approached the victim, poured oil and wine over his wounds and bandaged them. Then he lifted him up on his own animal, took him to an inn and cared for him."

Jesus then said to the man who asked him the question:

"Which of these three, in your opinion, was neighbor to the robbers' victim?" He answered, "The one who treated him with mercy." Jesus said to him, "Go and do likewise."

—Luke 10:29–34, 36–37

Vivir las Escrituras

¿Alguna vez has oído que a alguien lo describan como un buen samaritano? Llamar a alguien un buen samaritano es una manera de decir que esa persona demostró caridad. Eso significa que la persona ayudó a un desconocido necesitado, como el samaritano en la parábola de Jesús.

¿Conoces a alguien que haya sido un buen samaritano? ¿O has escuchado en las noticias acerca de un buen samaritano? En el siguiente espacio, escribe una noticia acerca de esta persona. Explica cómo esa persona ayudó a un desconocido necesitado. Agrega un título y una ilustración a tu noticia.

LA NOTICIA

Living the Scripture

Have you ever heard someone described as a Good Samaritan? Calling someone a Good Samaritan is a way to say that the person showed kindness. It means the person helped out a stranger in need, like the Samaritan in Jesus' parable.

Do you know someone who was a Good Samaritan? Or have you heard about a Good Samaritan in the news? In the space below, write a news article about this person. Tell how he or she helped a stranger in need. Add a title and a picture to your news story.

THE NEWS

Nuestra Tradición Católica

Del 4.° al 10.° Mandamiento: El amor al prójimo

Los Mandamientos del 4.° al 10.° se refieren al amor por los demás. Cuando seguimos estos siete Mandamientos, seguimos la enseñanza de Jesús de amar a nuestro prójimo como a nosotros mismos. Esto es lo que nos dice cada uno de estos Mandamientos.

¿Cómo nos ayudan los Mandamientos a seguir las enseñanzas de Jesús?

El Mandamiento	Lo que significa el Mandamiento
4 Honra a tu padre y a tu madre.	Trata a tus padres con respeto. Demuéstrales gratitud y amor.
5 No matarás.	La vida de todos los seres humanos es sagrada, desde el momento de la concepción hasta la muerte natural. Respeta y protege la vida de los demás y tu propia vida.
6 No cometerás adulterio.	El matrimonio requiere amor fiel y compromiso entre marido y mujer.
7 No robarás.	Respeta las cosas que les pertenecen a los demás. No robes ni hagas trampa. Protege los recursos de la Tierra y trabaja para preservarlos.
8 No darás testimonio falso contra tu prójimo.	Sé siempre honesto y honrado. No digas cosas falsas o negativas acerca de los demás.
9 No desearás la mujer de tu prójimo.	Muestra respeto por tu propio cuerpo y por el cuerpo de los demás.
10 No codiciarás... nada que sea de tu prójimo.	No tengas envidia de las posesiones de los demás. Da gracias por los bienes que Dios te ha dado.

Our Catholic Tradition

Commandments 4 through 10: Love of Neighbor

Commandments four through ten are about love for others. When we follow these seven commandments, we follow Jesus' instruction to love our neighbor as we love ourselves. Here is what each of these commandments tells us.

How do the commandments help us follow Jesus' teachings?

The Commandment	What the Commandment Means
4 Honor your father and your mother.	Treat your parents with respect. Show them gratitude and love.
5 You shall not kill.	All human life is sacred, from the moment of conception to natural death. Respect and protect the lives of others and your own life.
6 You shall not commit adultery.	Marriage requires faithful love and commitment between husband and wife.
7 You shall not steal.	Respect the things that belong to others. Do not steal or cheat. Protect the earth's resources and work to preserve them.
8 You shall not bear false witness against your neighbor.	Always be honest and truthful. Do not say untruthful or negative things about others.
9 You shall not covet your neighbor's wife.	Show respect for your own body and the bodies of others.
10 You shall not covet your neighbor's goods.	Do not be jealous of others' possessions. Be thankful for the gifts God has given you.

Vive tu fe

Por cada uno de los siguientes tres Mandamientos, crea una regla que los niños de tu edad puedan seguir en la casa o en la escuela. Luego escribe una oración pidiéndole a Dios que te ayude a seguir los Mandamientos.

Honra a tu padre y a tu madre. ______________________

____

No robarás. ______________________

____

No darás testimonio falso contra tu prójimo. ______________________

____

DATOS DE FE

- Debemos obedecer siempre las leyes de Dios por sobre cualquier otra ley. Si alguien con autoridad sobre nosotros quiere que hagamos algo que está en contra de las leyes de Dios, tenemos que desobedecer a esa persona y elegir lo que complace a Dios.
- Dios creó los recursos de la Tierra para todas las personas. Tenemos que trabajar para proteger la creación de Dios.
- Debemos respetar nuestra propia reputación y la reputación de los demás. Esto significa que no debemos decir cosas negativas acerca de los demás, aunque esas cosas sean ciertas.

Mi oración

Querido Dios: ______________________

____

____

Live Your Faith

For each of the three commandments below, create a rule children your age can follow at home or at school. Then write a prayer asking God to help you follow the commandments.

Honor your father and mother. ______________________

____

You shall not steal. ______________________

____

You shall not bear false witness against your neighbor. ______________________

____

FAITH FACTS

- We must always obey God's laws ahead of any others. If someone in authority over us wants us to do something that goes against God's laws, we have to disobey that person and choose what pleases God.
- God created the earth's resources for all people. We have to work to protect God's creation.
- We must respect our own reputation and the reputations of others. This means we should not tell negative things about others, even if those things are true.

My Prayer

Dear God, ______________________

____

____

Santos y personas piadosas

Beata Madre Teresa (1910–1997)

Desde que era pequeña, la Madre Teresa leía acerca de la obra de los misioneros católicos en todas partes del mundo. Ella sabía que quería servir a los demás como ellos. Se convirtió en una hermana religiosa y vivió en la India. Al principio, servía como maestra de una escuela para niñas. Pero Teresa sentía que Dios la llamaba para servir a las personas más pobres de India.

Con el permiso del arzobispo, Teresa comenzó una nueva orden religiosa, llamada las Misioneras de la Caridad.

La Madre Teresa y sus hermanas religiosas trabajaban entre los pobres en las calles de Calcuta, en India. Ellas encontraron hogares donde podían llevar a las personas moribundas que estaban tiradas en las calles de la ciudad. Las hermanas cuidaban de esas personas y las trataban con amor y misericordia. Las hermanas también fundaron orfanatos para los niños no deseados de Calcuta. Ellas cuidaban de las necesidades físicas de los niños. También los educaron, les enseñaron acerca de Dios y les dieron amor y atención. La Madre Teresa y sus hermanas atendían a los abandonados y los no amados.

La Madre Teresa murió en 1997, pero las Misioneras de la Caridad continúan atendiendo a los pobres de todo el mundo. En 2003, el Papa Juan Pablo II nombró "beata" a la Madre Teresa. Esto significa que algún día ella puede ser nombrada santa de la Iglesia.

Costumbres católicas

Dar limosna

Desde los tiempos de los Apóstoles, la Iglesia se ha ocupado de atender a los pobres. Hoy, todos podemos ayudar a los necesitados dando limosnas, o donando dinero. Cuando ayudamos a los pobres de esta manera, demostramos amor por nuestro prójimo y amor por Dios. Piensa en maneras en que puedes dar limosna, como por ejemplo, a través de colectas especiales en tu parroquia.

Saints and Holy People

Blessed Mother Teresa (1910–1997)

As a young girl, Mother Teresa read about the works of Catholic missionaries in all parts of the world. She knew she wanted to serve others as they did. She became a religious sister and lived in India. At first she served as a teacher in a school for girls. But Teresa felt that God called her to serve the poorest people in India.

With the archbishop's permission, Teresa started a new religious order, called the Missionaries of Charity.

Mother Teresa and her religious sisters worked among poor people in the streets of Calcutta, in India. They founded homes where they could bring the people that lay dying on the city streets. The sisters cared for those people and treated them with love and mercy. The sisters also founded orphanages for the unwanted children of Calcutta. They cared for the children's physical needs. They also educated them, taught them about God, and showed them love and care. Mother Teresa and her sisters cared for those who were abandoned and unloved.

Mother Teresa died in 1997, but the Missionaries of Charity continue to care for the poor around the world. In 2003, Pope John Paul II named Mother Teresa "blessed." This means she may one day be named a saint of the Church.

Catholic Customs

Giving Alms

Ever since the time of the Apostles, the Church has taken care of those who are poor. Today, we can all care for people in need by giving alms, or donating money. When we care for the poor in this way, we show love for our neighbor and love for God. Think about ways you can give alms, such as through special collections at your parish.

Tú puedes hacerlo

Como el buen samaritano, la Madre Teresa cuidó de los necesitados y les enseñó acerca del amor de Dios. En 1979, la Madre Teresa recibió el Premio Nobel de la Paz por todo lo que hizo para servir a los pobres.

Con el lazo y la medalla, crea un premio para los que atienden a los necesitados. Dale un nombre a tu premio. Di quién recibirá el premio. Luego, sobre las siguientes líneas, describe cómo esa persona mostró un gran amor por los demás.

____

____

____

____

¡En solidaridad!

La Madre Teresa trató a todas las personas como su prójimo, especialmente a quienes estaban más necesitados de amor y de ayuda.

¿Cómo puedes seguir el ejemplo de la Madre Teresa y el mensaje de Jesús en la Parábola del buen samaritano?

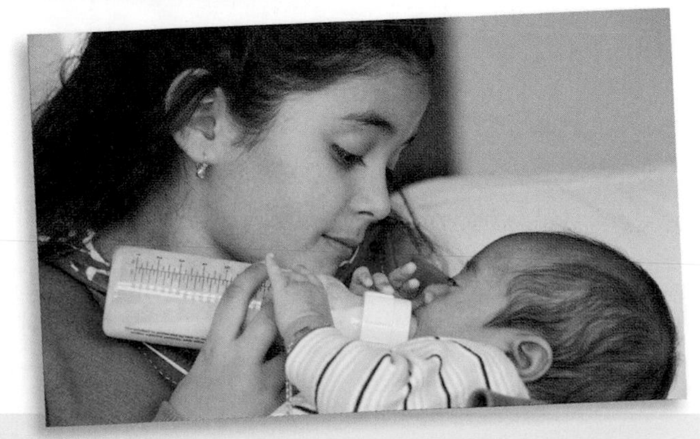

Oramos

Oración de servicio amoroso

Padre, honramos el corazón de tu Hijo, símbolo del amor perfecto. Tú nos llamas a seguir su ejemplo. Enséñanos a ver a Cristo en la vida de los demás. Ayúdanos a mostrar amor por Él amando y sirviendo a nuestros hermanos y hermanas. Te lo pedimos por Cristo, nuestro Señor. Amén.

—Basada en una oración de Santa Margarita María Alacoque

Make It Happen

Like the Good Samaritan, Mother Teresa cared for people in need and taught them about God's love. In 1979, Mother Teresa received the Nobel Peace Prize for all she did to serve the poor.

In the ribbon and seal, create an award for caring for those in need. Give your award a name. Tell who will receive the award. Then on the lines below describe how the person showed great love for others.

____

____

____

____

Reach Out!

Mother Teresa treated every person as her neighbor, especially those who were most in need of love and help.

➡ **How can you follow Mother Teresa's example, and Jesus' message in the Parable of the Good Samaritan?**

We Pray

A Prayer of Loving Service

Father, we honor the heart of your Son, the symbol of perfect love. You call us to follow his example. Teach us to see Christ in the lives of others. Help us to show love for him by loving and serving our brothers and sisters. We ask this through Christ, our Lord. Amen.

—Based on a prayer by Saint Margaret Mary Alacoque

Repaso de la Lección 16

A **Traza una línea** de la Columna A que corresponda al Mandamiento en la Columna B.

Columna A	Columna B
1. No robarás.	**Cuarto Mandamiento**
2. No cometerás adulterio.	**Quinto Mandamiento**
3. No desearás la mujer de tu prójimo.	**Sexto Mandamiento**
4. Honra a tu padre y a tu madre.	**Séptimo Mandamiento**
5. No codiciarás... nada que sea de tu prójimo..	**Octavo Mandamiento**
6. No matarás.	**Noveno Mandamiento**
7. No darás testimonio falso contra tu prójimo.	**Décimo Mandamiento**

B **Completa** las siguientes oraciones.

8. En la Parábola del ______________________________, Jesús enseñó a sus seguidores lo que significa amar a nuestro prójimo.

9. ______________________________ siguió el Mandamiento de Jesús de amar a nuestro prójimo sirviendo a los pobres en India.

10. Podemos demostrar nuestro amor al prójimo dando ____________________, o donando dinero para los necesitados.

Lesson 16 Review

A **Draw a line** to match each commandment in column A with its number in column B.

Column A	Column B
1. You shall not steal.	Fourth Commandment
2. You shall not commit adultery.	Fifth Commandment
3. You shall not covet your neighbor's wife.	Sixth Commandment
4. Honor your father and your mother.	Seventh Commandment
5. You shall not covet your neighbor's goods.	Eighth Commandment
6. You shall not kill.	Ninth Commandment
7. You shall not bear false witness against your neighbor.	Tenth Commandment

B **Complete** the following sentences.

8. In the Parable of the ________________________________, Jesus taught his followers what it means to love our neighbor.

9. ____________________________ followed Jesus' commandment about loving our neighbor by serving the poor in India.

10. We can show love for our neighbor by giving ________________, or donating money for those in need.

Lección 17

Vivir las Bienaventuranzas

Oremos

Oración de alabanza

Todos: ¡Alaba al Señor, alma mía! Mientras viva yo quiero alabar al Señor.

Lector 1: Dichosos los que ponen su esperanza en el Señor, su Dios.

Lector 2: Dichosos los que conservan su fe para siempre,

Lector 3: Los que dan su justicia a los oprimidos,

Lector 4: Los que dan su pan a los hambrientos.

Lector 5: El Señor ama a los justos; pero desvía el camino de los malvados.

Todos: El Señor reina para siempre.

—Basado en el Salmo 146, 2. 5-10

Mi fe católica

Cuando ayudamos a los demás, complacemos a Dios.

➡ **Menciona un talento que tengas que te sirva para ayudar a los demás y di cómo te sirve.**

Lesson 17

Living the Beatitudes

Let Us Pray

A Prayer of Praise

All: Praise the Lord, my soul. I shall praise the Lord all my life.

Reader 1: Happy those whose hope is in the Lord, their God.

Reader 2: Happy those who keep faith forever,

Reader 3: Who secure justice for the oppressed,

Reader 4: Who give food to the hungry.

Reader 5: The Lord loves the righteous, but destroys the way of the wicked.

All: The Lord shall reign forever.

—Based on Psalm 146:2, 5–10

My Catholic Faith

When we care for others, we please God.

➡ **Name one talent you have that can help you care for others, and tell how.**

Sagrada Escritura

Puede que recuerdes que Jesús no comenzó su ministerio público hasta que tuvo unos treinta años de edad. Cuando comenzó a enseñar, ¡lo siguieron grandes multitudes! Querían escuchar lo que Él tenía que decir. Esto es lo que Jesús enseñó acerca de cómo vivir participando del Reino de Dios. Estas enseñanzas se llaman las **Bienaventuranzas**. Ellas son parte de un grupo de enseñanzas de Jesús llamadas el Sermón de la montaña.

Escrituras en la Misa

La Sagrada Escritura acerca de las Bienaventuranzas es una lectura del Evangelio que escuchamos en Misa. El Evangelio de la Misa es leído por el sacerdote o por el diácono que lo asiste.

Las Bienaventuranzas

Jesús, al ver toda aquella muchedumbre, se sentó y comenzó a enseñarles. Él dijo:
"Felices los que tienen el espíritu del pobre,
porque de ellos es el Reino de los Cielos.
Felices los que lloran,
porque recibirán consuelo.
Felices los pacientes,
porque recibirán la tierra en herencia.
Felices los que tienen hambre y sed de justicia,
porque serán saciados.
Felices los compasivos,
porque obtendrán misericordia.
Felices los de corazón limpio,
porque verán a Dios.
Felices los que trabajan por la paz,
porque serán reconocidos como hijos de Dios.
Felices los que son perseguidos por causa del bien,
porque de ellos es el Reino de los Cielos.
Felices ustedes, cuando por causa mía
los insulten, los persigan
y les levanten toda clase de calumnias.
Alégrense y muéstrense contentos,
porque será grande
la recompensa que recibirán
en el cielo..."
—Mateo 5, 3–10

Sacred Scripture

You may remember that Jesus didn't start his public ministry until he was about thirty years old. When he did start teaching, great crowds of people followed him! They wanted to hear what he had to say. Here is what Jesus taught about how to live as part of the Kingdom of God. These teachings are called the **Beatitudes**. They are part of a group of Jesus' teachings called the Sermon on the Mount.

Scripture at Mass

The Scripture about the Beatitudes is a Gospel reading we hear at Mass. The Gospel at Mass is read by the priest or by the deacon assisting him.

The Beatitudes

When Jesus saw the crowds, he sat down and began to teach them. He said:

"Blessed are the poor in spirit,
for theirs is the kingdom of heaven.
Blessed are they who mourn,
for they will be comforted.
Blessed are the meek,
for they will inherit the land.
Blessed are they who hunger and thirst for righteousness,
for they will be satisfied.
Blessed are the merciful,
for they will be shown mercy.
Blessed are the clean of heart,
for they will see God.
Blessed are the peacemakers,
for they will be called children of God.
Blessed are they who are persecuted for the sake of righteousness,
for theirs is the kingdom of heaven."

—Matthew 5:3–10

Vivir las Escrituras

Escribe un acróstico usando la palabra *Bienaventuranzas.* Para cada letra, escribe una palabra o frase acerca de las Bienaventuranzas. Ya tienes hecha la primera *e.*

b

i

J e **sús nos enseñó**

n

a

v

e

n

t

u

r

a

n

z

a

s

Palabras para aprender

Bienaventuranzas Enseñanzas de Jesús acerca de cómo vivir participando del Reino de Dios

Living the Scripture

Write an acrostic using the word *Beatitudes*. For each letter, write a word or phrase about the Beatitudes. The first *e* is done for you.

_______ b _______________

J e **sus taught us**

_______ a _______________

_______ t _______________

_______ i _______________

_______ t _______________

_______ u _______________

_______ d _______________

_______ e _______________

_______ s _______________

Words to Know

Beatitudes
Jesus' teachings about how to live as part of the Kingdom of God

Nuestra Tradición Católica

Jesús nos enseña cómo debemos vivir

A todas las personas les gusta ser felices. Dios nos creó de esa manera. Cuando Jesús enseñó las Bienaventuranzas, Él nos enseñó cómo podemos hallar la felicidad verdadera. Esto es lo que dicen las Bienaventuranzas.

La Bienaventuranza	Lo que significa la Bienaventuranza
Felices los que tienen el espíritu pobre…	Obedece a Dios siempre. Confía en su bondad.
Felices los que lloran…	Ayuda a los que están tristes o sufren.
Felices los pacientes…	Sé amable y paciente con los demás.
Felices los que tienen hambre y sed de justicia…	Trata con justicia a todas las personas. Ayuda a cambiar las condiciones injustas.
Felices los compasivos…	Perdona a los que te han ofendido o herido.
Felices los de corazón limpio…	Sé amable y humilde. Ama a Dios y ama a los demás.
Felices los que trabajan por la paz…	Trabaja para llevarle la paz de Dios a los demás.
Felices los que son perseguidos por causa del bien…	Haz lo correcto aunque no sea popular.

Como explica Jesús, la felicidad proviene de amar y confiar en Dios. También proviene de amar y cuidar de los demás. Podemos cuidar de los demás haciendo las **Obras de Misericordia**. A través de estos actos de amor, mostramos respeto por la dignidad de las demás personas. Las Obras de Misericordia se dividen en dos grupos:

¿Cómo podemos mostrar amor y cuidado por los demás?

Las Obras de Misericordia Corporale Estos actos tiene que ver con atender las necesidades físicas de los demás. Ellos incluyen ayudar a los pobres y visitar a los enfermos.

Las Obras de Misericordia Espirituales Estos actos se centran en las necesidades del corazón, la mente y el alma. Ellos incluyen orar por los demás, consolar a los que sufren y perdonar a los que nos hacen daño.

Our Catholic Tradition

Jesus Teaches Us How to Live

All people like to be happy. God created us that way. When Jesus taught the Beatitudes, he taught us how to find true happiness. Here is what the Beatitudes say.

The Beatitude	What the Beatitude Means
Blessed are the poor in spirit...	Obey God always. Trust in his goodness.
Blessed are they who mourn...	Help those who are sad or suffering.
Blessed are the meek...	Be gentle and patient with others.
Blessed are they who hunger and thirst for righteousness...	Treat all people justly. Help change unjust conditions.
Blessed are the merciful...	Forgive those who have offended or hurt you.
Blessed are the clean of heart...	Be gentle and humble. Love God and love others.
Blessed are the peacemakers...	Work to bring God's peace to others.
Blessed are they who are persecuted for the sake of righteousness...	Do what is right even when it is not popular.

As Jesus explains, happiness comes from loving and trusting in God. It also comes from loving and caring for others. We can care for others by doing **Works of Mercy**. Through these loving acts, we show respect for other people's dignity. The Works of Mercy are divided into these two groups:

How can we show love and care for others?

The Corporal Works of Mercy These acts have to do with caring for the physical needs of others. They include helping those who are poor and visiting the sick.

The Spiritual Works of Mercy These acts focus on the needs of the heart, mind, and soul. They include praying for others, comforting the suffering, and forgiving those who hurt us.

Vive tu fe

Lo que nos dicen las Bienaventuranzas es diferente de lo que las personas a veces creen que da la felicidad. Al seguir las Bienaventuranzas, puedes vivir la felicidad verdadera. Puedes también darle felicidad a los demás. Usa la tabla de la página anterior para recordar las Bienaventuranzas y lo que cada una significa. Luego, para cada Bienaventuranza, di una cosa que puedes hacer para compartir felicidad y la escribes en cada pétalo de la siguiente flor.

DATOS DE FE

- Dios nos creó para tener felicidad eterna con Él, en el Cielo.
- Todas las personas tienen el deseo de ser felices. Las Bienaventuranzas nos ayudan a encontrar la felicidad verdadera con Dios.
- Las Bienaventuranzas nos llevan a la vida eterna con Dios.

Compartir felicidad

Palabras para aprender

Obras de Misericordia
actos de amor para atender las necesidades físicas y espirituales de los demás

Live Your Faith

What the Beatitudes tell us is different from what people sometimes think brings happiness. By following the Beatitudes, you can experience true happiness. You can also bring happiness to others. Use the chart on the opposite page to remember the Beatitudes and what each one means. Then, for each Beatitude, tell one thing you can do to share happiness. Write one on each flower petal.

FAITH FACTS

- God created us to have eternal happiness with him in Heaven.
- All people have a desire to be happy. The Beatitudes help us find true happiness with God.
- The Beatitudes lead us to eternal life with God.

Sharing Happiness

Words to Know

Works of Mercy loving acts of caring for the physical and spiritual needs of other people

Santos y personas piadosas

Santa Rosa de Lima (1586–1617)

Rosa de Lima nació en Lima, Perú. Ella demostró un gran amor a Dios incluso desde que era pequeña. Rosa quería convertirse en monja, pero sus padres querían que se casara. Finalmente, dejaron que Rosa se uniera a la Tercera Orden de Santo Domingo. Esto significaba que ella podría vivir la vida de una hermana religiosa en su hogar con sus padres.

Rosa puso toda su confianza en Dios. Ella solo quería hacer lo que lo complacía. Ella mostró su amor por Dios a través de sus oraciones y haciendo sacrificios, tales como ayunar. Rosa también demostró amor por los demás sirviendo a los necesitados. Ella cuidó de los pobres y los enfermos de su ciudad, a veces llevándolos a su casa para atenderlos. Ella vendió sus bordados y flores que cultivaba para ayudar a los necesitados. Rosa decía: "Cuando servimos a los pobres y los enfermos, servimos a Jesús".

Rosa de Lima siguió las enseñanzas de Jesús en las Bienaventuranzas. Ella demostró un gran amor por Dios y confió en su bondad. Ella también cuidó a los que sufrían y trabajó por darles consuelo.

Santa Rosa de Lima es la santa patrona de América Latina. Celebramos su Fiesta el 30 de agosto.

Costumbres católicas

Enseñanza social católica

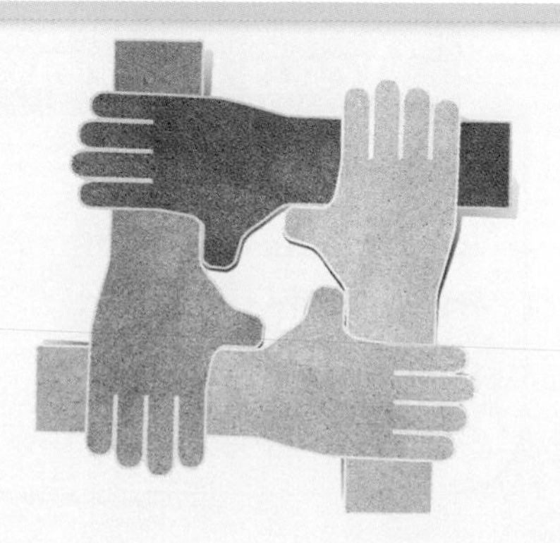

Las enseñanzas sociales de la Iglesia Católica nos muestran cómo debemos vivir una vida de santidad en el mundo actual. Los obispos de los Estados Unidos mencionaron siete temas de la enseñanza social católica. Estas enseñanzas nos llaman a trabajar por la justicia y la paz en la sociedad. Debemos trabajar para asegurarnos de que todas las personas tienen lo que necesitan para vivir con dignidad. Consulta la página 408 para aprender más acerca de la enseñanza social católica y las maneras en que puedes contribuir.

Saints and Holy People

Saint Rose of Lima (1586–1617)

Rose of Lima was born in Lima, Peru. She showed great love for God even as a young child. Rose wanted to become a nun, but her parents wanted her to marry. They eventually let Rose join the Third Order of Saint Dominic. This meant she could live the life of a religious sister at home with her parents.

Rose put all her trust in God. She only wanted to do what pleased him. She showed love for God through her prayers and by making sacrifices, such as by fasting. Rose also showed love for others by serving those in need. She cared for the poor and sick people of her city, sometimes bringing them to her home to care for them. She sold her needlework and flowers that she grew to support people in need. Rose said, "When we serve the poor and the sick, we serve Jesus."

Rose of Lima followed Jesus' teaching in the Beatitudes. She showed great love for God and trusted in his goodness. She also cared for those who were suffering and worked to bring them comfort.

Saint Rose of Lima is the patron saint of Latin America. We celebrate her feast day on August 23.

Catholic Customs

Catholic Social Teaching

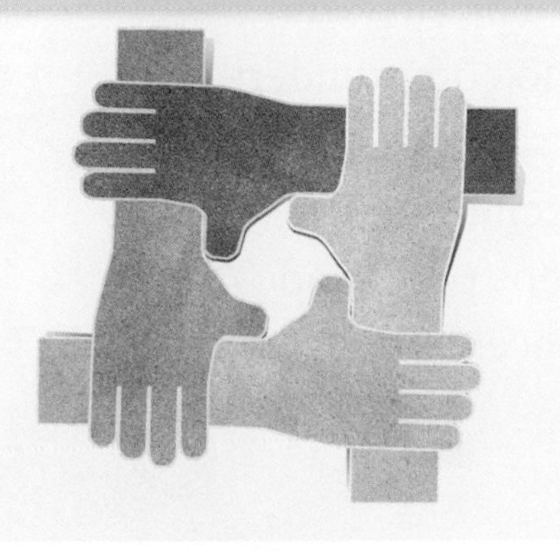

The Catholic Church's social teaching tells us how to live lives of holiness in today's world. The bishops of the United States named seven themes of Catholic social teaching. These teachings call us to work for justice and peace in society. We should work to make sure all people have what they need to live with dignity. See page 205 to learn more about Catholic social teaching and ways you can do your part.

Tú puedes hacerlo

Cuando vivimos las Bienaventuranzas, ponemos nuestra confianza en Dios. También hallamos felicidad verdadera haciendo lo que complace a Dios. En el espacio siguiente, escribe dos cosas que Santa Rosa de Lima hizo por Dios. Luego escribe dos cosas que tú haces para complacer a Dios.

Lo que Santa Rosa de Lima hizo para complacer a Dios	Lo que yo hago para complacer a Dios

La fe en el hogar

Averigua acerca de algún ministerio en tu parroquia para atender a los pobres. Por ejemplo, tal vez tu parroquia tiene una despensa de alimentos. Con uno de tus padres u otro miembro de la familia, ofrécete como voluntario para trabajar con este ministerio.

Oramos

Oración de San Francisco

Señor, hazme un instrumento de tu paz. Donde haya odio, que siembre yo amor; donde haya injuria, perdón; donde hay duda, fe; donde haya desesperación, esperanza; donde haya tinieblas, luz; y donde haya tristeza, alegría.

Oh Divino Maestro, concédeme que yo busque no tanto ser consolado, sino consolar, no tanto ser comprendido, sino comprender; no tanto ser amado, sino amar; pues es dando que recibimos, es perdonando que somos perdonados, y es muriendo que nacemos a la vida eterna.

Make It Happen

When we live the Beatitudes, we place our trust in God. We also find true happiness by doing what pleases God. In the space below, write two things Saint Rose of Lima did for God. Then write two things you do to please God.

What Saint Rose of Lima Did to Please God	What I Do to Please God

Faith at Home

Find out about a ministry your parish has to care for the poor. For example, maybe your parish runs a food pantry. With a parent or another family member, volunteer to work with this ministry.

We Pray

Prayer of Saint Francis

Lord, make me an instrument of your peace. Where there is hatred, let me sow love; where there is injury, pardon; where there is doubt, faith; where there is despair, hope; where there is darkness, light; and where there is sadness, joy.

O Divine Master, grant that I may not so much seek to be consoled as to console, to be understood as to understand, to be loved as to love; for it is in giving that we receive, it is in pardoning that we are pardoned, and it is in dying that we are born to eternal life.

Repaso de la Lección 17

A **Completa** las siguientes oraciones, usando las palabras del recuadro.

Enseñanza social católica
Espirituales
Corporales
sacrificios
Bienaventuranzas

1. Las Obras de Misericordia ______________________ tienen que ver con atender las necesidades físicas de los demás.
2. Las Obras de Misericordia ______________________ se centran en las necesidades del corazón, la mente y el alma.
3. Las ______________________ son las enseñanzas de Jesús acerca de cómo vivir participando del Reino de Dios.
4. La ______________________ son enseñanzas de la Iglesia que nos llaman a trabajar por la justicia y la paz en la sociedad.
5. Santa Rosa de Lima demostró amor por Dios a través de sus oraciones y haciendo ______________________ .

B **Traza una línea** de cada Bienaventuranza de la Columna A que corresponda con su significado de la Columna B.

Columna A

6. Felices los que tienen el espíritu del pobre…
7. Felices los que tienen hambre y sed de justicia…
8. Felices los compasivos…
9. Felices los que trabajan por la paz…
10. Felices los que son perseguidos por causa del bien…

Columna B

Trabaja para llevarle la paz de Dios a los demás.

Obedece a Dios siempre. Confía en su bondad.

Perdona a los que te han ofendido o herido.

Haz lo correcto aunque no sea popular.

Trata con justicia a todas las personas. Ayuda a cambiar las condiciones injustas.

Lesson 17 Review

A **Complete** the following sentences, using words from the box.

Catholic social teaching
Spiritual
Corporal
sacrifices
Beatitudes

1. The ______________________ Works of Mercy have to do with caring for the physical needs of others.

2. The ______________________ Works of Mercy focus on the needs of the heart, mind, and soul.

3. The ____________________ are Jesus' teachings about how to live as part of the Kingdom of God.

4. ______________________ call us to work for justice and peace in society.

5. Saint Rose of Lima showed love for God through her prayers and by making ____________________.

B **Draw a line** to match each Beatitude in column A with its meaning in column B.

Column A	Column B
6. Blessed are the poor in spirit...	**Work to bring God's peace to others.**
7. Blessed are they who hunger and thirst for righteousness...	**Obey God always. Trust in his goodness.**
8. Blessed are the merciful...	**Forgive those who have offended or hurt you.**
9. Blessed are the peacemakers...	**Do what is right even when it is not popular.**
10. Blessed are they who are persecuted for the sake of righteousness...	**Treat all people justly. Help change unjust conditions.**

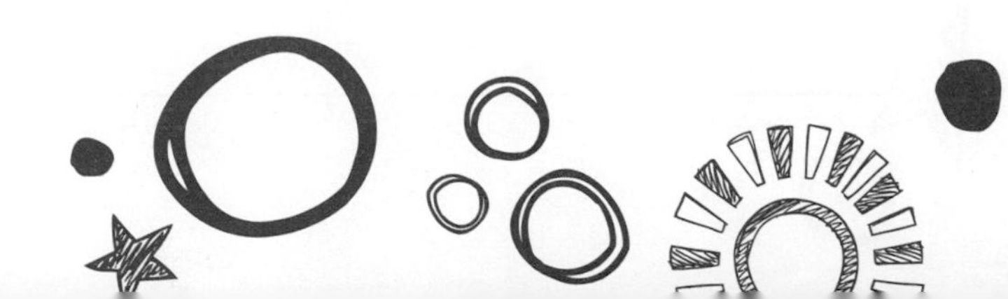

SER CATÓLICOS

Dios nos dio la Iglesia y los Sacramentos

Dios creó el universo por amor a nosotros. Él también nos creó para vivir como hijos suyos. Para guiarnos en este llamado, Dios nos dio la Iglesia. La Iglesia nos ayuda a seguir las enseñanzas de Jesús y a vivir en felicidad con Dios y con los demás. Nos convertimos en miembros de la Iglesia a través de los Sacramentos de la Iniciación Cristiana: Bautismo, Confirmación y Eucaristía.

El Bautismo es la base de nuestra vida como cristianos. Nos abre la posibilidad de recibir los otros Sacramentos. A través del Bautismo se nos libera del pecado y volvemos a nacer como hijos de Dios. Por medio del Bautismo nos unimos a Cristo y nos hacemos miembros de la Iglesia.

La Confirmación sella nuestra vida de fe en Cristo. También fortalece nuestra relación con Jesús y con la Iglesia. A través del Espíritu Santo, este sacramento nos ayuda a realizar nuestra misión como discípulos de Jesús.

La Eucaristía, o Sagrada Comunión, completa nuestra unión con Cristo. La Eucaristía también nutre nuestra vida de fe. La Eucaristía tiene un lugar tan importante en nuestra vida como católicos, que la Iglesia la llama la "fuente y cumbre" de la vida cristiana.

Los Sacramentos en tu vida

A través de los Sacramentos del Bautismo, la Confirmación y la Eucaristía, nos unimos al Cuerpo de Cristo, la Iglesia. Describe lo que esto significa en tu vida.

____

____

Nos nutrimos con la Eucaristía. Di de qué manera recibir regularmente la Sagrada Comunión te puede nutrir o hacerte fuerte espiritualmente.

____

____

____

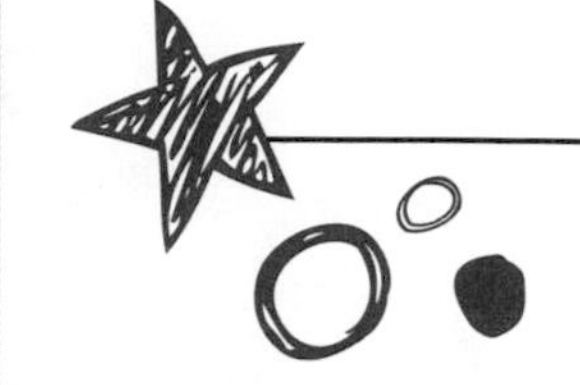

BEING CATHOLIC

God Gave Us the Church and the Sacraments

God created the universe out of love for us. He also created us to live as his children. To guide us in this calling, God gave us the Church. The Church helps us follow Jesus' teachings and live in happiness with God and with one another. We become members of the Church through the Sacraments of Christian Initiation—Baptism, Confirmation, and Eucharist.

Baptism is the basis of our life as Christians. It opens the door for us to receive the other sacraments. Through Baptism we are freed from sin and reborn as children of God. We are united to Christ and become members of the Church.

Confirmation seals our life of faith in Christ. It also strengthens our relationship with Jesus and the Church. Through the Holy Spirit, this sacrament helps us fulfill our mission as Jesus' disciples.

The Eucharist completes our union with Christ. The Eucharist, or Holy Communion, also nourishes our life of faith. The Eucharist has such an important place in our lives as Catholics, the Church calls it the "source and the summit" of Christian life.

The Sacraments in Your Life

Through the Sacraments of Baptism, Confirmation, and Eucharist, we are joined to the Body of Christ, the Church. Describe what this means in your life.

____

____

We are nourished by the Eucharist. Tell how receiving Holy Communion regularly can nourish you, or make you spiritually strong.

____

____

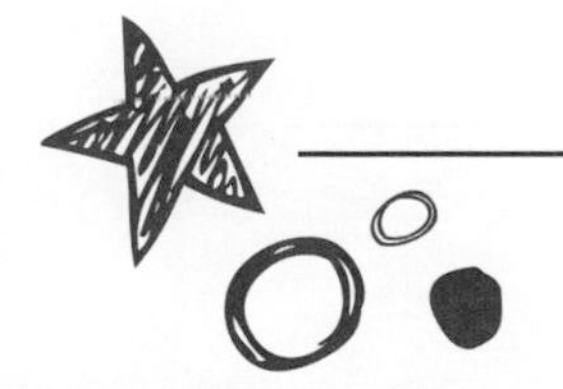

____

Celebración de los Sacramentos de la Iniciación Cristiana

A través de los Sacramentos de la Iniciación cristiana nos convertimos en miembros de la Iglesia. Esta es información útil acerca de cada uno de los Sacramentos.

Sacramento	Ministro Ordinario	Elementos fundamentales	¿Se puede repetir?
Bautismo	obispo, sacerdote o diácono, (en una emergencia cualquier persona puede bautizar)	El agua que se vierte en la frente del candidato, o la inmersión del candidato en agua, mientras el sacerdote dice: "Yo te bautizo en el nombre del Padre, y del Hijo, y del Espíritu Santo"	No
Confirmación	obispo	La imposición de las manos del obispo y la unción en la frente del Santo Crisma, o el óleo consagrado	No
Eucaristía	sacerdote u obispo	Las palabras de consagración dichas por el sacerdote, por medio de las cuales el pan y el vino se convierten en el Cuerpo y Sangre de Cristo	Sí

El Bautismo y la Confirmación marcan nuestra alma con un sello espiritual permanente. Debido a esto, una persona solo puede ser bautizada y confirmada una vez.

El Sacramento de la Eucaristía se celebra cada vez que celebramos la Misa. Durante la Liturgia Eucarística, el sacerdote consagra el pan y el vino, y, por el poder del Espíritu Santo, se convierten en el Cuerpo y Sangre de Cristo. Esta acción se llama transubstanciación. A través de la transubstanciación, Cristo está verdaderamente presente en alma y divinidad en el pan y el vino consagrados.

La Iglesia nos anima a recibir la Comunión con frecuencia, a diario de ser posible. Pero no podemos recibir la Sagrada Comunión si hemos cometido un pecado mortal que no hemos confesado. Aun si no hemos cometido un pecado mortal, debemos celebrar con regularidad el Sacramento de la Penitencia. Este sacramento nos da la gracia que nos fortalece espiritualmente y nos ayuda a evitar el pecado. (Busca las páginas 418 y 420 pare ver cómo se celebra el Rito de la Penitencia.)

Oración de Comunión

Escribe una oración breve que puedas rezar para prepararte para recibir la Sagrada Comunión.

Querido Dios: ______________________________________

____

Celebration of the Sacraments of Christian Initiation

Through the Sacraments of Christian Initiation we become members of the Church. Here is some helpful information about each of these sacraments.

Sacrament	Ordinary Minister	Essential Elements	Can it be repeated?
Baptism	bishop, priest, or deacon (In an emergency, anyone can baptize.)	Water poured on the forehead of the candidate, or the immersion of the candidate in water, as the priest says, "I baptize you in the name of the Father, and of the Son and of the Holy Spirit."	No
Confirmation	bishop	The laying on of hands by the bishop, and the anointing on the forehead with Sacred Chrism, or consecrated oil	No
Eucharist	priest or bishop	The words of consecration spoken by the priest, through which the bread and wine become the Body and Blood of Christ	Yes

Baptism and Confirmation mark our souls with a permanent, spiritual sign. Because of this, a person can be baptized and confirmed only once.

The Sacrament of Eucharist is celebrated each time we celebrate Mass. During the Liturgy of the Eucharist, the bread and wine are consecrated by the priest and, through the power of the Holy Spirit, become the Body and Blood of Christ. This action is called transubstantiation. Through transubstantiation, Christ is truly present in his soul and divinity in the consecrated bread and wine.

The Church encourages us to receive Communion frequently, even daily. But we cannot receive Holy Communion if we have committed a mortal sin that we have not confessed. Even if we have not committed a mortal sin, we should celebrate the Sacrament of Penance regularly. This sacrament gives us grace and helps us avoid sin. (See pages 210–211 for how to celebrate the Sacrament of Penance.)

A Communion Prayer

Write a short prayer that you can pray in preparation for receiving Holy Communion.

Dear God, ______________________________

____

Unidad 4: Orar

La oración cristiana

Orar es siempre posible. Es incluso una necesidad vital. Oración y vida cristiana son inseparables. (*CIC*, 2757)

Christian Prayer

It is always possible to pray. It is even a vital necessity. Prayer and Christian life are inseparable. (*CCC*, 2757)

El Padre Nuestro

Padre nuestro, que estás en el cielo,
santificado sea tu Nombre;
venga a nosotros tu reino;
hágase tu voluntad
en la tierra como en el cielo.
Danos hoy nuestro pan de cada día;
perdona nuestras ofensas,
como también nosotros perdonamos
a los que nos ofenden;
no nos dejes caer en la tentación,
y líbranos del mal.
Amén.

The Lord's Prayer

Our Father, who art in heaven,
hallowed be thy name;
thy kingdom come;
thy will be done
on earth, as it is in heaven.
Give us this day our daily bread;
and forgive us our trespasses
as we forgive those
who trespass against us;
and lead us not into temptation,
but deliver us from evil.
Amen.

Lección 18

La oración en la vida cristiana

Oremos

Oración de confianza

Todos: Amo al Señor porque escucha…
Inclinó hacia mí su oído
el día en que lo llamé.

Lado 1: El Señor es muy bueno y justo,
nuestro Dios es compasivo

Todos: Amo al Señor porque escucha…
Inclinó hacia mí su oído
el día en que lo llamé.

Lado 2: Ha librado mi alma de la muerte,
de lágrimas mis ojos
y mis pies de dar un paso en falso.

Todos: Amo al Señor porque escucha…
Inclinó hacia mí su oído
el día en que lo llamé.

—Salmo 116, 1-2. 5-6. 8-9

Mi fe católica

Podemos hablar con Dios en la oración en cualquier momento de nuestro día.

➡ ¿Cuál es tu momento del día preferido para orar? ¿Cómo puedes hablar con Dios en la oración en ese momento de cada día?

Lesson 18

Prayer in the Christian Life

Let Us Pray

A Prayer of Trust

All: I love the LORD, who listened....
Who turned an ear to me
on the day I called.

Side 1: Gracious is the LORD and just;
yes, our God is merciful

All: I love the LORD, who listened....
Who turned an ear to me
on the day I called.

Side 2: My soul has been freed from death,
my eyes from tears, my feet
from stumbling.

All: I love the LORD, who listened....
Who turned an ear to me on
the day I called.

—Psalm 116:1–2, 5–6, 8–9

My Catholic Faith

We can talk to God in prayer at any time in our day.

➡ **What is your favorite time of day to pray? How can you talk to God in prayer at that time each day?**

Sagrada Escritura

¿Cuándo oras? ¿Oras para pedir algo para ti o tu familia, o para pedir perdón por los pecados que has cometido? ¿Oras para dar gracias y alabanza a Dios? En este relato de la Sagrada Escritura leeremos acerca de diez hombres con una enfermedad en la piel que Jesús les sanó. El ejemplo de uno de esos hombres nos enseña que es importante hablar siempre con Dios en la oración.

Otras Escrituras sobre la oración

- Orar sin desanimarse: Lucas 18, 1-8
- Jesús enseña acerca de orar a solas: Mateo 6, 5-8
- Daniel es arrojado al foso de los leones: Daniel 6, 6-23

Los diez leprosos

Al entrar [Jesús] en un pueblo, le salieron al encuentro diez leprosos. Se detuvieron a cierta distancia y gritaban: "¡Jesús, Maestro! ¡Ten compasión de nosotros!" Jesús les dijo: "Vayan y preséntense a los sacerdotes." Mientras iban quedaron sanos. Uno de ellos, al verse sano, volvió de inmediato alabando a Dios en alta voz, y se echó a los pies de Jesús con el rostro en la tierra, dándole las gracias. Era un samaritano. Jesús entonces preguntó: "¿No han sido sanados los diez? ¿Dónde están los otros nueve? ¿Así que ninguno volvió a glorificar a Dios fuera de este extranjero?" Y Jesús le dijo: "Levántate y vete; tu fe te ha salvado."

—Lucas 17, 12-19

Sacred Scripture

When do you pray? Do you pray to request something for yourself or your family, or to ask for forgiveness for sins you committed? Do you pray to give God thanks and praise? In this Scripture we will read about ten men with a skin disease that Jesus cured. The example of one of those men teaches us that it is important to talk to God in prayer always.

More Scripture on Prayer

- The Parable of the Persistent Widow — Luke 18:1–8
- Jesus Teaches about Praying in Private — Matthew 6:5–8
- Daniel and the Lion's Den — Daniel 6:6–23

The Cleansing of Ten Lepers

As [Jesus] was entering a village, ten lepers met him. They stood at a distance from him and raised their voice, saying, "Jesus, Master! Have pity on us!" And when he saw them, he said, "Go, show yourselves to the priests." As they were going they were cleansed. And one of them, realizing he had been healed, returned, glorifying God in a loud voice; and he fell at the feet of Jesus and thanked him. He was a Samaritan. Jesus said in reply, "Ten were cleansed, were they not? Where are the other nine? Has none but this foreigner returned to give thanks to God?" Then he said to him, "Stand up and go; your faith has saved you."

—Luke 17:12–19

Vivir las Escrituras

El pasaje de la Sagrada Escritura acerca de cuando Jesús sana a los diez leprosos nos enseña que no debemos olvidarnos de orar. Podemos hablar con Dios en la oración usando estas formas de oración.

bendición	Las oraciones de bendición reconocen que Dios nos da todas nuestras bendiciones y que, por eso, podemos bendecirlo a cambio.
petition	En las oraciones de petición, le pedimos a Dios por algo para nosotros, como ayuda para salir bien en una prueba.
intercesión	Las oraciones de intercesión le piden a Dios por algo para otra persona, como la sanación de un pariente enfermo.
acción de gracias	En las oraciones de acción de gracias, le damos gracias a Dios por su bondad o por los dones específicos que nos ha dado.
alabanza	En las oraciones de alabanza, expresamos nuestro amor por Dios.

Elige uno de estos tipos de oración, y escribe una oración de una sola frase dirigida a Dios. Luego haz un dibujo para acompañar tu oración.

Querido Dios:

____

____

____

____

Living the Scripture

The Scripture passage about Jesus curing ten lepers teaches us that we should not forget to pray. We can talk to God in prayer using these forms of prayer.

blessing	Prayers of blessing recognize that God gives us all our blessings, and that because of that, we can bless him in return.
petition	In prayers of petition, we ask God for something for ourselves, such as help in doing well on a test.
intercession	Prayers of intercession ask God for something for someone else, such as healing for a relative who is sick.
thanksgiving	In prayers of thanksgiving, we thank God for his goodness or for specific gifts he has given us.
praise	In prayers of praise, we express our love for God.

Choose one of these types of prayer, and write a one-sentence prayer addressed to God. Then draw a picture to go with your prayer.

Dear God,

____

____

____

____

Nuestra Tradición Católica

Dios nos llama a orar

Cuando hablas con un amigo, hablas un poco y escuchas un poco, ¿cierto? Así es también como funciona la oración. En la oración, hablas con Dios y lo escuchas.

¿En qué se parece la oración a hablar con un amigo?

Cuando oramos, levantamos nuestra mente y nuestro corazón hacia Dios. Eso significa que nos concentramos en Dios para dejarle que hable a nuestro corazón.

San Pablo dijo: "Oren sin cesar" (1.ª Tesalonicenses 5, 17). Esto significa que, además de orar con palabras, puedes alabar a Dios a través de tus acciones y al estar consciente de su presencia.

La oración con palabras incluye rezar el Padre Nuestro, o hablar con Dios en tus propias palabras. Pero tú también puedes orar sin palabras. Entre las maneras de orar sin palabras están la meditación y la contemplación. La **meditación** es pensar en Dios y en su presencia en nuestra vida. A veces las personas leen fragmentos de la Sagrada Escritura o miran imágenes santas como ayuda para meditar. La **contemplación** es parecida a la meditación, pero esta forma de oración consiste solo en estar plenamente en presencia de Dios. En la contemplación nos concentramos en nuestros sentimientos de amor por Dios.

¿Cómo podemos orar sin palabras?

A veces orar no es fácil. Es posible que sintamos como si Dios estuviera muy lejos. Incluso los santos se sintieron así a veces. Si te sientes así, lo mejor que puedes hacer es seguir orando y confiar en que Dios está cerca.

¿Qué debemos hacer cuando es difícil orar?

Our Catholic Tradition

God Calls Us to Pray

When you talk to a friend, you do some talking and some listening, right? This is also how prayer works. In prayer, you talk to God and listen to him.

How is prayer like talking to a friend?

When we pray, we raise our minds and hearts to God. That means we focus on God, to allow him to speak to our hearts.

Saint Paul said, "Pray without ceasing" (1 Thessalonians 5:17). This means that along with praying with words, you can give praise to God through your actions, and by being aware of his presence.

Prayer with words includes praying the Our Father, or talking to God in your own words. But you can also pray without words. Ways to pray without words include meditation and contemplation. **Meditation** is thinking about God and his presence in our lives. Sometimes people read from Scripture or look at holy images to help them meditate. **Contemplation** is similar to meditation, but this way of praying involves just being fully in the presence of God. In contemplation we focus on our feelings of love for God.

How can we pray without words?

Sometimes praying is not easy. We might feel like God is far away. Even the saints felt this way sometimes. If you have this feeling, the best thing to do is to just keep on praying and trust that God is near.

What should we do when praying is hard?

Vive tu fe

Usa la imagen a continuación para hacer una oración de meditación. Comienza por mirar la imagen. Tómate tu tiempo y deja que tu mente y tu corazón reciban lo que la imagen te comunica. Si te distraes, simplemente vuelve a la imagen y concéntrate en ella. Después de que hayas dedicado un momento de silencio para reflexionar, usa palabras para hablar con Dios.

DATOS DE FE

- La Biblia, la liturgia de la Iglesia y las virtudes de la fe, la esperanza y la caridad nos ayudan a orar.
- A través de la oración le pedimos a Dios cosas buenas. Pero debemos estar siempre abiertos a la voluntad de Dios en la manera en que él responde a nuestras oraciones.
- Cuando oramos, generalmente dirigimos nuestras oraciones a Dios Padre.

Palabras para aprender

meditación
pensar en Dios y en su presencia en nuestra vida

contemplación
una forma de oración en la que simplemente estamos en la presencia de Dios y nos concentramos en nuestro amor por Él

En la oración, expresa los sentimientos y pensamientos que tuviste mientras te concentrabas en la imagen.

____

____

____

Live Your Faith

Use the image below to pray a prayer of meditation. Begin by looking at the image. Take your time and let your mind and heart take in what the image communicates to you. If you become distracted, just keep going back to the image and focusing on it. After you have taken quiet time to reflect, use words to speak to God.

FAITH FACTS

- The Bible, the Church's liturgy, and the virtues of faith, hope, and love help us to pray.
- Through prayer we request good things from God. But we must always be open to God's will in the way he responds to our prayers.
- When we pray, we usually address our prayers to God the Father.

Words to Know

meditation
thinking about God and his presence in our lives

contemplation
a way of praying by simply being in the presence of God and focusing on our love for him

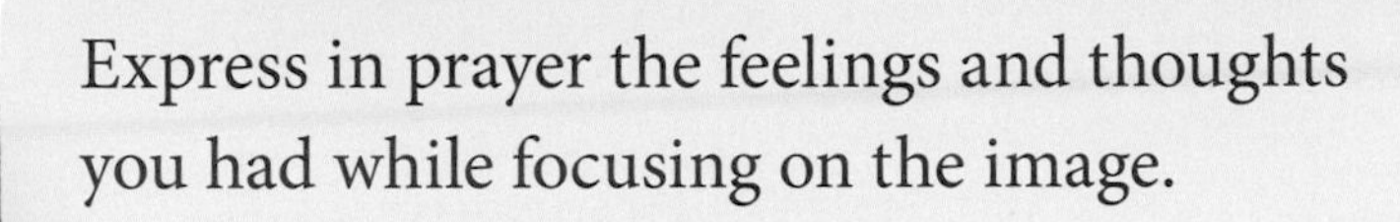

Express in prayer the feelings and thoughts you had while focusing on the image.

____

____

____

Santos y personas piadosas

San Pablo Miki y sus compañeros (m. 1597)

En el siglo XVI, hubo misioneros que viajaron a Japón para enseñar acerca de la fe católica. Con los años, miles de japoneses se bautizaron y se convirtieron en católicos. Entre ellos estaban un joven llamado Pablo Miki y su familia.

Al principio, el emperador japonés dejó que los católicos practicaran su fe. Pero con el tiempo, comenzó a sospechar de ellos. Comenzó a perseguir a los católicos y ellos con frecuencia tenían que practicar su fe en secreto. En 1596, el emperador sentenció a muerte a veintiséis católicos. El grupo incluía a sacerdotes y a hombres que estudiaban para convertirse en sacerdotes, junto con laicos y niños. Pablo Miki, que estaba estudiando para ser sacerdote, estaba en el grupo.

El grupo tuvo que marchar a la ciudad de Nagasaki, donde serían crucificados. En el camino, Pablo y sus compañeros continuaron orando y predicando a la muchedumbre acerca de Jesús.

Cuando Pablo estaba en la cruz, dijo: "Siguiendo el ejemplo de Cristo, perdono al emperador y a mis verdugos. Rezo para que ellos se bauticen". Todo el grupo rezó unido en los últimos momentos antes de su muerte.

Pablo y sus compañeros, llamados los Mártires de Nagasaki, fueron canonizados en 1862. Celebramos su Memoria el 6 de febrero.

Costumbres católicas — *Lectio Divina*

Una manera popular de meditar es a través de una clase de oración llamada *lectio divina*. *Lectio divina* significa lectura santa. Esta es una de las formas más antiguas de la oración cristiana. La *lectio divina* incluye cuatro pasos: 1) leer un pasaje de la Sagrada Escritura; 2) repetir el pasaje; 3) pensar en qué decirle a Dios como respuesta al pasaje, y 4) reflexionar en la pregunta: "¿Qué me está diciendo Dios a mí?"

Saints and Holy People

Saint Paul Miki and Companions (d. 1597)

In the sixteenth century, missionaries traveled to Japan to teach about the Catholic faith. Over the years, thousands of Japanese people were baptized and became Catholic. They included a boy named Paul Miki and his family.

At first the Japanese emperor allowed Catholics to practice their faith. But over time, he became suspicious of them. He began to persecute Catholics, and they often had to practice their faith in secret. In 1596, the emperor sentenced twenty-six Catholics to death. The group included priests and men studying to become priests, along with lay people and children. Paul Miki, who was studying to be a priest, was among the group.

The group had to march to the city of Nagasaki, where they would be crucified. Along the way Paul and his companions continued to pray and preach to the crowds about Jesus.

When Paul was on the cross, he said, "After Christ's example, I forgive the emperor and my persecutors. I pray that they will be baptized." The entire group prayed together in their last moments before death.

Paul and his companions, called the Martyrs of Nagasaki, were canonized in 1862. We celebrate their feast day on February 6.

Catholic Customs

Lectio Divina

A popular way to meditate is through a kind of prayer called *lectio divina* (lect-see-oh di-vee-na). *Lectio divina* means "holy reading." This is one of the oldest forms of Christian prayer. *Lectio divina* involves four steps: 1) reading a Scripture passage; 2) repeating the passage; 3) thinking about what to say to God in response to the passage; and 4) reflecting on the question: "What is God saying to me?"

Tú puedes hacerlo

Es importante orar siempre, aun cuando nuestras circunstancias lo hagan difícil. ¿Cuándo es fácil orar? ¿En qué momento es difícil orar?

Describe una situación en la que orar sea fácil. Luego describe una situación en la que orar no sea fácil, y di por qué. Escribe una cosa que puedas hacer para orar aunque sea difícil.

Es fácil orar cuando ______________________________

____

No es fácil orar cuando ______________________________

____

Qué puedo hacer para orar aunque no sea fácil: ______________

____

¡En solidaridad!

¿Cuánto sabes acerca de la vida cristiana en otros países? Elige un país en un lugar lejano del mundo y aprende acerca de los retos para los cristianos que viven allí. Haz el compromiso de orar por ellos con regularidad.

Oramos

Oración de meditación

En el Capítulo 8 del Evangelio de Mateo leemos acerca de cómo Jesús calma una tempestad en el mar (versículos 23–27). Cuando la tempestad se levantó, los discípulos se asustaron. Jesús calmó la tempestad y les quitó el miedo.

Cierra los ojos y concéntrate en lo que escuchas mientras tu maestro o maestra lee la Sagrada Escritura del Evangelio de Mateo.

Make It Happen

It is important to pray always, even when our circumstances make it difficult. When is it easy to pray? At what times is prayer difficult?

Describe a situation when prayer is easy. Then describe a situation when praying is not easy, and tell why. Write one thing you can do to pray even when it is difficult.

It is easy to pray when ______________________________

____

It is not easy to pray when ______________________________

____

What I can do to pray even when it isn't easy: ______________________________

____

Reach Out

How much do you know about Christians living in other countries? Choose a country in a faraway part of the world and learn about the challenges for Christians who live there. Make a commitment to pray for them regularly.

We Pray

A Meditation Prayer

In Chapter 8 of the Gospel of Matthew we read about Jesus calming a storm at sea (verses 23–27). When the storm blew in, the disciples were frightened. Jesus calmed the storm and took away their fear.

Close your eyes and focus on what you hear as your teacher reads the Scripture from Matthew's Gospel.

Repaso de la Lección 18

A **Completa** cada oración con la letra de la palabra correcta del recuadro.

1. La _____ iere que hablemos y también que escuchemos a Dios.
2. _____ es pensar en Dios y en su presencia en nuestra vida.
3. La_____ es una forma de oración en la que simplemente estamos en la presencia de Dios.
4. _____ significa lectura santa.
5. San Pablo Miki y sus compañeros son conocidos como los Mártires de _____.

a. Contemplación
b. Oración
c. *Lectio Divina*
d. Nagasaki
e. Meditación

B **Traza una línea** para unir cada tipo de oración con la descripción correcta.

6. Reconocemos que Dios nos da todas nuestras bendiciones y lo bendecimos a cambio.	**Bendición**
7. Le pedimos a Dios por algo para nosotros mismos.	**Alabanza**
8. Le pedimos a Dios por algo para otra persona.	**Acción de gracias**
9. Le damos gracias a Dios por su bondad.	**Petición**
10. Simplemente expresamos nuestro amor a Dios.	**Intercesión**

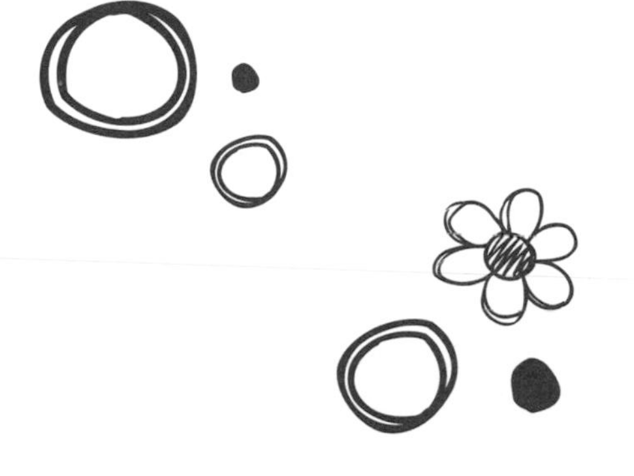

Lesson 18 Review

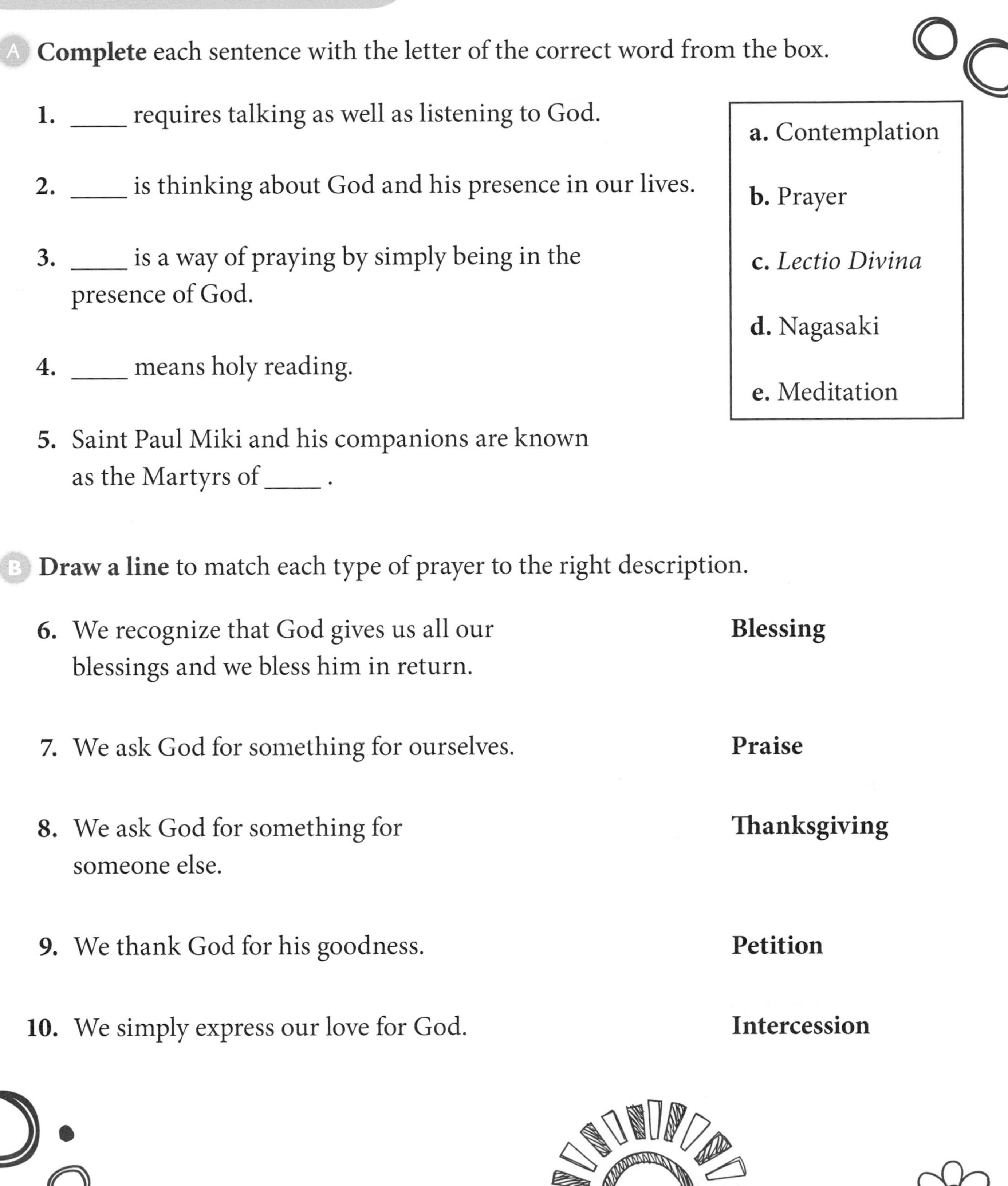

A **Complete** each sentence with the letter of the correct word from the box.

1. _____ requires talking as well as listening to God.
2. _____ is thinking about God and his presence in our lives.
3. _____ is a way of praying by simply being in the presence of God.
4. _____ means holy reading.
5. Saint Paul Miki and his companions are known as the Martyrs of _____ .

a. Contemplation
b. Prayer
c. *Lectio Divina*
d. Nagasaki
e. Meditation

B **Draw a line** to match each type of prayer to the right description.

6. We recognize that God gives us all our blessings and we bless him in return.	**Blessing**
7. We ask God for something for ourselves.	**Praise**
8. We ask God for something for someone else.	**Thanksgiving**
9. We thank God for his goodness.	**Petition**
10. We simply express our love for God.	**Intercession**

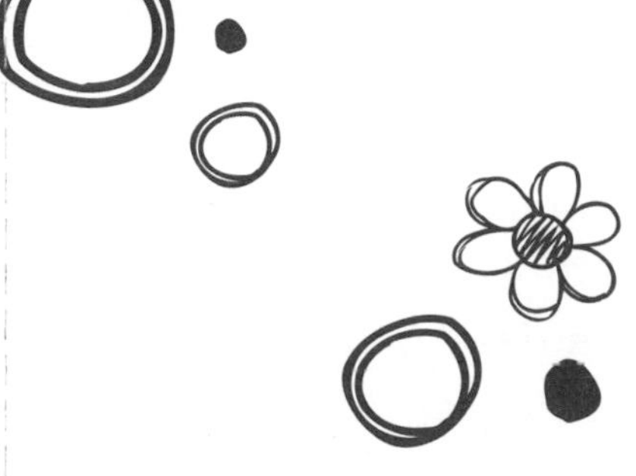

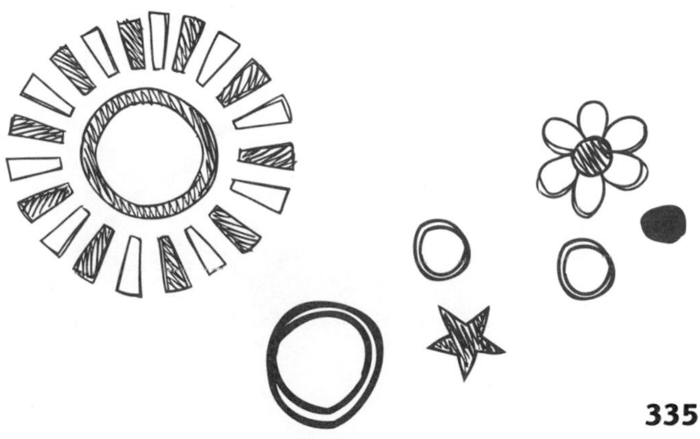

El Padre Nuestro

Oremos

Salmo 23

El Señor es mi pastor: nada me falta;
en verdes pastos él me hace reposar.
A las aguas de descanso me conduce,
y reconforta mi alma.
Por el camino del bueno me dirige,
por amor de su nombre.
Aunque pase por quebradas oscuras,
no temo ningún mal,
porque tú estás conmigo
con tu vara y tu bastón,
y al verlas voy sin miedo.
La mesa has preparado para mí
frente a mis adversarios,
con aceite perfumas mi cabeza
y rellenas mi copa.
Irán conmigo la dicha y tu favor
mientras dure mi vida,
mi mansión será la casa del Señor
por largos, largos días.

Mi fe católica

A menudo le decimos Padre nuestro a Dios.

➡ ¿Cómo te sientes al hablar con Dios como tu Padre?

Lesson 19

The Lord's Prayer

Let Us Pray

Psalm 23

The LORD is my shepherd;
there is nothing I lack.
In green pastures he makes me lie down;
to still waters he leads me;
he restores my soul.
He guides me along right paths
for the sake of his name.
Even though I walk through the shadow of the valley of death,
I will fear no evil, for you are with me;
your rod and your staff comfort me.
You set a table before me
in front of my enemies;
You anoint my head with oil;
my cup overflows.
Indeed, goodness and mercy will pursue me
all the days of my life;
I will dwell in the house of the LORD.
for endless days.

My Catholic Faith

We often address God as our Father.
➡ **How does it make you feel to talk to God as Father?**

Sagrada Escritura

A veces es difícil hallar las palabras adecuadas para orar. También a los discípulos de Jesús a veces les faltaban las palabras correctas para hablar con Dios. Ellos le pidieron a Jesús que les enseñara a orar. Jesús respondió enseñándoles el Padre Nuestro. Puede que conozcas esta oración como la Oración del Señor.

El Padre Nuestro

Jesús les dijo a sus discípulos:
"Ustedes, pues, recen así:
Padre nuestro, que estás en el Cielo,
santificado sea tu Nombre,
venga tu Reino,
hágase tu voluntad
así en la tierra como en el Cielo.
Danos hoy el pan que nos corresponde;
y perdona nuestras deudas,
como también nosotros perdonamos a
nuestros deudores;
y no nos dejes caer en la tentación,
sino líbranos del Maligno."

—Mateo 6, 9-13

Escrituras en la Misa

Esta es la lectura del Evangelio que se lee durante un rito especial llamado Entrega de la Oración Dominical (Padre Nuestro). Esta presentación es parte del Rito de la Iniciación Cristiana de Adultos (RICA). También rezamos el Padre Nuestro en cada Misa, durante la Liturgia Eucarística.

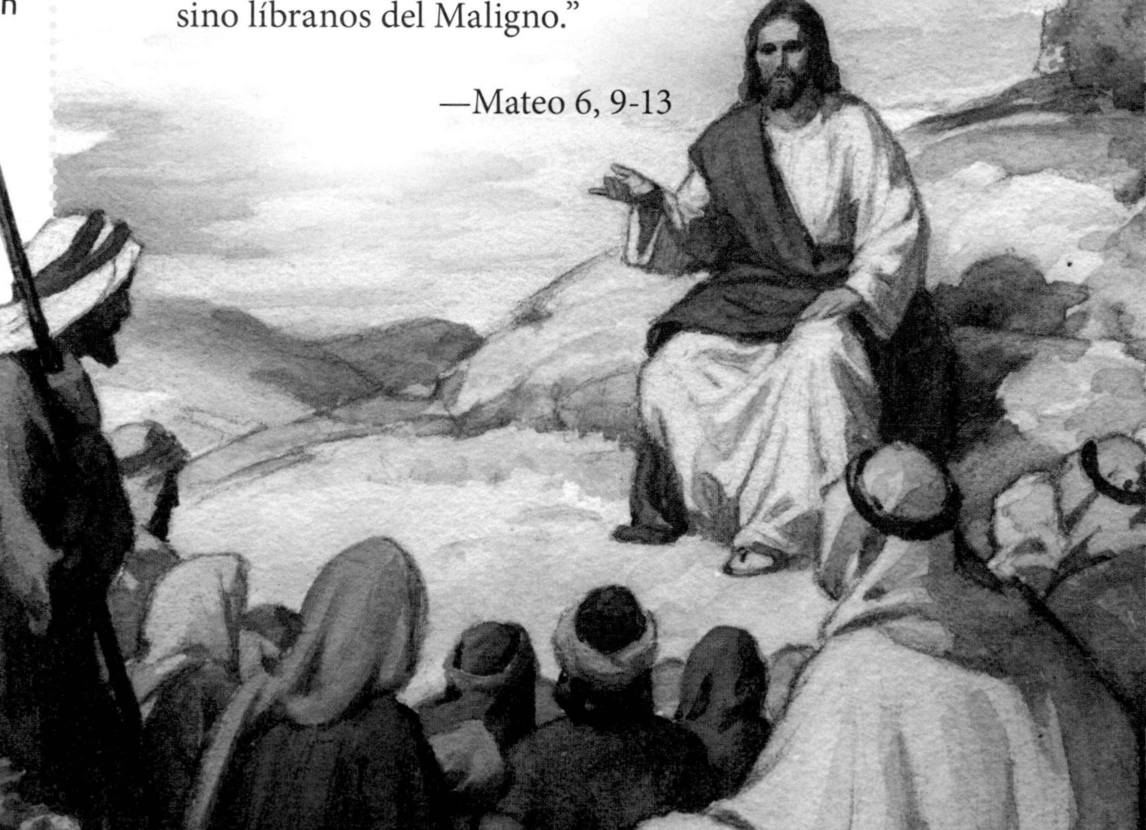

Sacred Scripture

Sometimes it's hard to find the right words to pray. Even Jesus' disciples sometimes did not have the right words for speaking to God. They asked Jesus to teach them to pray. In response, Jesus taught them the Lord's Prayer. You might know this prayer as the Our Father.

Scripture at Mass

This Scripture is the Gospel reading during a special rite called the Presentation of the Lord's Prayer. This presentation is part of the Rite of Christian Initiation of Adults (RCIA). We also pray the Lord's Prayer at every Mass during the Liturgy of the Eucharist.

The Lord's Prayer

Jesus said to his disciples,
"This is how you are to pray:
Our Father in heaven,
hallowed be your name,
your kingdom come,
your will be done,
on earth as it is in heaven.
Give us today our daily bread;
and forgive us our debts,
as we forgive our debtors;
and do not subject us to the final test,
but deliver us from the evil
one."

—Matthew 6:9–13

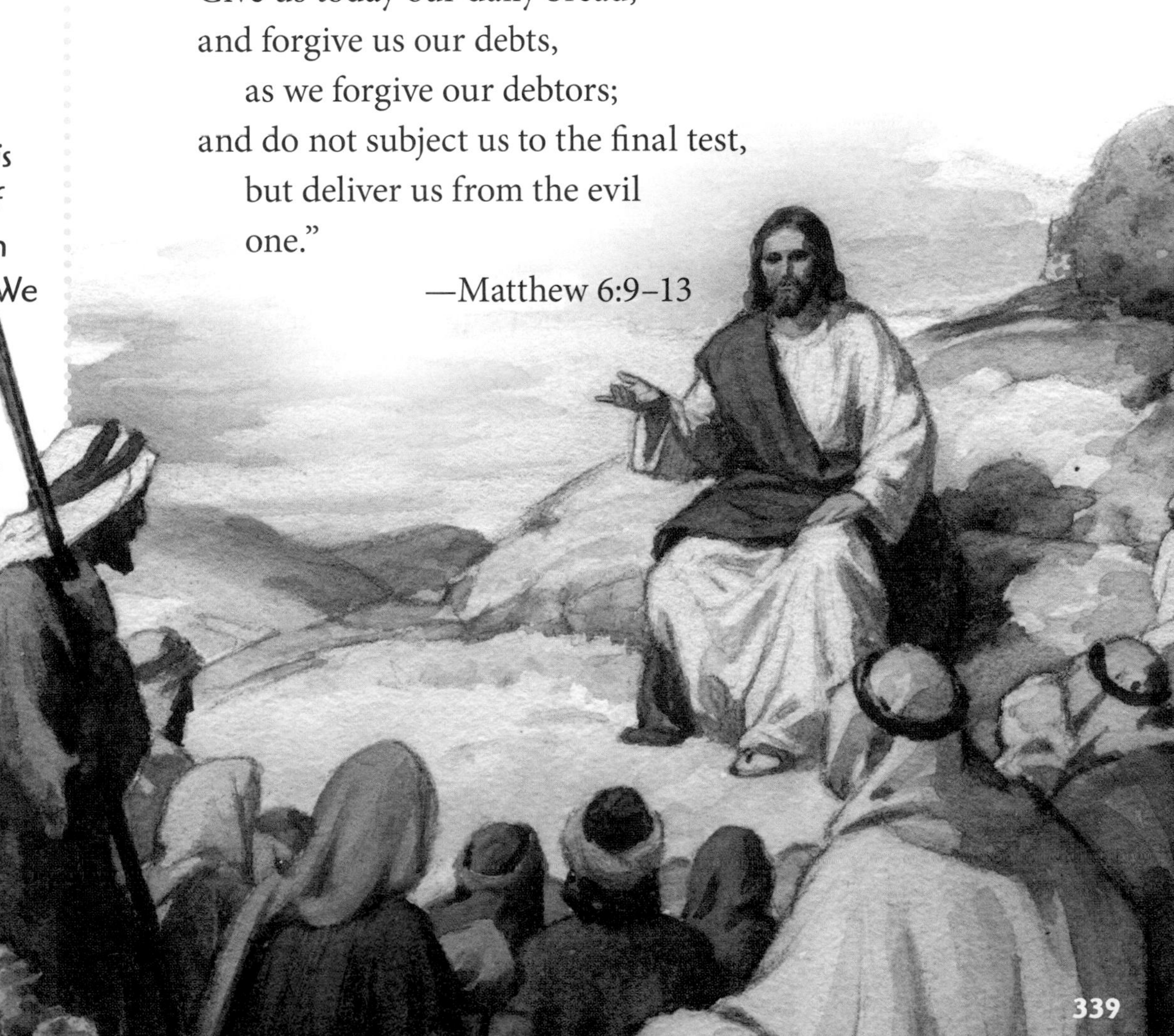

Vivir las Escrituras

Imagina que estuvieras presente con los discípulos que le pidieron a Jesús que los enseñara a orar. ¿Qué le pedirías a Jesús que te enseñara acerca de orar?

El Padre Nuestro, que también llamamos la Oración del Señor, es una oración que Jesús mismo nos enseñó. Saber esto, ¿cómo te hace sentir acerca de rezar esta oración?

Lee las palabras del Padre Nuestro despacio y reflexiona sobre ellas. Luego elige una parte de la oración para ilustrarla en el siguiente espacio. Escribe las palabras que estás ilustrando al pie de tu dibujo.

Living the Scripture

Imagine being present with the disciples who asked Jesus to teach them to pray. What would you ask Jesus to teach you about praying?

____

____

The Lord's Prayer, which we also call the Our Father, is a prayer that Jesus himself taught us. How does knowing this make you feel about praying this prayer?

____

____

____

Read the words of the Lord's Prayer slowly and reflectively. Then choose a part of the prayer to illustrate in the space below. Write the words that you are illustrating at the bottom of your drawing.

____

Nuestra Tradición Católica

Jesús nos enseña a orar

Cuando Jesús nos enseñó el Padre Nuestro, nos enseñó que podemos llamar "Padre" a Dios. El Padre Nuestro está formado por siete peticiones, o pedidos, a Dios. Estas siete peticiones contienen un resumen de todo el Evangelio. Esto es lo que significan el inicio y las peticiones.

Padre nuestro, que estás en el cielo Este inicio muestra que reconocemos a Dios como un Padre amoroso y que somos sus hijos. Al decir que Dios está "en el Cielo", también alabamos su gloria.

Las tres primeras peticiones se centran en glorificar a Dios. Las cuatro peticiones siguientes tienen que ver con nuestras necesidades y las necesidades de todas las personas. Veamos lo que significa cada una de las peticiones.

¿Cuáles son los siete pedidos que hacemos en el Padre Nuestro?

1. **santificado sea tu Nombre** *Santificado* significa santo. Rezamos para que el nombre de Dios sea siempre mantenido en santidad por todas las personas.

2. **venga a nosotros tu reino** Rezamos para que Dios reine sobre todas las personas.

3. **hágase tu voluntad en la tierra como en el cielo** Le pedimos a Dios que nos ayude a vivir según su voluntad. Le pedimos que nos ayude a aceptar siempre su voluntad.

4. **Danos hoy nuestro pan de cada día** Rezamos para que todas las personas tengan lo que necesitan para vivir, como comida y un techo.

5. **perdona nuestras ofensas como también nosotros perdonamos a los que nos ofenden** Le pedimos a Dios que nos perdone cuando pecamos, y que nos ayude a perdonar a los que nos hieren.

6. **no nos dejes caer en la tentación** Le pedimos a Dios que nos ayude a evitar el pecado y a elegir siempre lo correcto.

7. **y líbranos del mal** Rezamos con toda la Iglesia para que Dios nos salve del pecado.

Our Catholic Tradition

Jesus Teaches Us to Pray

When Jesus taught us the Lord's Prayer, he taught us that we can call God "Father." The Lord's Prayer is composed of seven petitions, or requests to God. These seven petitions contain a summary of the whole Gospel. Here is what the opening and the petitions mean.

Our Father who art in Heaven This opening shows that we know God as a loving Father, and that we are his children. By saying that God is "in Heaven," it also praises his glory.

What are the seven requests we make in the Lord's Prayer?

The first three petitions are focused on giving glory to God. The next four petitions have to do with our needs and the needs of all people. Let us look at what each of the petitions means.

1. **hallowed be thy name** *Hallowed* means holy. We pray that God's name will always be kept holy by all people.
2. **Thy kingdom come** We pray that God will rule over all people.
3. **Thy will be done on earth as it is in heaven** We ask God to help us live according to his will. We ask him to help us always accept his will.
4. **Give us this day our daily bread** We pray that all people will have all that they need to live, like food and shelter.
5. **and forgive us our trespasses as we forgive those who trespass against us** We ask God to forgive us when we sin, and to help us forgive those who hurt us.
6. **and lead us not into temptation** We ask God to help us avoid sin and always choose what is good.
7. **but deliver us from evil** We pray with the whole Church that God will save us from sin.

Vive tu fe

Lee los siguientes enunciados. Escribe una X en los círculos que están junto a los enunciados que no corresponden a ninguna parte del Padre Nuestro. Para los demás enunciados, indica a cuál petición corresponde cada uno escribiendo el número de la petición en el círculo. Ya tienes hecho uno.

- ◯ Estoy enojado con mi hermano porque ayer me dijo algo feo.
- (7) Querido Dios, como miembros de tu Iglesia te pedimos que nos lleves a la eternidad contigo.
- ◯ Señor, ayuda a las personas que perdieron su hogar en el huracán.
- ◯ Señor, llena el mundo con tu amor y tu bondad.
- ◯ Aunque yo quería una respuesta diferente a mi oración, acepto la manera en que Dios respondió.
- ◯ Yo solo digo el nombre de Dios con amor y respeto.
- ◯ Dios, necesito tu ayuda para no meterme en problemas.
- ◯ Señor, perdóname que hoy no fui amable con mi nuevo compañero.
- ◯ Querido Dios, solo podré ser feliz si respondes mis oraciones como yo quiero.

DATOS DE FE

- Cuando rezamos el Padre Nuestro, le decimos Padre nuestro a Dios, como lo hizo Jesús. A través de la oración, nos unimos a Dios Padre y a su Hijo, Jesucristo.
- Cuando le rezamos a Dios como a nuestro Padre, rezamos con todas las personas y por todas las personas, para que conozcan al único Dios verdadero.
- Esta oración es el modelo de oración de la Iglesia porque expresa a la perfección todo lo que necesitamos decirle a Dios.

Live Your Faith

Read the following statements. Put an X in the boxes next to statements that do not match any part of the Lord's Prayer. For the remaining statements, tell which petition each matches by putting the number of the petition in the box. One has been done for you.

- ◯ I am angry with my brother for the mean thing he said to me yesterday.
- 7 Dear Lord, as your Church, we ask you to lead us to eternity with you.
- ◯ Lord, help the people who lost their homes in the hurricane.
- ◯ Lord, fill the world with your love and goodness.
- ◯ Even though I wanted a different answer to my prayer, I accept the way God responded.
- ◯ I only speak God's name with love and respect.
- ◯ God, I need your help staying out of trouble.
- ◯ Lord, I'm sorry I was not kind to my new classmate today.
- ◯ Dear Lord, I will only be happy if you answer my prayers the way I want.

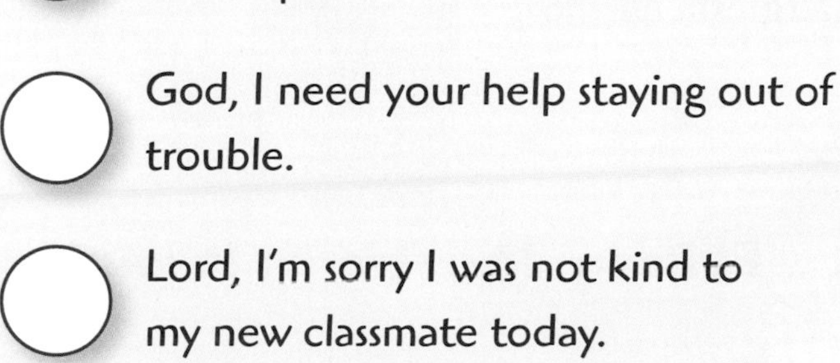

FAITH FACTS

- When we pray the Lord's Prayer, we call God our Father, just like Jesus did. Through the prayer, we are united with God the Father and with his Son, Jesus Christ.
- When we pray to God as our Father, we pray with all people and for all people, that they may know the one true God.
- Because this prayer expresses all we need to say to God so perfectly, it is the model prayer of the Church.

Santos y personas piadosas

Santo Tomás de Aquino (1225–1274)

Tomás de Aquino nació en una familia noble de Italia. Desde muy temprana edad Tomás demostró tener una gran inteligencia. Pero él siempre supo que su mente era un don de Dios. Él quería usarla para darle gloria a Dios.

Cuando Tomás tenía dieciocho años, conoció a un grupo de hombres llamados los dominicos. Su orden religiosa había sido fundada recientemente por Santo Domingo. Tomás sabía que él quería ser sacerdote, y quiso unirse a esta orden religiosa.

Tomás se unió a los dominicos y fue a la Universidad de París para estudiar teología, que es el estudio de la naturaleza de Dios. Tomás de Aquino se convirtió en un brillante escritor y maestro. Él escribió tan bien acerca de Dios que las personas de todo el mundo han estudiado sus libros por cientos de años. Sus escritos nos han ayudado a aprender acerca de Dios y acerca de nuestra fe. Tomás de Aquino explicó que todo en el universo existe a causa de Dios. Él también nos ayudó a entender que podemos usar nuestra mente para conocer a Dios, y que podemos conocer a Dios a través del mundo maravilloso que Él creó.

Santo Tomás de Aquino es uno de los grandes maestros de la Iglesia. Él fue nombrado **Doctor de la Iglesia** en 1567. Celebramos su Memoria el 28 de enero.

Costumbres católicas

El Padre Nuestro en la música

¿Has escuchado el Padre Nuestro cantado en la Misa? ¿Te has dado cuenta de que hay diferentes maneras de cantar esta oración? De hecho, existen cientos de arreglos musicales para el Padre Nuestro. Algunas, como las versiones que cantamos en Misa, están escritas para ser cantadas por las personas reunidas para la liturgia. Otras fueron compuestas para ser interpretadas por una orquesta. Algunas fueron escritas por compositores famosos siglos atrás.

Saints and Holy People

Saint Thomas Aquinas (1225–1274)

Thomas Aquinas was born to a noble family in Italy. From a very young age Thomas showed great intelligence. But he always knew that his mind was a gift from God. He wanted to use it to bring glory to God.

When Thomas was eighteen, he met a group of men called the Dominicans. Their religious order had recently been founded by Saint Dominic. Thomas knew he wanted to be a priest, and he wanted to join this religious order.

Thomas joined the Dominicans and went to the University of Paris to study theology—which is the study of the nature of God. Thomas Aquinas became a brilliant writer and teacher. He wrote so well about God that people all over the world have studied his books for hundreds of years. His writings have helped us learn about God and about our faith. Thomas Aquinas explained that everything in the universe exists because of God. He also helped us understand that we can use our minds to know God, and that we can know God through the wonderful world he created.

Saint Thomas Aquinas is one of the great teachers of the Church. He was named a **Doctor of the Church** in 1567. We celebrate his feast day on January 28.

Catholic Customs

The Lord's Prayer in Music

Have you heard the Lord's Prayer sung at Mass? Have you noticed that there are different ways to sing this prayer? Actually, there are hundreds of musical settings for the Lord's Prayer. Some, like the versions we sing at Mass, are written for singing by the people gathered for the liturgy. Others were composed for an orchestra to perform. Some were written by famous composers centuries ago.

Tú puedes hacerlo

Santo Tomás de Aquino tenía una mente brillante. Él la usó para escribir y enseñar acerca de Dios. Nombra un don o un talento especial que Dios te haya dado. Di al menos una manera en que puedes usar este talento para ayudar a los demás a aprender acerca de Dios.

Mi don o talento: ______________________________

Cómo puedo usarlo para ayudar a los demás a conocer a Dios:

____

____

____

Palabras para aprender

Doctor de la Iglesia
título que la Iglesia da a personas cuyos escritos han ayudado a los demás a entender la fe

La fe en el hogar

Nuestra familia es el primer lugar donde podemos aprender a orar. Es especialmente importante que una familia ore unida todos los días. Si tu familia todavía no está orando unida todos los días, tal vez puedas comenzar la tradición. Puedes comenzar por pedirles a todos que se unan para rezar el Padre Nuestro.

Oramos

El Padre Nuestro

Padre nuestro, que estás en el cielo,
santificado sea tu Nombre;
venga a nosotros tu reino;
hágase tu voluntad
en la tierra como en el cielo.
Danos hoy nuestro pan de cada día;
perdona nuestras ofensas,
como también nosotros
perdonamos
a los que nos ofenden;
no nos dejes caer en la tentación,
y líbranos del mal.
Amén.

Make It Happen

Saint Thomas Aquinas had a brilliant mind. He used it to write and teach about God. Name a special gift or talent God has given you. Tell at least one way you can use this talent to help others know about God.

How I can use it to help others know God:

____

____

____

Words to Know

Doctor of the Church
a title the Church gives to people whose writings have helped others understand the faith

Faith at Home

Our family is the first place we can learn to pray. It's especially important for a family to pray together each day. If your family doesn't already pray together each day, maybe you can start the tradition. You can start out by getting everyone to join in praying the Lord's Prayer.

We Pray

The Lord's Prayer

Our Father who art in heaven,
hallowed be thy name.
Thy kingdom come.
Thy will be done on earth, as it is
in heaven.
Give us this day our daily bread,
and forgive us our trespasses,
as we forgive those who trespass
against us,
and lead us not into temptation,
but deliver us from evil. Amen.

Repaso de la Lección 19

A **Rellena** el círculo que está junto a la respuesta correcta.

1. El Padre Nuestro es un resumen _____.
   - ○ **del Antiguo Testamento**
   - ○ **de los escritos de Santo Tomás de Aquino**
   - ○ **de todo el Evangelio**

2. La _____ del Padre Nuestro se centra(n) en darle gloria a Dios.
   - ○ **última petición**
   - ○ **cuarta petición**
   - ○ **primeras tres peticiones**

3. Las _____ del Padre Nuestro se refieren a necesidades de la persona, para nosotros mismos y para toda la familia humana.
   - ○ **cuatro últimas peticiones**
   - ○ **dos últimas peticiones**
   - ○ **primeras tres peticiones**

B **Escribe** la letra de la Columna B que corresponde a cada petición del Padre Nuestro con su significado de la Columna A.

Columna A

4. _____ santificado sea tu Nombre
5. _____ venga a nosotros tu reino
6. _____ hágase tu voluntad en la tierra como en el cielo
7. _____ Danos hoy nuestro pan de cada día
8. _____ perdona nuestras ofensas, como también nosotros perdonamos a los que nos ofenden
9. _____ no nos dejes caer en la tentación
10. _____ y líbranos del mal

Columna B

a. Rezamos con toda la Iglesia para que Dios nos salve del pecado.

b. Le pedimos a Dios que nos ayude a vivir según su voluntad y a aceptar siempre su voluntad.

c. Rezamos para que el nombre de Dios sea siempre mantenido en santidad por todas las personas.

d. Rezamos para que todas las personas tengan lo que necesitan para vivir, como comida y un techo.

e. Le pedimos a Dios que nos ayude a evitar el pecado y a elegir siempre lo correcto.

f. Le pedimos a Dios que perdone nuestros pecados y que nos ayude a perdonar a los que nos hieren.

g. Rezamos para que Dios reine sobre todas las personas.

Lesson 19 Review

A **Fill in** the circle beside the correct answer.

1. The Lord's Prayer is a summary of the ____.

   ◯ **Old Testament** ◯ **writings of Saint Thomas Aquinas** ◯ **whole Gospel**

2. The ____ of the Lord's Prayer is/are focused on giving glory to God.

   ◯ **last petition** ◯ **fourth petition** ◯ **first three petitions**

3. The ____ of the Lord's Prayer have to do with human needs for ourselves and the whole human family.

   ◯ **last four petitions** ◯ **last two petitions** ◯ **first three petitions**

B **Match** each petition of the Lord's Prayer in column A with its meaning in column B by writing the letter in the space provided.

Column A

4. ____ hallowed be thy name
5. ____ Thy kingdom come
6. ____ Thy will be done on earth as it is in heaven
7. ____ Give us this day our daily bread
8. ____ and forgive us our trespasses as we forgive those who trespass against us
9. ____ and lead us not into temptation
10. ____ but deliver us from evil

Column B

a. We pray with the whole Church that God will save us from sin.

b. We ask God to help us live according to his will and to always accept his will.

c. We pray that God's name will always be kept holy by all people.

d. We pray that all people will have all that they need to live, like food and shelter.

e. We ask God to help us avoid sin and always choose what is good.

f. We ask God to forgive our sins and to help us forgive those who hurt us.

g. We pray that God will rule over all people.

Lección 20

Orar con devociones

Oremos

Oración de acción de gracias

Lector 1: ¡Vean cómo es él, el Dios que me salva! En él confío y no tengo más miedo.

Todos: Te doy gracias, Yavé.

Lector 2: Pues Yavé es mi fuerza y mi canción, él ha sido mi salvación.

Todos: Te doy gracias, Yavé.

Lector 3: ¡Denle las gracias a Yavé, vitoreen su Nombre!
Publiquen entre los pueblos sus hazañas.

Todos: Te doy gracias, Yavé.

—Isaías, 12, 1. 2. 4. 5

Mi fe católica

Como un buen amigo, Dios siempre se alegra al saber de nosotros.

➡ ¿Con qué frecuencia hablas con Dios en la oración? ¿Como puedes comunicarte con Él con más frecuencia?

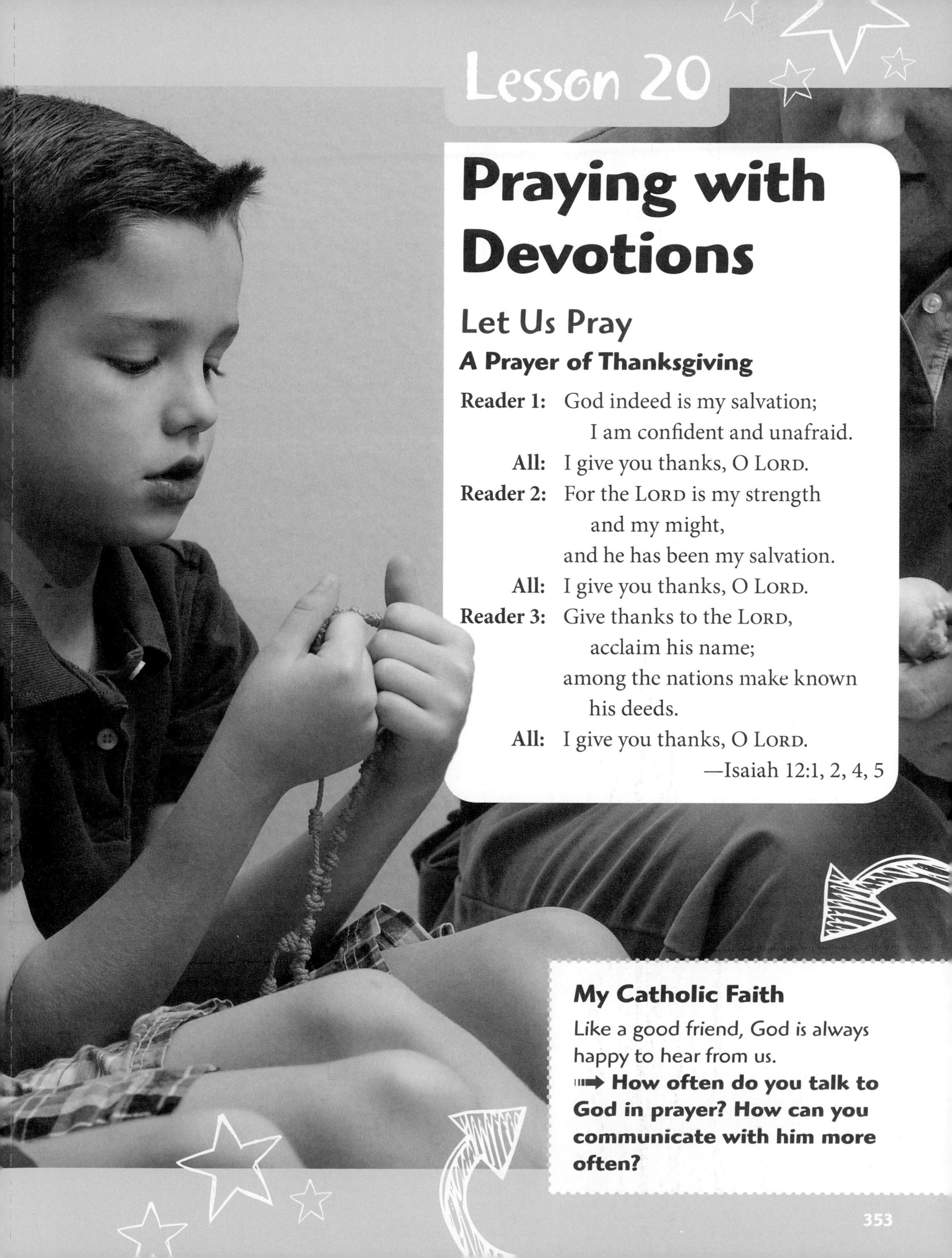

Lesson 20

Praying with Devotions

Let Us Pray

A Prayer of Thanksgiving

Reader 1: God indeed is my salvation;
I am confident and unafraid.
All: I give you thanks, O LORD.
Reader 2: For the LORD is my strength
and my might,
and he has been my salvation.
All: I give you thanks, O LORD.
Reader 3: Give thanks to the LORD,
acclaim his name;
among the nations make known
his deeds.
All: I give you thanks, O LORD.

—Isaiah 12:1, 2, 4, 5

My Catholic Faith

Like a good friend, God is always happy to hear from us.

➡ **How often do you talk to God in prayer? How can you communicate with him more often?**

Sagrada Escritura

En el Sermón de la montaña, Jesús enseñó las Bienaventuranzas a sus discípulos. Él también les enseñó acerca de la oración. El Padre Nuestro, del que aprendiste en la Lección 19, fue parte de esa enseñanza. Jesús también les enseñó a los discípulos acerca de cómo responde Dios a nuestras oraciones.

La respuesta a las oraciones

Jesús les dijo a sus discípulos:

"Pidan y se les dará; busquen y hallarán; llamen y se les abrirá la puerta. Porque el que pide, recibe; el que busca, encuentra; y se abrirá la puerta al que llama."

Luego, siguió:

"¿Acaso alguno de ustedes daría a su hijo una piedra cuando le pide pan? ¿O le daría una culebra cuando le pide un pescado? Pues si ustedes, que son malos, saben dar cosas buenas a sus hijos, ¡con cuánta mayor razón el Padre de ustedes, que está en el Cielo, dará cosas buenas a los que se las pidan!"

—Mateo 7, 7-11

Otras Escrituras del Sermón de la montaña

- No juzguen a los demás: Mateo 7, 1-5
- No juzguen a los demás: Mateo 7, 1-5
- Sal y luz: Mateo 5, 13-16

Sacred Scripture

At the Sermon on the Mount, Jesus taught his disciples the Beatitudes. He also taught them about prayer. The Lord's Prayer, which you learned about in Lesson 19, was part of that teaching. Jesus also taught the disciples about how God answers our prayers.

The Answer to Prayers

Jesus said to his disciples,

"Ask and it will be given to you: seek and you will find; knock and the door will be opened to you. For everyone who asks, receives; and the one who seeks, finds; and to the one who knocks, the door will be opened."

He then went on:

"Which one of you would hand [your child] a stone when he asks for a loaf of bread, or a snake when he asks for a fish? If you then, who are wicked, know how to give good gifts to your children, how much more will your heavenly Father give good things to those who ask him."

—Matthew 7:7–11

More Scripture from the Sermon on the Mount

- Do Not Judge Others – Matthew 7:1–5
- The Golden Rule – Matthew 7:12
- Similes of Salt and Light – Matthew 5:13–16

Vivir las Escrituras

El pasaje de la Sagrada Escritura acerca de cómo Dios responde a nuestras oraciones nos dice que Él siempre nos responde. Después de todo, Jesús dijo: "Pidan y se les dará". ¿Significa esto que si rezas para recibir un videojuego nuevo o un par de zapatos nuevos, Dios se encargará de que los recibas? ¿Significa esto que Dios responderá siempre a tus oraciones dándote exactamente lo que pides?

Cuando oramos, es importante recordar que la respuesta de Dios a nuestras oraciones…

- no siempre es evidente.
- no siempre viene inmediatamente.
- puede no ser la respuesta que pedimos.

Sin importar cómo Dios responde a nuestras oraciones, tenemos que confiar en su amor y aceptar su voluntad.

Describe alguna vez en que oraste por algo y Dios te respondió de una manera diferente de lo que esperabas.

___

___

___

Imagina que una persona amiga está preocupada por un problema y siente que Dios no está escuchando sus oraciones. ¿Qué consejo le darías a tu amigo?

___

___

Living the Scripture

The Scripture passage about how God answers our prayers tells us that he always answers us. After all, Jesus said, "Ask and you will receive." Does this mean that if you pray for a new video game or a new pair of shoes God will see to it that you get them? Does it mean that God will always answer your prayers by giving you just what you ask for?

When we pray, it's important to remember that God's answer to our prayers. . .

- is not always obvious to us.
- does not always come right away.
- may not be the answer we prayed for.

No matter how God answers our prayers, we have to trust in his love and accept his will.

Describe a time when you prayed for something and God answered you in a different way than you expected.

____

____

____

Imagine that a friend is upset about a problem and feels that God is not listening to his or her prayers. What advice would you give your friend?

____

____

Nuestra Tradición Católica

Orar con devociones

Hay muchas maneras diferentes de comunicarse con Dios en la oración. Podemos orar en la Misa y en otras liturgias. Podemos orar cantando y por medio de gestos. Podemos orar usando las oraciones tradicionales de la Iglesia, tales como el Padre Nuestro y el Ave María. También podemos orar usando **devociones** populares. Probablemente conoces al menos una devoción, tal como el Rosario.

¿De qué maneras podemos orar?

Los católicos han usado las devociones como una manera de orar desde los tiempos de la Iglesia primitiva. Con el tiempo, los católicos de diferentes culturas desarrollaron sus propias devociones. Pero algunas devociones son practicadas por los católicos de todo el mundo. Estas son:

- el Rosario, una devoción a María,
- las Estaciones de la Cruz, en las que reflexionamos sobre los sucesos de la Pasión y muerte de Jesús,
- rezar **novenas**,
- hacer peregrinajes, como visitar un templo importante, y
- recibir ceniza bendita el Miércoles de Ceniza.

¿Cuáles son algunas devociones que rezan los católicos?

Entre las devociones que son comunes a culturas específicas están las procesiones del Corpus Christi para honrar a Cristo en la Eucaristía. Otra es la devoción a Nuestra Señora de Guadalupe. Esta devoción se originó en México.

Our Catholic Tradition

Praying with Devotions

There are many different ways to communicate with God in prayer. We can pray at Mass and in other liturgies. We can pray by singing and through gestures. We can pray using the traditional prayers of the Church, such as the Our Father and the Hail Mary. We can also pray using popular **devotions**. You probably know at least one devotion, such as the Rosary.

What are some ways we can pray?

Catholics have used devotions as a way to pray since the time of the early Church. Over time, Catholics in different cultures developed their own devotions. But some devotions are practiced by Catholics around the world. These include:

- the Rosary, a devotion to Mary,
- the Stations of the Cross, in which we reflect on the events of Jesus' Passion and death,
- praying **novenas**,
- making pilgrimages, such as to an important shrine, and
- receiving blessed ashes on Ash Wednesday.

What are some devotions Catholics pray?

Devotions that are common to specific cultures include the Corpus Christi processions to honor Christ in the Eucharist. Another is the devotion to Our Lady of Guadalupe. This devotion originated in Mexico.

Vive tu fe

¿Con qué frecuencia hablas con tu mejor amigo? Es probable que hablen casi todos los días. ¿Con qué frecuencia hablas con Dios? Como el mejor amigo, Dios siempre se alegra al saber de ti. Piensa en algunas cosas de las que puedas hablar con Dios. Puedes decirle cosas que te hacen feliz y cosas que te ponen triste. Puedes contarle tus preocupaciones y puedes pedirle ayuda. También puedes darle gracias por su bondad.

En la nota adhesiva, escribe una lista de las cosas que puedes hablar con Dios. Luego usa la hoja de cuaderno para escribirle a Dios acerca de una de esas cosas.

DATOS DE FE

➡ Aunque la Misa y los Sacramentos siguen siendo nuestras formas de oración más importantes, las devociones también enriquecen nuestra fe católica.

➡ La Iglesia promueve la práctica de devociones que nos ayudan a proclamar nuestra fe y fortalecen nuestra relación con Dios.

Palabras para aprender

devociones
formas de oración que no pertenecen a la Misa ni a los Sacramentos

novena
serie de oraciones por una intención especial que se reza durante nueve días

Live Your Faith

How often do you talk to your best friend? You probably talk almost every day. How often do you talk to God? Like a best friend, God is always happy to hear from you. Think about some things you can talk to God about. You can tell him things that make you happy, and things that make you sad. You can tell him your worries, and you can ask him for help. You can also thank him for his goodness.

On the sticky note, write a list of things you can talk to God about. Then use the notepaper to write to God about one of those things.

FAITH FACTS

- Although the Mass and the sacraments are still our most important way to pray, devotions also enrich our Catholic faith.
- The Church encourages devotional practices that help us proclaim our faith and strengthen our relationship with God.

Words to Know

devotions
forms of prayer that are separate from the Mass and the sacraments

novena
a series of prayers for a specific intention prayed over nine days

Santos y personas piadosas

Nuestra Señora de Guadalupe

El 9 de diciembre de 1531, un hombre llamado Juan Diego vio a la Bienaventurada Madre en un cerro de Ciudad de México. María se apareció como una joven mujer nativa embarazada. Ella le pidió a Juan que fuera donde el obispo y le pidiera que construyera una iglesia en su honor. El obispo no creyó lo que Juan le dijo. Le pidió una prueba.

El 12 de diciembre María se le apareció a Juan Diego otra vez. Ella le pidió que fuera al cerro donde se apareció la primera vez y recogiera flores para llevarlas al obispo. Juan Diego hizo lo que María le encomendó. Aunque las flores normalmente no florecían en esa época, él halló rosas y las pudo recolectar. Las envolvió en su tilma, o capa, y se las llevó al obispo. Cuando desenvolvió su tilma, él y el obispo se maravillaron al ver la imagen de María impresa en ella. María lucía exactamente igual a como Juan Diego la había descrito.

El obispo supo que esto era un milagro. Él ordenó que se construyera una iglesia donde María había aparecido.

Hoy en día, millones de personas peregrinan cada año hasta la Basílica de *Nuestra Señora de Guadalupe* en Ciudad de México. Nuestra Señora de Guadalupe es la devoción más popular entre el pueblo mexicano.

Costumbres católicas

Rezar novenas

Rezar una novena es una devoción católica. La palabra novena proviene de la palabra latina para nueve. Una novena se reza durante nueve días. Las novenas suelen ser oraciones de petición. Eso significa que se rezan con un pedido de ayuda a Dios para una necesidad especial. La mayoría de las novenas están dirigidas a María o a un santo, pidiéndoles que intercedan por nosotros o que le hablen a Dios en nuestro nombre. Una novena a María popular es la novena de la Medalla Milagrosa. El diseño de la Medalla Milagrosa se muestra a la izquierda.

Saints and Holy People

Our Lady of Guadalupe

On December 9, 1531, a man named Juan Diego saw the Blessed Mother on a hill in Mexico City. Mary appeared as a young pregnant native woman. She asked Juan to go to the bishop and ask him to build a church in her honor. The bishop did not believe what Juan told him. He asked him for proof.

On December 12 Mary appeared to Juan Diego again. She asked him to go to the hill where she first appeared to him and gather flowers to bring to the bishop. Juan Diego did as Mary instructed. Even though flowers did not normally bloom at that time, he found roses that he could collect. He wrapped them in his tilma, or cloak, and brought them to the bishop. When he unfolded his tilma, he and the bishop were amazed to see Mary's image imprinted on it. Mary looked just as Juan Diego had described her.

The bishop knew this was a miracle. He ordered a church to be built where Mary had appeared.

Today millions of people make a pilgrimage to the Basilica of Our Lady of Guadalupe in Mexico City each year. Our Lady of Guadalupe, called *Nuestra Señora de Guadalupe,* is the most popular devotion among Mexican people.

Catholic Customs

Praying Novenas

Praying a novena is a Catholic devotion. The word *novena* comes from the Latin word for nine. A novena is prayed over nine days. Novenas are usually prayers of petition. That means they are prayed with a request to God for help with a specific need. Most novenas are addressed to Mary or a saint, asking them to intercede for us, or talk to God on our behalf. One popular Marian novena is the Miraculous Medal novena. The design from the Miraculous Medal is shown at left.

Tú puedes hacerlo

Diseña una tarjeta de oración para honrar a María. En el lado izquierdo, dibuja una imagen de María. En el lado derecho, escribe una oración a María con tus propias palabras.

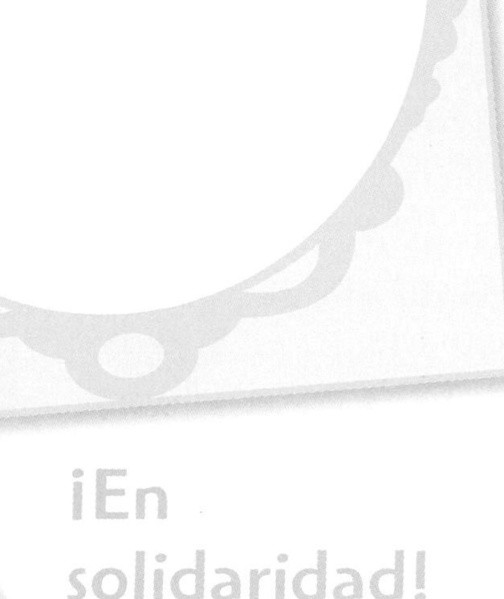

¡En solidaridad!

Piensa en alguien que conozcas que esté pasando por un momento difícil, por ejemplo, a causa de una enfermedad. Elige una devoción, tal como el Rosario, y rézala por esa persona.

Oramos

Oración a Nuestra Señora de Guadalupe

Señora nuestra de Guadalupe, ayuda a todos los que te invocan en sus necesidades.
Escucha nuestras oraciones y nuestras peticiones, especialmente por (*menciona tu pedido*).
Obtén para nosotros de tu santísimo Hijo la gracia de mantener nuestra fe, esperanza en medio de las amarguras de la vida, un amor ardiente y el precioso don de la perseverancia final.
Amén.

Make It Happen

Design a prayer card to honor Mary. On the left side, draw an image of Mary. On the right side, write a prayer to Mary in your words.

We Pray

Prayer to Our Lady of Guadalupe

Our Lady of Guadalupe, help everyone who calls on you in their time of need.
Hear our prayers and our petitions, especially for (*mention your request*).
Obtain for us from your most holy Son the grace of keeping our faith, hope in the midst of the hard times of life, burning charity, and the precious gift of final perseverance.
Amen.

Reach Out!

Think about someone you know who is going through a difficult time, such as because of illness. Choose a devotion, such as the Rosary, and pray it for that person.

Repaso de la Lección 20

A **Completa** el crucigrama.

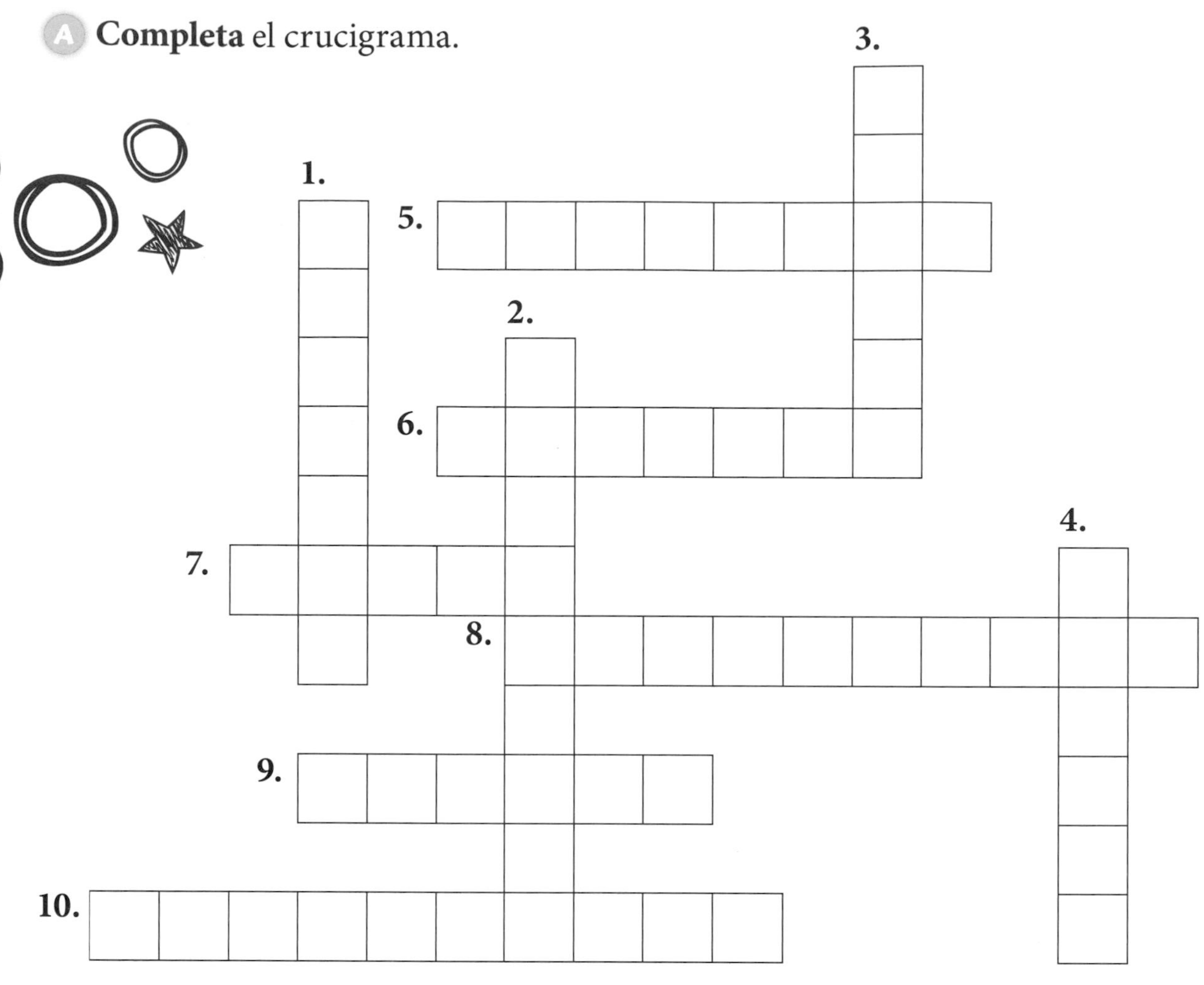

Verticales

1. El_____ es una devoción a María en la que reflexionamos sobre los sucesos de su vida y de la vida de Jesús.
2. Nuestra Señora de Guadalupe se le apareció a _____.
3. Jesús dijo: "_____ y se les abrirá la puerta."
4. Nuestra Señora de Guadalupe es la devoción más popular entre el pueblo de _____.

Horizontales

5. Sin importar cómo Dios responde a nuestras oraciones, tenemos que confiar en su amor y aceptar su_____ .
6. Jesús dijo: "_____ y hallarán."
7. Jesús dijo: "_____ y se les dará."
8. Las _____ no forman parte de la Misa y los Sacramentos pero son una forma importante de la oración católica.
9. Una _____ es una serie de oraciones que se rezan durante nueve días.
10. Cuando rezamos las _____de la Cruz, reflexionamos en los sucesos de la Pasión y muerte de Jesús.

Lesson 20 Review

A **Complete** the crossword puzzle.

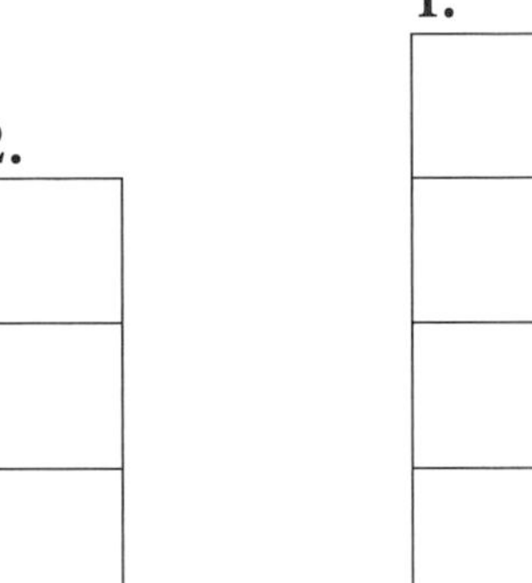

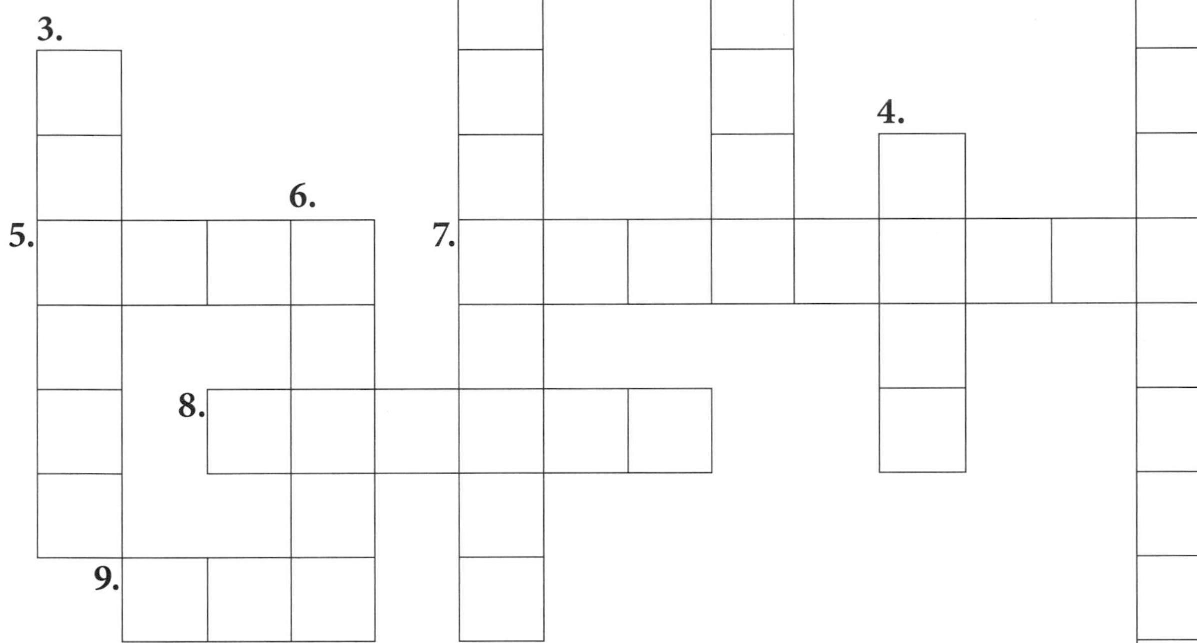

Down

1. Our Lady of Guadalupe is the most popular devotion among the people of _____.
2. Our Lady of Guadalupe appeared to _____.
3. The _____ is a devotion to Mary in which we reflect on events in her life and the life of Jesus.
4. No matter how God answers our prayers, we have to trust in his love and accept his _____.
6. Jesus said, "_____ and the door will be opened to you."
10. When we pray the _____ we reflect on the events of Jesus' Passion and death.

Across

5. Jesus said, "_____ and you will find."
7. _____ are separate from Mass and the sacraments but are an important form of prayer.
8. A _____ is a series of prayers prayed over nine days.
9. Jesus said, "_____ and it will be given to you."

SER CATÓLICOS

Enviados a ser discípulos

¿A qué grupos perteneces aparte de tu escuela? Tal vez formas parte de la banda escolar, o de un equipo deportivo o de un grupo de servicio en tu escuela. ¿Qué sucedió cuando te inscribiste para formar parte del grupo y fuiste aceptado? ¿Participaste en las actividades del grupo?

Cuando nos unimos a cualquier grupo, por lo general nuestra meta es convertirnos en miembros activos del grupo. Queremos hacer nuestra parte y contribuir a la misión del grupo. Igual sucede con la Iglesia. Cuando celebramos los Sacramentos de la Iniciación cristiana, nos convertimos en miembros plenos de la Iglesia. Como miembros, tenemos que participar en la misión de la Iglesia.

Convertirse en miembros de la Iglesia implica un compromiso. Primero, tenemos que hacer el compromiso de vivir verdaderamente como seguidores de Cristo. También tenemos que comprometernos a aprender acerca de nuestra fe y entender perfectamente el significado de los sacramentos. (Por supuesto, si somos bautizados de bebés, nuestros padres hacen el compromiso por nosotros. Pero para los demás sacramentos, depende de nosotros.)

Invitación a ser discípulos

Haz un cartel invitando a los niños de tu edad a ser discípulos de Jesús. Asegúrate de que tu cartel diga porqué ser un discípulo de Jesús tiene su recompensa. También menciona qué es necesario para ser un discípulo. Decora y colorea tu cartel.

BEING CATHOLIC

Sent Forth to Be Disciples

What groups do you belong to aside from your school? Maybe you are part of your school band, or a sports team, or a service group at your school. What happened when you signed up to be part of the group and were accepted? Did you participate in the group's activities?

When we join any group, our goal is usually to become active members of the group. We want to do our part, and to contribute to the group's mission. It is the same way with the Church. When we celebrate the Sacraments of Christian Initiation, we become full members of the Church. As members, we have to participate in the Church's mission.

Becoming members of the Church takes a commitment. First, we have to make a commitment to truly live as followers of Christ. We also have to commit to learning about our faith and truly understanding the meaning of the sacraments. (Of course, if we are baptized as infants, our parents make the commitment for us. But for the other sacraments, it is up to us.)

Invitation to Discipleship

Create a sign inviting children your age to be disciples of Jesus. Be sure your sign tells why being Jesus' disciple will be rewarding. Also tell what is required for being a disciple. Decorate and color your sign.

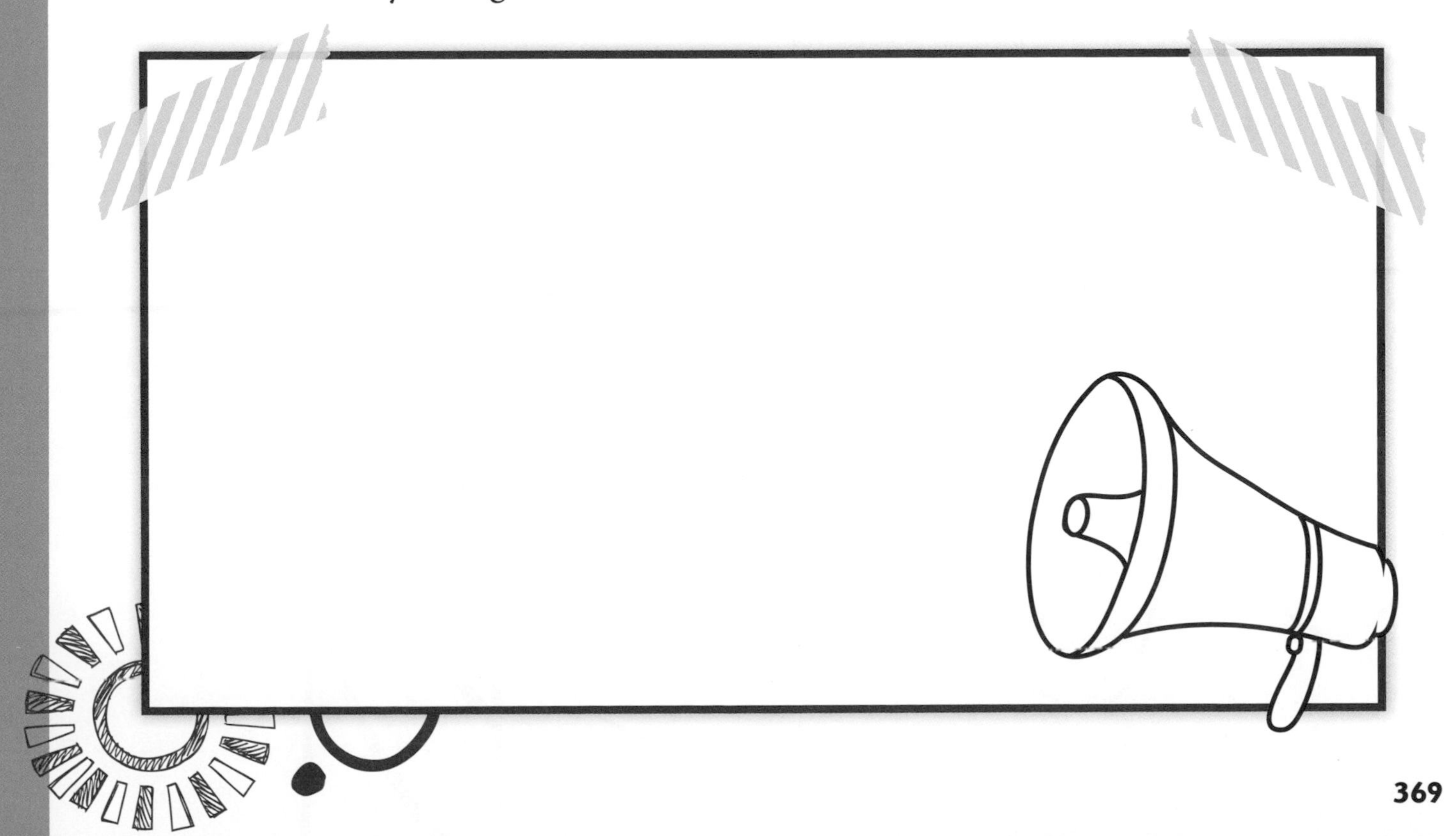

Somos discípulos de Jesús

Ser miembro de la Iglesia significa que somos amigos de Jesús. Como en cualquier amistad, nuestra relación con Jesús requiere algo de nosotros.

Primero, nuestra relación con Jesús significa que debemos hablar con Él regularmente para mantener fortalecida nuestra relación. Podemos hacer esto orando todos los días, participando en los sacramentos y asistiendo a Misa los domingos y los días de precepto.

Nuestra amistad con Jesús también significa que tenemos que estar dispuestos a hacer sacrificios. Por ejemplo, a veces es posible que debamos enfrentarnos a las tentaciones o a la presión de los demás para hacer cosas que lastiman nuestra relación con Jesús. En estos momentos, tenemos que hacer elecciones que honren nuestra amistad con Jesús.

Nuestra amistad también significa que debemos hacer lo que Jesús enseña. Jesús dijo: "... son ustedes mis amigos si cumplen lo que les mando" (Juan 15, 14). ¿Qué les mandó Jesús a sus discípulos? Un mandamiento fue ir y enseñar a todas las personas acerca de Él. Este, también es nuestro mandamiento. Podemos enseñar a los demás acerca de Jesús a través de nuestras palabras y nuestro ejemplo. Podemos hacer esto al servir a los demás y viviendo cada día como Jesús nos enseña.

El camino del discipulado

Da los pasos como discípulo de Jesús. Colorea de amarillo cada piedra que indica una manera de vivir como discípulo de Jesús. Colorea de negro las demás piedras. Colorea el resto de tu dibujo.

We Are Jesus' Disciples

Being a member of the Church means we have a friendship with Jesus. Like with any friendship, our relationship with Jesus requires something of us.

First, our relationship with Jesus means we have to keep our friendship strong by talking to Jesus regularly. We can do this by praying every day, by participating in the sacraments, and by attending Mass on Sundays and Holy Days of Obligation.

Our friendship with Jesus also means that we have to be willing to make sacrifices. For example, sometimes we might face temptation or pressure from others to do things that hurt our friendship with Jesus. At these times, we have to make choices that honor our friendship with Jesus.

Our friendship also means we must do as Jesus teaches. Jesus said, "I call you friends if you do as I command you" (John 15:15). What did Jesus command his disciples? One command was to go and teach all people about him. This is our command, too. We can teach others about Jesus through our words and our example. We can do this by serving others and living as Jesus teaches every day.

The Path of Discipleship

Take steps as Jesus' disciple. Color in yellow each stone that tells a way to live as Jesus' disciple. Color the other stones black. Color in the rest of your picture.

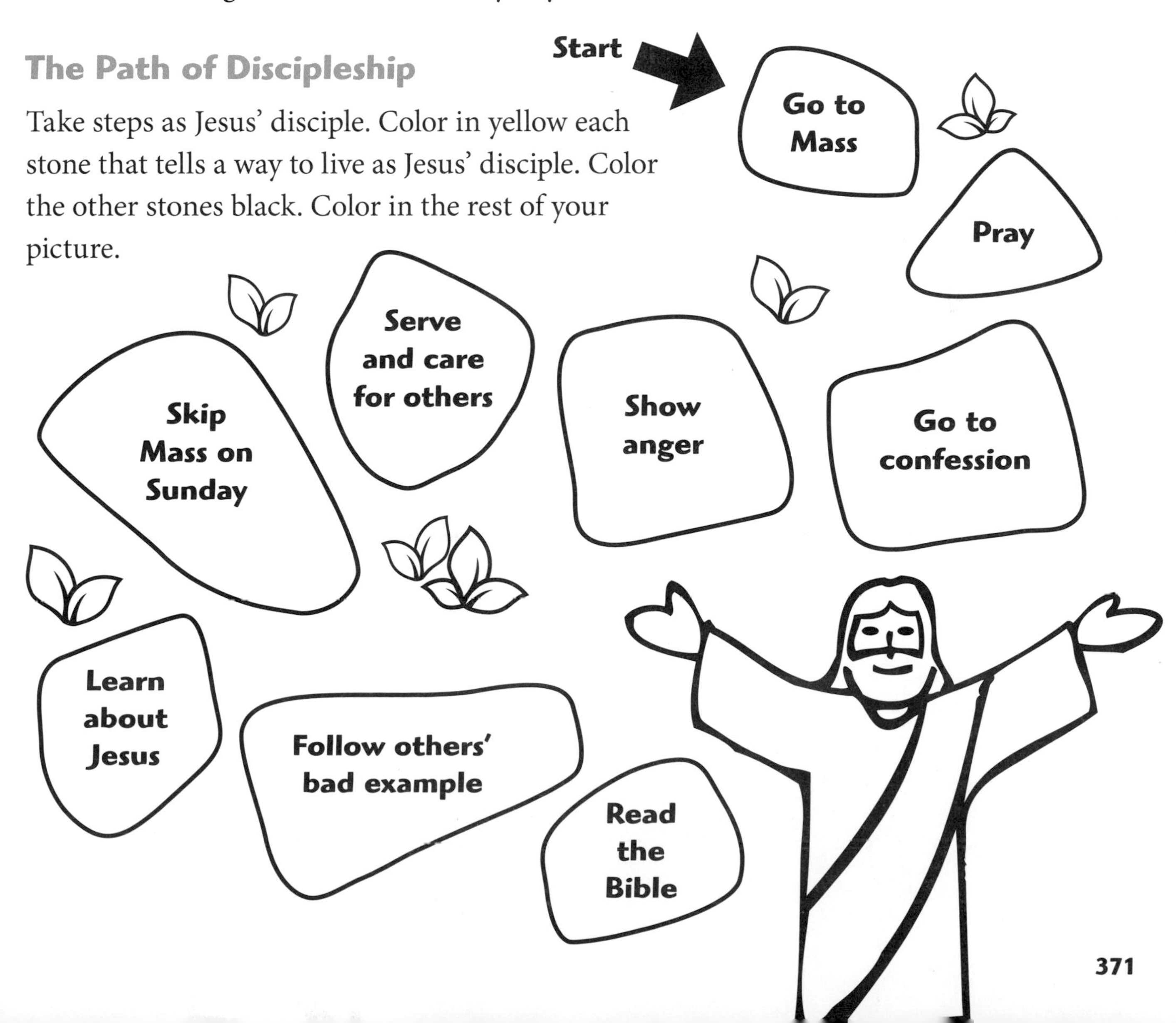

Repaso de fin de año

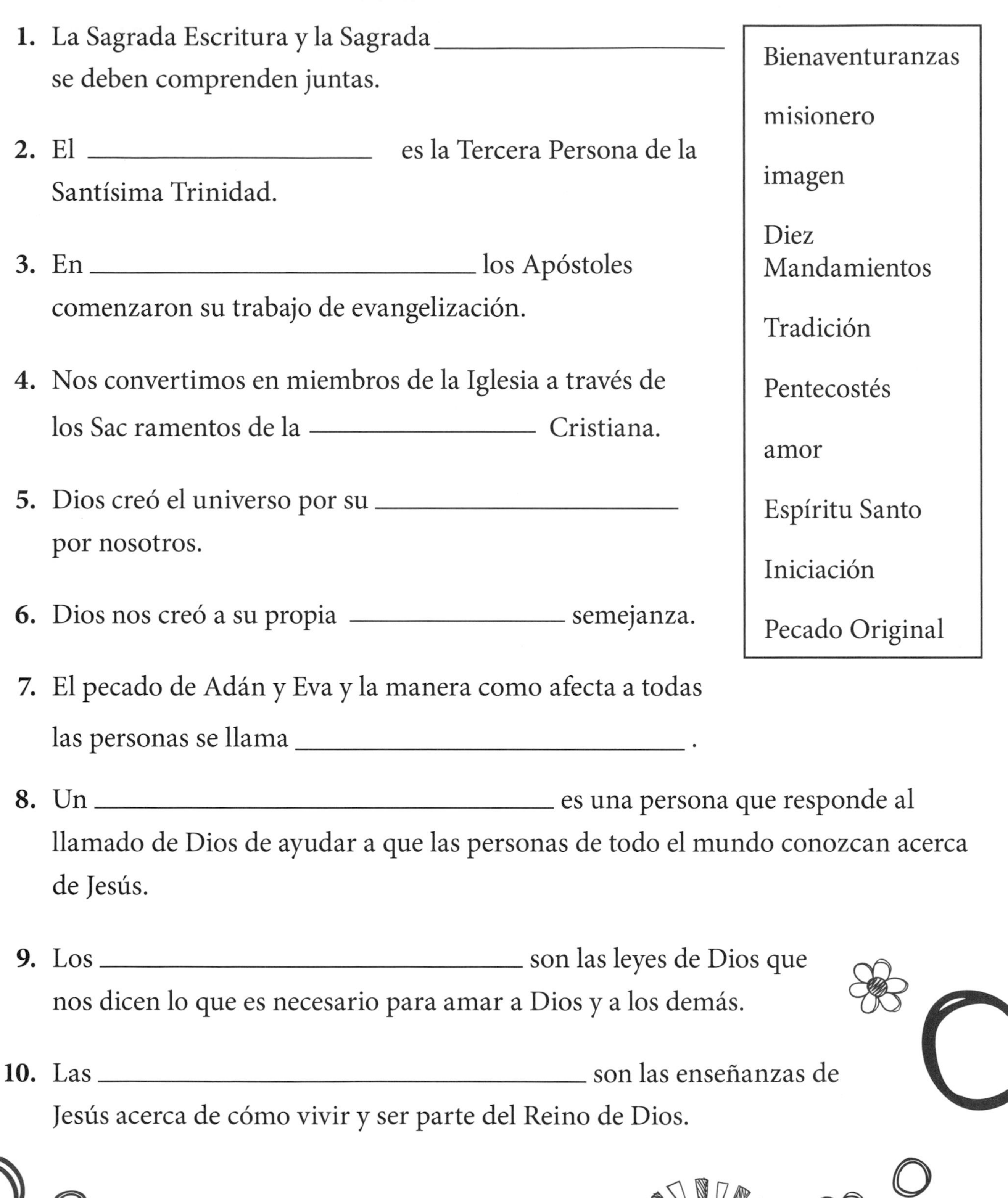

A **Completa** las siguientes oraciones usando las palabras del recuadro.

Bienaventuranzas
misionero
imagen
Diez Mandamientos
Tradición
Pentecostés
amor
Espíritu Santo
Iniciación
Pecado Original

1. La Sagrada Escritura y la Sagrada ____________ se deben comprenden juntas.

2. El ____________ es la Tercera Persona de la Santísima Trinidad.

3. En ____________ los Apóstoles comenzaron su trabajo de evangelización.

4. Nos convertimos en miembros de la Iglesia a través de los Sac ramentos de la ____________ Cristiana.

5. Dios creó el universo por su ____________ por nosotros.

6. Dios nos creó a su propia ____________ semejanza.

7. El pecado de Adán y Eva y la manera como afecta a todas las personas se llama ____________ .

8. Un ____________ es una persona que responde al llamado de Dios de ayudar a que las personas de todo el mundo conozcan acerca de Jesús.

9. Los ____________ son las leyes de Dios que nos dicen lo que es necesario para amar a Dios y a los demás.

10. Las ____________ son las enseñanzas de Jesús acerca de cómo vivir y ser parte del Reino de Dios.

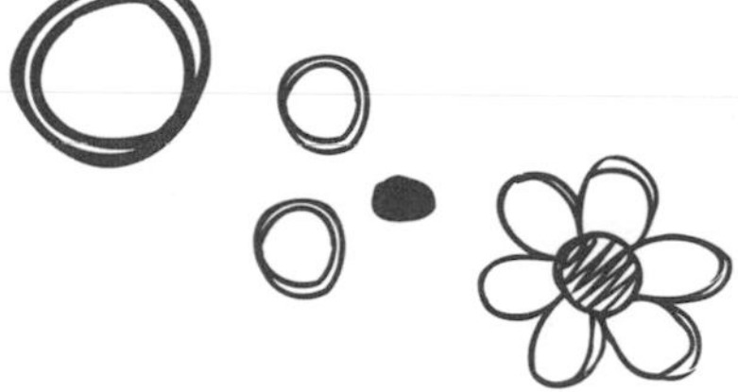

End-of-Year Review

A **Complete** the following sentences, using words from the box.

Beatitudes
missionary
image
Ten Commandments
Tradition
Pentecost
love
Holy Spirit
Initiation
Original Sin

1. Sacred Scripture and Sacred ______________________ must be understood together.
2. The ______________________ is the Third Divine Person of the Blessed Trinity.
3. At ______________________ the Apostles began their work of evangelization.
4. We become members of the Church through the Sacraments of Christian ______________________.
5. God created the universe out of ______________________ for us.
6. God created us in his own ______________ and likeness.
7. Adam and Eve's sin and the way it affects all people is called ______________________.
8. A ______________________ is a person who answers God's call to help people all over the world know about Jesus.
9. The ______________________ are God's laws that tell us what is required to love God and others.
10. The ______________________ are Jesus' teachings about how to live as part of the Kingdom of God.

B **Rellena** el círculo que está junto a la respuesta correcta.

11. La manera en que Dios se nos da a conocer a sí mismo y a su plan para todas las personas se llama _____.

○ **fe** ○ **Revelación Divina** ○ **Sagrada Escritura**

12. Jesús es la _____ Persona Divina de la Santísima Trinidad.

○ **Primera** ○ **Segunda** ○ **Tercera**

13. La celebración de la Eucaristía se llama _____.

○ **Adoración Eucarística** ○ **Misa** ○ **el Santísimo Sacramento**

14. Los hombres bautizados se ordenan como obispos, sacerdotes o diáconos, con el Sacramento de _____.

○ **la Eucaristía** ○ **el Orden Sagrado** ○ **el Matrimonio**

15. En el Sacramento de _____ un hombre y una mujer bautizados hacen un compromiso para toda la vida de amarse mutuamente y cuidar de sus hijos.

○ **la Eucaristía** ○ **el Orden Sagrado** ○ **el Matrimonio**

16. La libertad y habilidad para elegir que Dios nos ha dado se llama _____.

○ **libre albedrío** ○ **tentación** ○ **virtudes**

17. Los últimos _____ mandamientos nos enseñan cómo debemos tratar a los demás.

○ **Oración** ○ **seis** ○ **siete**

18. La _____ requiere que hablemos y también que escuchemos a Dios..

○ **cinco** ○ **Evangelización** ○ **Enseñanza**

19. El Padre Nuestro es un resumen de _____.

○ **el Antiguo Testamento** ○ **todo el Evangelio** ○ **los escritos de Tomás de Aquino**

20. Las _____ peticiones del Padre Nuestro contienen un resumen de todo lo que necesitamos como cristianos.

○ **seis** ○ **siete** ○ **ocho**

B **Fill in** the circle beside the correct answer.

11. The way God makes himself and his plan for all people known to us is called _____.

○ **faith** ○ **Divine Revelation** ○ **Sacred Scripture**

12. Jesus is the _____ Divine Person of the Blessed Trinity.

○ **First** ○ **Second** ○ **Third**

13. The celebration of the Eucharist is called _____.

○ **Eucharistic Adoration** ○ **Mass** ○ **the Blessed Sacrament**

14. Baptized men are ordained as bishops, priests, or deacons in the Sacrament of _____.

○ **Eucharist** ○ **Holy Orders** ○ **Matrimony**

15. In the Sacrament of _____ a baptized man and a baptized woman make a lifelong commitment to love each other and care for their children.

○ **Eucharist** ○ **Holy Orders** ○ **Matrimony**

16. Our God-given freedom and ability to make choices is called _____.

○ **free will** ○ **temptation** ○ **virtues**

17. The last _____ commandments guide us in how we are to treat others.

○ **five** ○ **six** ○ **seven**

18. _____ requires talking as well as listening to God.

○ **Prayer** ○ **Evangelization** ○ **Teaching**

19. The Lord's Prayer is a summary of the _____.

○ **Old Testament** ○ **whole Gospel** ○ **writings of Saint Thomas Aquinas**

20. The _____ petitions of the Lord's Prayer contain a summary of all we need as Christians.

○ **six** ○ **seven** ○ **eight**

C **Une** cada término de la Columna B con su definición en la Columna A, escribiendo la letra correcta en el espacio dado.

Columna A	Columna B
21. _____ el misterio de un solo Dios en tres Personas Divinas	**a.** la Santísima Trinidad
22. _____ la felicidad plena de vivir eternamente en la presencia de Dios	**b.** Bautismo
23. _____ el nombre de las cuatro características que identifican la Iglesia de Cristo	**c.** Encarnación
24. _____ el misterio de que el Hijo de Dios se hizo hombre para salvar a todas las personas	**d.** Atributos de la Iglesia
25. _____ el Sacramento que nos da el perdón de Dios después de que hemos pecado	**e.** María
26. _____ tel primer sacramento que nos une a Cristo	**f.** Cielo
27. _____ el sacramento que da la gracia de Dios a quienes sufren en mente, cuerpo o espíritu	**g.** alma
28. _____ nuestra madre espiritual y Madre de la Iglesia	**h.** Penitencia
29. _____ actos para atender las necesidades de los demás	**i.** Unción de los Enfermos
30. _____ la parte espiritual del ser humano que vive para siempre	**j.** Obras de Misericordia

C **Match** each term in column B with its definition in column A by writing the correct letter in the space provided.

Column A	Column B
21. _____ the mystery of the one God in three Divine Persons	**a.** the Blessed Trinity
22. _____ the full joy of living eternally in God's presence	**b.** Baptism
23. _____ the name for the four characteristics that identify Christ's Church	**c.** Incarnation
24. _____ the mystery of the Son of God becoming man to save all people	**d.** Marks of the Church
25. _____ the sacrament that gives us God's forgiveness after we have sinned	**e.** Mary
26. _____ the first sacrament that unites us to Christ	**f.** Heaven
27. _____ the sacrament that gives God's grace to those who are suffering in mind, body, or spirit	**g.** soul
28. _____ our spiritual Mother and the Mother of the Church	**h.** Penance
29. _____ acts that show care for others	**i.** Anointing of the Sick
30. _____ the spiritual part of a human that lives forever	**j.** Works of Mercy

D **Completa** las siguientes oraciones usando las palabras del recuadro.

Iglesia
Biblia
devociones
Padre
Mandamientos
Eucaristía
salvación
limosna
oración
Rosario

31. La Iglesia nos ayuda a entender todo lo que dice la _______________ lo que significa para nuestra vida.

32. La noche antes de morir, Jesús estableció el Sacramento de la _______________ .

33. Las _______________ no forman parte de la Misa y los sacramento pero son una forma importante de la oración católica.

34. María fue una parte importante del plan de Dios para nuestra _______________ .

35. La _______________ es el Cuerpo de Cristo.

36. El _______________ y las Estaciones de la Cruz son devociones que practican los católicos de todo el mundo.

37. Las formas básicas de _______________ cristiana incluyen bendición, petición, intercesión, acción de gracias y alabanza.

38. Podemos mostrar nuestro amor por los demás dando _______________, o donando dinero para los necesitados.

39. Los primeros tres _______________ nos dicen cómo debemos ser fieles a Dios.

40. Jesús nos enseñó que Dios es un _______________ amoroso.

D **Complete** the following sentences, using words from the box.

Church
Bible
devotions
Father
commandments
Eucharist
salvation
alms
prayer
Rosary

31. The Church helps us understand everything in the ______________________ and what it means for our lives.

32. On the night before he died, Jesus established the Sacrament of the ______________________.

33. ______________________ are separate from Mass and the sacraments but are an important form of Catholic prayer.

34. Mary was an important part of God's plan for our ______________________.

35. The ______________________ is the Body of Christ.

36. The ______________________ and the Stations of the Cross are devotions prayed by Catholics all over the world.

37. The basic forms of Christian ______________________ include blessing, petition, intercession, thanksgiving, and praise.

38. We can show love for others by giving ______________________, or donating money for those in need.

39. The first three ______________________ tell us how to be faithful to God.

40. Jesus taught us that God is a loving ______________________.

Oraciones y devociones católicas

Señal de la cruz

En el nombre del Padre

y del Hijo

y del Espíritu Santo.

Amén.

Signum Crucis

(SIG num) (CRU chees)

In nomine Patris,
(in) (NO mi ne) (PA tris)

et Filii,
(et) (FI lii)

et Spiritus Sancti.
(et) (SPI ri tus) (SANK ti)

Amen.
(A men)

Catholic Prayers and Devotions

Sign of the Cross

In the name of the Father,

and of the Son,

and of the Holy Spirit.

Amen.

Signum Crucis

(SIHG num) (KROO chees)

In nomine Patris,
(ihn) (NOH mee nay) (PAH trees)

ct Filii,
(et) (FEE lee ee)

et Spiritus Sancti.
(et) (SPEE ree toos) (SAHNK tee)

Amen.
(AH men)

Gloria al Padre	Doxologia Minor *(doxolo GIa) (MI nor)*
Gloria al Padre	Gloria Patri, *(GLO ri a) (PA tri)*
y al Hijo	et Filio, *(et) (FI li o)*
y al Espíritu Santo.	et Spiritui Sancto. *(et) (spi RI tui) (SANK to)*
Como era en el principio,	Sicut erat in principio, *(SI kut) (ER at) (in) (prin CHI pio)*
ahora y siempre,	et nunc, et semper, *(et) (nunk) (et) (SEM per)*
por los siglos de los siglos.	et in saecula saeculorum. *(et) (in) (SE ku la) (se ku LOR um)*
Amén.	Amen. *(A men)*

Glory Be

Glory be to the Father,

and to the Son,

and to the Holy Spirit.

As it was in the beginning,

is now,

and will be forever.

Amen.

Doxologia Minor

(dahx oh loh GEE ah) (MEE nor)

Gloria Patri,
(GLOH ree ah) (PAH tree)

et Filio,
(et) (FEE lee oh)

et Spiritui Sancto.
(et) (spee REE too ee) (SAHNK toh)

Sicut erat in principio,
(SEE koot) (AIR aht) (ihn) (prihn CHEE pee oh)

et nunc, et semper,
(et) (noonk) (et) (SEM pair)

et in saecula saeculorum.
(et) (ihn) (SAY koo lah) (say koo LOR um)

Amen.
(AH men)

Ave María	Ave Maria *(A ve) (ma RI a)*
Dios te salve, María, llena eres de gracia;	Ave Maria, gratia plena, *(A ve) (ma RI a) (GRAT sia) (PLE na)*
el Señor es contigo.	Dominus tecum. *(DO mi nus) (TE kum)*
Bendita Tú eres entre todas las mujeres,	Benedicta tu in mulieribus, *(be ne DI ta) (tu) (in) (mu li ER i bus)*
y bendito es el fruto de tu vientre,	et benedictus fructus ventris tui, *(et) (be ne DIK tus) (FRUK tus) (VEN tris) (TUi)*
Jesús.	Iesus. *(Yi sus)*
Santa María, Madre de Dios,	Sancta Maria, Mater Dei, *(SANK ta) (ma RIa) (MA ter) (DEi)*
ruega por nosotros, pecadores,	ora pro nobis peccatoribus, *(O ra) (pro) (NO bi) (pe ka TO ri bus)*
ahora y en la hora de nuestra muerte.	nunc, et in hora mortis nostrae. *(nunk) (et) (in) (O ra) (MOR tis) (NOS tre)*
Amén.	Amen. *(A men)*

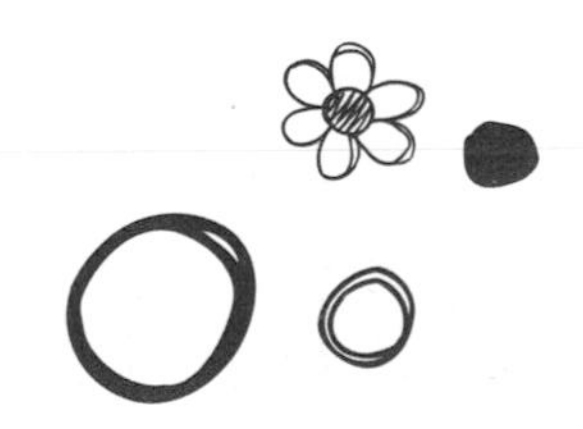

Nuevo Testamento

María

María, la primera discípula de Jesús, es la Madre de Dios. Ella amó a Jesús y lo cuidó, lo siguió hasta el Calvario y estuvo presente en Pentecostés. Ella fue asunta al Cielo, desde donde intercede por nosotros.

Juan Bautista

Juan, el primo de Jesús, llamó al pueblo a hacer un bautismo de arrepentimiento y señaló a Jesús como el Mesías. Juan fue apresado por denunciar la inmoralidad del rey Herodes y más tarde fue decapitado.

Jesús

La Palabra de Dios y Segunda Persona de la Santísima Trinidad se hizo hombre y recibió el nombre de Jesús, que significa "Dios salva". Él sufrió la muerte en una cruz, resucitó de nuevo y vive para siempre como nuestro Salvador y Redentor.

Pedro y los Apóstoles

Pedro dirigió a los Apóstoles y se convirtió en el primer Papa. Los otros Apóstoles fueron Andrés, Santiago, Juan, Felipe, Bartolomé, Tomás, Mateo, Simón, Judas Tadeo, Santiago, hijo de Alfeo, y Judas Iscariote (más tarde reemplazado por Matías).

María Magdalena

Jesús sanó a María de Magdala de una enfermedad emocional. Ella se convirtió en su discípula. Ella estuvo junto a Jesús en la Cruz y fue una de las primeras en verlo después de su Resurrección.

Pablo

Pablo, seguidor de la Antigua Ley, perseguía a los primeros cristianos. Pero después de que Jesús le habló en una visión, Pablo se convirtió y comenzó a predicar el camino de Cristo. En la actualidad todavía leemos sus cartas.

Historia primitiva
Creación hasta alrededor de 2100 a. C.

Dios crea a Adán y Eva y al mundo entero

Adán y Eva desobedecen a Dios y tienen que salir del Jardín del Edén

Caín asesina a su hermano Abel

Dios envía el Diluvio, pero salva a Noé y a su familia

Los patriarcas
2100 a. C hasta 1700 a. C.

Dios hace una alianza con Abrahán y Sara

Abrahán y Sara tienen un hijo, llamado Isaac

El hijo de Isaac, Jacob, recibe los derechos de primogénito de su hermano Esaú y se convierte en patriarca

El hijo de Jacob, José, es vendido como esclavo en Egipto; él salva a su familia de la hambruna

Los hijos de Jacob se convierten en los patriarcas, llamados las Doce Tribus de Israel

Esclavitud en Eg Éxodo
1700 a. C hasta 12

Los israelitas son escl Egipto

Dios llama a Moisés pa israelitas de la es

Dios envía plagas a E hacer que el faraón israelitas

Los israelitas, dirigidos viajan fuera de Egipto mar Rojo para alcanz Prometida

En el viaje, Dios le Mandamientos a M Monte Sin

io y el regreso
a. C. – 1 d. C.

lá son conquistadas, y el Templo son destrui- os judíos se mantienen vos en Babilonia

e cincuenta años, un de Babilonia permite lo regrese a Jerusalén y struya el Templo

beos batallan con los ios, quienes destruyen os Macabeos reclaman a dedicar el Templo

a los israelitas de ser nados en Persia

La vida de Jesús
3 a. C – 30 d. C.

La Encarnación: Jesús nace

María y José se llevan a Jesús a Egipto para escapar de la orden de Herodes de matar a todos los hijos primogénitos

Jesús realiza su primer milagro en el banquete de bodas de Caná

Jesús llama a sus primeros discípulos, Pedro y Andrés

Jesús nos da la Eucaristía y la Última Cena

Jesús muere en la Cruz

La Resurrección: Tres días después de su muerte, Jesús resucita de entre los muertos

La Ascensión: Jesús regresa con su Padre en el Cielo

La Iglesia primitiva
30 d. C. – 100 d. C.

Pentecostés: Cincuenta días después de la Ascensión de Jesús, el Espíritu Santo desciende sobre los Apóstoles y María

Los Apóstoles comienzan a predicar la Buena Nueva

Saulo, enemigo de los seguidores de Jesús, encuentra a Jesús y se convierte en cristiano; entonces, es conocido como Pablo

Pablo y los otros Apóstoles viajan para enseñar la Buena Nueva; ellos inician nuevas comunidades cristianas

La Iglesia continúa creciendo a lo largo del Imperio Romano

Grand

Antiguo Te

Adán y Eva

Adán y Eva son nuestros primeros padres. Adán significa "de la tierra", y Eva significa "madre de todos los seres vivientes". En el Libro del Génesis, Adán y Eva desobedecen a Dios y cometen el pecado original (el primero).

Noé

En el Libro del Génesis, se demuestra cómo Noé es fiel a Dios. Dios le ordenó a Noé que construyera el arca para salvar a su familia del Diluvio. Cuando el Diluvio terminó, Dios envió un arcoíris como señal de su amor.

Abrahán

Abrahán es "nuestro padre en la fe" porque él escuchó a Dios. Con fe en la promesa de Dios, Abrahán llevó a su familia a una tierra muy lejana. Dios prometió estar con los descendientes de Abrahán para siempre.

Sansón

Sansón fue consagrado a Dios desde su nacimiento. Él era muy fuerte y usaba su fuerza para servir al pueblo de Dios. Pero sus enemigos lo debilitaron. Él murió mientras destruía un templo pagano.

Samuel

Samuel era un profeta. Cuando era niño, había escuchado la voz de Dios en el Templo. Cuando el pueblo pidió un rey, Samuel no estuvo de acuerdo, pero él ungió a los dos primeros reyes de Israel, Saúl y David.

David

Como segundo rey de Israel, David, a pesar de sus faltas, confiaba en Dios. A David se le atribuye la escritura de la mayor parte del Libro de los Salmos. Dios prometió que el Mesías vendría de los descendientes de David.

es personajes de la Biblia

stamento

Jacob

Jacob, quien pasó a llamarse Israel, era el nieto de Abrahán. Jacob tuvo doce hijos, cada uno de los cuales comenzó una de las Doce Tribus de Israel. A Jacob se le honra como uno de los padres del Pueblo Elegido, los judíos.

Moisés

Moisés creció en el palacio real de Egipto. Sin embargo, él nunca olvidó que era judío. Dios lo llamó a liberar a los judíos de la esclavitud en Egipto y Moisés, bajo la guía de Dios, condujo a su pueblo a la libertad.

Débora

Débora fue una profetisa en Israel y la única juez mujer que menciona la Biblia. Con su apoyo, el ejército de los israelitas obtuvo la victoria sobre sus enemigos. Ella es llamada "la madre de Israel".

Salomón

El rey Salomón era hijo de David. Salomón le pidió a Dios el don de la sabiduría, y Dios lo recompensó no solo con sabiduría, sino con riqueza y poder. Salomón construyó el primer Templo, pero no se mantuvo fiel a Dios.

Isaías

Isaías era un profeta en el reino de Judá. El Libro de Isaías incluye profecías del Mesías que vendría. Estas profecías les dieron ánimo al pueblo, en medio de los exilios y las guerras frecuentes.

Ester

Ester fue la reina judía de Persia. Cuando los judíos de Persia fueron amenazados con el exterminio, la influencia de Ester con el rey los salvó. Todos los judíos celebran este acontecimiento en la fiesta del Purim.

Línea cronológica de la Biblia

…gipto y el

…50 a. C.

…avizados en

…ra sacar a los …lavitud

…gipto para …ibere a los

… por Moisés, … y cruzan el …ar la Tierra

…la los Diez …oisés en el …í

En la Tierra Prometida

1250 a. C. – 1050 a. C.

Moisés muere, y Dios llama a José a dirigir a los israelitas hasta la Tierra Prometida

Cada una de las Doce Tribus se establece en una parte del territorio

Dios envía a guerreros llamados jueces para ayudar a los israelitas a defender el territorio contra invasores

Reinos de Judá e Israel

1050 a. C. – 587 a. C.

Saúl es ungido como el primer rey de Israel

David, el rey siguiente, es un gobernante poderoso; él une a las Doce Tribus en un reino

El hijo de David, Salomón, construye el templo en Jerusalén

El reino se divide en dos: Israel y Judá

El Pueblo de Dios se aleja de Él; Dios envía profetas para traerlos de regreso

Profetas como Amós, Isaías y Jeremías le dicen al pueblo que debe honrar a Dios y vivir con justicia

El exi…

587…

Israel y Ju… Jerusalén y… dos; much… caut…

Después … nuevo rey… que el pueb… recon…

Los Maca… invasores si… el Templo; … y vuelve…

Ester salv… ases…

Bible Timeline

n Egypt
odus
0 BC

are
gypt

lead the
slavery

to Egypt
oh free the

by Moses,
gypt and
reach the
nd

God gives
lments to
it Sinai

In the Promised Land
1250 BC – 1050 BC

Moses dies, and God calls Joshua to lead the Israelites into the Promised Land

Each of the Twelve Tribes settles a section of the land

God sends warriors called judges to help the Israelites defend the land against invaders

Kingdoms of Judah and Israel
1050 BC – 587 BC

Saul is anointed the first king of Israel

David, the next king, is a powerful ruler; he unites the Twelve Tribes into one kingdom

David's son, Solomon, builds the Temple in Jerusalem

The Kingdom is split into two: Israel and Judah

As God's people turn away from him, God sends prophets to call them back to himself

Prophets like Amos, Isaiah, and Jeremiah tell the people to honor God and live justly

The Ex
58

Israel
conquer
and the Te
many Ju
capti

After fift
in Babylo
to return
rebu

The Ma
with Syr
vandaliz
Maccab
rededi

Esther sa
Persia f

Great People of the Bible

tament

Jacob

Jacob, renamed Israel, was the grandson of Abraham. Jacob had twelve sons, each of whom began one of the Twelve Tribes of Israel. Jacob is honored as one of the fathers of the Chosen People, the Jews.

Moses

Moses grew up in the royal palace of Egypt. Yet, he never forgot that he was a Jew. God called him to free the Jews from slavery in Egypt, and Moses, under God's guidance, led his people to freedom.

Deborah

Deborah was a prophetess in Israel and the only female judge mentioned in the Bible. With her support, the army of the Israelites won victory over their enemies. She is called "the mother of Israel."

Solomon

King Solomon was David's son. Solomon asked God for the gift of wisdom, and God rewarded him not only with wisdom, but with riches and power. Solomon built the first Temple, but did not remain faithful to God.

Isaiah

Isaiah was a prophet in the Kingdom of Judah. The Book of Isaiah includes prophecies of the coming Messiah. In the midst of frequent wars and exile, these prophecies gave encouragement to the people.

Esther

Esther was the Jewish Queen of Persia. When the Jews of Persia were threatened with extermination, Esther's influence with the king saved them. All Jews celebrate this event on the feast of Purim.

Old Test

Adam and Eve

Adam and Eve are our first parents. Adam means "of the earth," and Eve means "mother of all the living." In the Book of Genesis, Adam and Eve disobey God and commit the original (first) sin.

Noah

In the Book of Genesis, Noah is shown to be faithful to God. God instructed Noah to build the ark to save his family from the Flood. When the Flood ended, God sent a rainbow as a sign of his love.

Abraham

Abraham is "our father in faith" because he listened to God. With faith in God's promise, Abraham took his family to a faraway land. God promised to be with Abraham's descendants forever.

Samson

Samson was dedicated to God from his birth. He was very strong, and used his strength to serve God's people. But he was weakened by his enemies. He was killed while destroying a pagan temple.

Samuel

Samuel was a prophet. As a young teen, he had heard God's voice in the Temple. When the people asked for a king, Samuel disagreed, but he anointed the first two kings of Israel, Saul and David.

David

As the second king of Israel, David, despite his faults, trusted in God. David is credited with writing much of the Book of Psalms. God promised that from David's line would come the Messiah.

:ile and Return
:7 BC – AD 1

and Judah are
ed, and Jerusalem
mple are destroyed;
leans are taken in
vity in Babylon

y years a new king
n allows the people
, to Jerusalem and
ld the Temple

:cabees do battle
'an invaders, who
e the Temple; the
pees reclaim and
:ate the Temple

ves the Israelites in
om being killed

The Life of Jesus
3 BC – AD 30

The Incarnation – Jesus is born

Mary and Joseph take Jesus to Egypt to escape Herod's order to kill all firstborn sons

Jesus performs his first miracle at the wedding feast at Cana

Jesus calls the first disciples, Peter and Andrew

Jesus gives us the Eucharist at the Last Supper

Jesus dies on the Cross

The Resurrection – Three days after his death, Jesus rises from the dead

The Ascension – Jesus returns to his Father in Heaven

The Early Church
AD 30 – AD 100

Pentecost – Fifty days after Jesus' Resurrection the Holy Spirit descends on the Apostles and Mary

The Apostles begin preaching the Good News

Saul, an enemy of the followers of Jesus, meets Jesus and becomes a Christian; he is then known as Paul

Paul and the other Apostles travel to teach the Good News; they start new Christian communities

The Church continues to grow throughout the Roman Empire

Primeval History
Creation to about 2100 BC

God creates Adam and Eve and all the world

Adam and Eve disobey God and have to leave the Garden of Eden

Cain kills his brother Abel

God sends the Great Flood, but he saves Noah and his family

The Patriarchs
2100 BC to 1700 BC

God makes a covenant with Abraham and Sarah

Abraham and Sarah have a son, named Isaac

Isaac's son Jacob receives his brother Esau's birthright and becomes patriarch

Jacob's son Joseph is sold into slavery in Egypt; he saves his family from famine

Jacob's sons become the Patriarchs, called the Twelve Tribes of Israel

Enslavement i and the Ex
1700 BC to 12

The Israelite enslaved in E

God calls Moses to Israelites out of

God sends plagues to make the Pharao Israelites

The Israelites, led journey out of Eg cross the Red Sea to Promised La

On the journey, G the Ten Commanc Moses on Mour

New Testament

Mary

Mary, the first disciple of Jesus, is the Mother of God. She loved and cared for Jesus, followed him to Calvary, and was present at Pentecost. She was assumed into Heaven, where she intercedes for us.

John the Baptist

John, the cousin of Jesus, called the people to a baptism of repentance and pointed out Jesus, the Messiah. John was imprisoned for denouncing King Herod's immorality and was later beheaded.

Jesus

The Word of God and Second Person of the Trinity became man and was given the name Jesus, meaning "God saves." He suffered death on the Cross, rose again, and lives forever as our Savior and Redeemer.

Peter and the Apostles

Peter led the Apostles and became the first Pope. The other Apostles are Andrew, James, John, Philip, Bartholomew, Thomas, Matthew, Simon, Jude, James the Less, and Judas (later replaced by Matthias).

Mary Magdalene

Mary of Magdala was healed of an emotional sickness by Jesus. She became his disciple. She stood by Jesus at the Cross and she was one of the first to see him after his Resurrection.

Paul

Paul, a follower of the Old Law, persecuted the first Christians. But after Jesus spoke to him in a vision, Paul was converted and began to preach the way of Christ. We still read his Letters today.

Hail Mary

Ave Maria
(AH vay) (mah REE ah)

Hail Mary	Ave Maria
Hail, Mary, full of grace,	Ave Maria, gratia plena, *(AH vay) (mah REE ah) (GRAHT see ah) (PLAY nah)*
the Lord is with thee.	Dominus tecum. *(DOH mee noos) (TAY kum)*
Blessed art thou among women,	Benedicta tu in mulieribus, *(bay nay DIHK tah) (too) (ihn) (moo lee AIR ee bus)*
and blessed is the fruit of thy womb,	et benedictus fructus ventris tui, *(et) (bay nay DIHK tus) (FRUK toos) (VEN trihs) (TOO ee)*
Jesus.	Iesus. *(YAY zoos)*
Holy Mary, Mother of God,	Sancta Maria, Mater Dei, *(SAHNK tah) (mah REE ah) (MAH tair) (DAY ee)*
pray for us sinners,	ora pro nobis peccatoribus, *(OH rah) (proh) (NOH bees) (pek a TOR ee bus)*
now and at the hour of our death.	nunc, et in hora mortis nostrae. *(noonk) (et) (ihn) (HOR ah) (MOR tees) (NOHS tray)*
Amen.	Amen. *(AH men)*

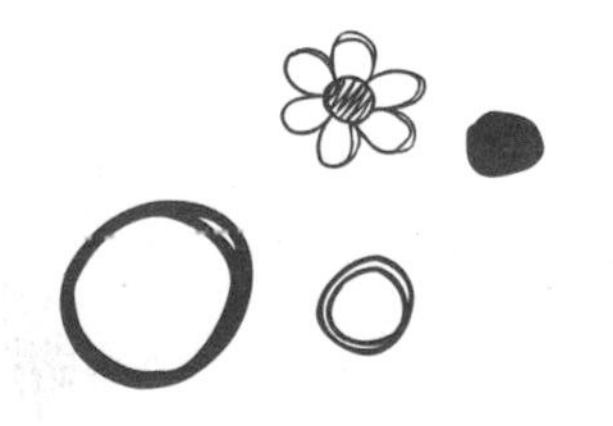

# El Padre Nuestro	# Oratio Dominica *(o RA sio) (do MI ni ka)*
Padre nuestro que estás en el cielo,	Pater noster, qui es in caelis, *(PA ter) (NOS ter) (kui) (es) (in) (CHE lis)*
santificado sea tu Nombre;	sanctificetur nomen tuum. *(sank ti fi CHE tur) (NO men) (TU um)*
venga a nosotros tu reino;	Adveniat regnum tuum. *(ad VE niat) (REG num) (TU um)*
hágase tu voluntad	Fiat voluntas tua, *(FI at) (vo LUN tas) (TUa)*
en la tierra como en el cielo.	sicut in caelo et in terra. *(SI kut) (in) (CHE lo) (et) (in) (TE ra)*
Danos hoy nuestro pan de cada día;	Panem nostrum quotidianum *(PA nem) (NOs trum) (kuo ti di A num)*
	da nobis hodie, *(da) (NO bis) (O die)*
perdona nuestras ofensas,	et dimitte nobis debita nostra *(et) (di MI te) (NO bis) (DE bi ta) (NOS tra)*
como también nosotros perdonamos	sicut et nos dimittimus *(SI kut) (et) (nos) (di MI ti mus)*
a los que nos ofenden;	debitoribus nostris. *(de bi TO ri bus) (NOS tris)*
no nos dejes caer en la tentación,	Et ne nos inducas in tentationem, *(et) (ne) (nos) (in DU kas) (in) (ten ta tsi O nem)*
y líbranos del mal.	sed libera nos a malo. *(sed) (LI be ra) (nos) (a) (MA lo)*
Amén.	Amen. *(A men)*

The Lord's Prayer	Oratio Dominica *(oh RAHT see oh) (doh MEE nee kah)*
Our Father, who art in heaven,	Pater noster, qui es in caelis, *(PAH tair) (NOHS tair) (kwee) (es) (ihn) (CHAY lees)*
hallowed be thy name;	sanctificetur nomen tuum. *(sahnk tee fee CHAY tor) (NOH men) (TOO um)*
thy kingdom come;	Adveniat regnum tuum. *(ahd VAY nee aht) (REG num) (TOO um)*
thy will be done	Fiat voluntas tua, *(FEE aht) (voh LUN tahs) (TOO ah)*
on earth as it is in heaven.	sicut in caelo et in terra. *(SEE koot) (ihn) (CHAY loh) (et) (ihn) (TAIR ah)*
Give us this day our daily bread;	Panem nostrum quotidianum *(PAH nem) (NOH strum) (kwoh tee dee AH num)*
	da nobis hodie, *(dah) (NOH bees) (HOH dee ay)*
and forgive us our trespasses	et dimitte nobis debita nostra *(et) (dih MIHT tay) (NOH bees) (DAY bee tah) (NOH strah)*
as we forgive those	sicut et nos dimittimus *(SEE koot) (et) (nohs) (dee MEE tee mus)*
who trespass against us;	debitoribus nostris. *(day bee TOR ee bus) (NOH strees)*
and lead us not into temptation,	Et ne nos inducas in tentationem, *(et) (nay) (nohs) (ihn DOO kahs) (ihn) (ten taht see OH nem)*
but deliver us from evil.	sed libera nos a malo. *(sed) (LEE bair ah) (nohs) (ah) (MAH loh)*
Amen.	Amen. *(AH men)*

Oración al Espíritu Santo

Ven Espíritu Santo, llena los corazones de tus fieles
y enciende en ellos el fuego de tu amor.
Envía tu Espíritu y serán creadas todas las cosas
y renovarás la faz de la tierra.

Salve Regina

Dios te salve, Reina y Madre de misericordia,
vida, dulzura y esperanza nuestra;
Dios te salve.
A ti llamamos los desterrados hijos de Eva;
a ti suspiramos, gimiendo y llorando
en este valle de lágrimas.
Ea, pues, Señora, abogada nuestra,
vuelve a nosotros esos tus ojos
misericordiosos;
y después de este destierro, muéstranos a
Jesús,
fruto bendito de tu vientre.
¡Oh, clementísima, oh piadosa, oh dulce
Virgen María!

El Credo de los Apóstoles

Creo en Dios, Padre Todopoderoso,
Creador del cielo y de la tierra.
Creo en Jesucristo, su único Hijo,
Nuestro Señor,
que fue concebido por obra y gracia del
Espíritu Santo,
nació de santa María Virgen,
padeció bajo el poder de Poncio Pilato,
fue crucificado, muerto y sepultado,
descendió a los infiernos,
al tercer día resucitó de entre los
muertos,
subió a los cielos
y está sentado a la derecha de Dios,
Padre todopoderoso.
Desde allí ha de venir a juzgar a vivos
y muertos.

Creo en el Espíritu Santo,
la santa Iglesia católica,
la comunión de los santos,
el perdón de los pecados,
la resurrección de la carne
y la vida eterna.
Amén.

Prayer to the Holy Spirit

Come, Holy Spirit, fill the hearts of your faithful,
and kindle in them the fire of your love.
Send forth your Spirit and they shall be created,
and you will renew the face of the earth.

Hail Holy Queen

Hail, Holy Queen, Mother of Mercy,
our life, our sweetness, and our hope!
To you we cry,
poor banished children of Eve;
to you we send up our sighs,
mourning and weeping in this vale of tears.
Turn, then, most gracious advocate,
your eyes of mercy toward us;
and after this, our exile,
show to us the blessed fruit of your womb,
Jesus.
O clement, O loving, O sweet Virgin Mary!

The Apostles' Creed

I believe in God,
the Father almighty,
Creator of heaven and earth,
and in Jesus Christ, his only Son,
our Lord,
who was conceived by the Holy Spirit,
born of the Virgin Mary,
suffered under Pontius Pilate,
was crucified, died, and was buried;
he descended into hell;
on the third day he rose again from the
dead;
he ascended into heaven,
and is seated at the right hand of God
the Father almighty;
from there he will come to judge the
living and the dead.
I believe in the Holy Spirit,
the holy catholic Church,
the communion of saints,
the forgiveness of sins,
the resurrection of the body,
and life everlasting.
Amen.

El Credo de Nicea

Creo en un solo Dios,
Padre Todopoderoso,
Creador del cielo y de la tierra,
de todo lo visible y lo invisible.

Creo en un solo Señor, Jesucristo, Hijo único de Dios,
nacido del Padre antes de todos los siglos:
Dios de Dios, Luz de Luz,
Dios verdadero de Dios verdadero,
engendrado, no creado,
de la misma naturaleza del Padre,
por quien todo fue hecho;
que por nosotros, los hombres,
y por nuestra salvación bajó del cielo,
y por obra del Espíritu Santo
se encarnó de María, la Virgen,
y se hizo hombre;

y por nuestra causa fue crucificado
en tiempos de Poncio Pilato;
padeció y fue sepultado,
y resucitó al tercer día, según las Escrituras,
y subió al cielo, y está sentado a la derecha del Padre;
y de nuevo vendrá con gloria
para juzgar a vivos y muertos,
y su reino no tendrá fin.

Creo en el Espíritu Santo, Señor y dador de vida,
que procede del Padre y del Hijo,
que con el Padre y el Hijo
recibe una misma adoración y gloria,
y que habló por los profetas.
Creo en la Iglesia,
que es una, santa, católica y apostólica.
Confieso que hay un solo bautismo
para el perdón de los pecados.
Espero la resurrección de los muertos
y la vida del mundo futuro.
Amén.

Oración ante el Santísimo Sacramento

Señor Jesús, creo que verdaderamente
estás presente en la Eucaristía.
Al recibir la
Sagrada Comunión,
ayúdame a amar como Tú
amaste, a servir como
Tú serviste,
para así poder ser el
Cuerpo de Cristo
para los demás.
Amén.

The Nicene Creed

I believe in one God,
the Father almighty,
maker of heaven and earth,
of all things visible and invisible.

I believe in one Lord, Jesus Christ,
the Only Begotten Son of God,
born of the Father before all ages,
God from God, Light from Light,
true God from true God,
begotten, not made, consubstantial with
the Father;
through him all things were made.
For us men and for our salvation,
he came down from heaven,
and by the Holy Spirit was incarnate of
the Virgin Mary,
and became man.

For our sake he was crucified under
Pontius Pilate,
he suffered death and was buried,
and rose again on the third day
in accordance with the Scriptures.
He ascended into heaven
and is seated at the right hand of the
Father.
He will come again in glory
to judge the living and the dead
and his kingdom will have no end.

I believe in the Holy Spirit, the Lord, the
giver of life,
who proceeds from the Father and the
Son,
who with the Father and the Son is
adored and glorified,
who has spoken through the prophets.
I believe in one, holy, catholic and
apostolic Church.
I confess one Baptism for the forgiveness
of sins
and I look forward to the resurrection of
the dead
and the life of the world to come. Amen.

Prayer Before the Blessed Sacrament

Lord Jesus, I believe that you are truly
present in the Eucharist.
As I receive you in
Holy Communion,
help me to love as you loved,
serve as you served,
so I can be the Body
of Christ to others.
Amen.

Bendición de la mesa antes de comer

Bendícenos, Señor,
y bendice estos alimentos
que por tu bondad vamos a tomar.
Por Jesucristo Nuestro Señor.
Amén.

Acto de fe

Dios mío, porque eres verdad infalible, creo firmemente todo aquello que has revelado y la Santa Iglesia nos propone para creer.
Creo expresamente en ti, único Dios verdadero en tres Personas iguales y distintas, Padre, Hijo y Espíritu Santo.
Y creo en Jesucristo, Hijo de Dios, que se encarnó y murió por nosotros, el cual nos dará a cada uno, según los méritos, el premio o el castigo eterno.
Conforme a esta fe quiero vivir siempre.
Señor, acrecienta mi fe. Amén.

Acción de gracias después de las comidas

Padre misericordioso,
te alabamos y glorificamos por los maravillosos dones
que nos has dado: por la vida y la salud,
por la fe y el amor, y por estos alimentos que hemos
compartido juntos.
Padre, te damos gracias por Cristo, nuestro Señor.
Amén.

Acordaos

Acordaos, oh piadosísima Virgen María, que jamás se ha oído decir que ninguno de los que han acudido a tu protección, implorando tu asistencia y reclamando tu socorro, haya sido abandonado de ti. Animado con esta confianza, a ti también acudo, oh Madre, Virgen de las vírgenes, y aunque gimiendo bajo el peso de mis pecados, me atrevo a comparecer ante tu presencia soberana. No deseches mis humildes súplicas, oh Madre del Verbo divino, antes bien, escúchalas y acógelas benignamente. Amén.

Grace After Meals

Father of mercy,
we praise you and give you glory
for the wonderful gifts you have given
us: for life and health, for faith and
love, and for this meal we have shared
together.
Father, we thank you through Christ
our Lord. Amen.

Grace Before Meals

Bless us, O Lord, and these thy gifts which we are about to receive from thy bounty through Christ our Lord. Amen.

Act of Faith

O my God, I firmly believe that you are one God in three Divine Persons, Father, Son, and Holy Spirit. I believe that your divine Son became man and died for our sins and that he will come to judge the living and the dead. I believe these and all the truths which the Holy Catholic Church teaches, because you have revealed them who are eternal truth and wisdom, who can neither deceive nor be deceived. In this faith I intend to live and die. Amen.

Memorare

Remember, O most gracious Virgin Mary, that never was it known that anyone who fled to thy protection, implored thy help, or sought thy intercession, was left unaided. Inspired by this confidence I fly unto thee, O Virgin of virgins, my Mother. To thee do I come, before thee I stand, sinful and sorrowful. O Mother of the Word Incarnate, despise not my petitions, but in thy mercy hear and answer me. Amen.

Acto de esperanza

Señor Dios mío, espero por tu gracia la remisión de todos mis pecados; y después de esta vida, alcanzar la eterna felicidad, porque tú lo prometiste que eres infinitamente poderoso, fiel, benigno y lleno de misericordia. Quiero vivir y morir en esta esperanza. Amén.

Oración del penitente

Dios mío, me arrepiento de todo corazón de todo lo malo que hecho y de todo lo bueno que he dejado de hacer, porque pecando te he ofendido a ti, que eres el sumo bien y digno de ser amado sobre todas las cosas.
Propongo firmemente, con tu gracia, cumplir la penitencia, no volver a pecar y evitar las ocasiones de pecado.
Perdóname, Señor, por los méritos de la pasión de nuestro salvador Jesucristo.
Amén.

— *Ritual de la Penitencia*

Ángel custodio (contemporáneo)

Ángel de mi guarda,
de mi dulce compañía,
no me desampares,
ni de noche ni de día,
no me dejes solo,
que me perdería.
Amén.

Acto de caridad

Dios mío, te amo sobre todas las cosas y al prójimo por ti, porque Tú eres el infinito, sumo y perfecto Bien, digno de todo amor. En esta caridad quiero vivir y morir.
Amén.

Ángel de la guarda (tradicional)

Ángel de Dios,
que eres mi custodio,
pues la bondad divina me ha encomendado a ti,
ilumíname, guárdame,
defiéndeme y gobiérname.
Amén.

Act of Hope

O Lord God, I hope by your grace for the pardon of all my sins and after life here to gain eternal happiness because you have promised it who are infinitely powerful, faithful, kind, and merciful. In this hope I intend to live and die. Amen.

Act of Love

O Lord God, I love you above all things and I love my neighbor for your sake because you are the highest, infinite and perfect good, worthy of all my love. In this love I intend to live and die. Amen.

Act of Contrition

My God,
I am sorry for my sins
with all my heart.
In choosing to do wrong
and failing to do good,
I have sinned against you
whom I should love above all things.
I firmly intend, with your help,
to do penance,
to sin no more,
and to avoid whatever leads me to sin.
Our Savior Jesus Christ
suffered and died for us.
In his name, my God, have mercy.

— *Rite of Penance*

Prayer to the Guardian Angel

(contemporary)

Angel sent by God to guide me,
be my light and walk beside me;
be my guardian and protect me;
on the paths of life direct me.

Prayer to the Guardian Angel

(traditional)

Angel of God, my Guardian dear,
to whom his love commits me here,
ever this day (or night) be at my side,
to light and guard, to rule and guide. Amen.

Ángelus

V: El ángel del Señor anunció a María.
R: Y concibió por obra y gracia del Espíritu Santo.

Dios te salve, María...

V: He aquí la esclava del Señor.
R: Hágase en mí según tu palabra.

Dios te salve, María...

V: Y el Verbo de Dios se hizo carne.
R: Y habitó entre nosotros.

Dios te salve, María...

V: Ruega por nosotros, Santa Madre de Dios,
R: para que seamos dignos de alcanzar las promesas de Jesucristo

Oremos.
Infunde, Señor,
tu gracia en nuestras almas,
para que, los que hemos conocido, por el anuncio del Ángel,
la Encarnación de tu Hijo Jesucristo,
lleguemos por los Méritos de su Pasión y su Cruz,
a la gloria de la Resurrección.
Por Jesucristo Nuestro Señor.
Amén.

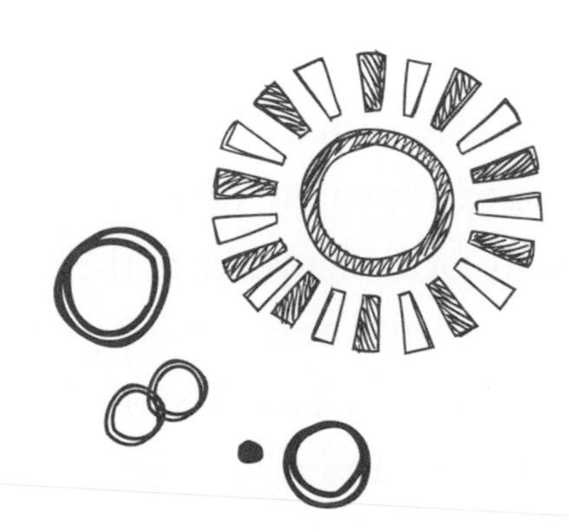

The Angelus

V. The angel of the Lord declared unto Mary.
R. And she conceived of the Holy Spirit.

Hail Mary,...

V. Behold the handmaid of the Lord
R. Let it be done unto me according to thy word.

Hail Mary,...
V. And the Word was made flesh
R. And dwelt among us.

Hail Mary,...

V. Pray for us, O holy Mother of God
R. That we may be made worthy of the promises of Christ

Let us pray: Pour forth, we beseech Thee, O Lord, Thy grace into our hearts,
That we, to whom the Incarnation of Christ thy Son was made known by
the message of an angel,
may, by his Passion and Cross,
be brought to the glory of his Resurrection
through the same Christ, our Lord.
Amen.

El Rosario

El Rosario es una devoción especial dedicada a la Virgen María. Rezar el Rosario nos ayuda a pensar en la vida de Jesús, su sufrimiento, muerte, Resurrección y Ascensión. La parte principal de rezar el Rosario es repetir el Padre Nuestro, un grupo de diez Ave Marías y el Gloria al Padre.

Rezamos el Rosario con cuentas de rosario. Las cuentas o pepitas nos ayudan a llevar la cuenta de nuestras oraciones. Cada grupo de cuentas se llama decena. Antes de comenzar cada decena, pensamos en un suceso de la vida de Jesús o María. Llamamos misterios a estos sucesos.

Los misterios del Rosario están divididos en cuatro grupos. Estos grupos se llaman Misterios Gozosos, Misterios Dolorosos, Misterios Gloriosos y Misterios Luminosos. Cada grupo tiene cinco misterios. Rezamos cada uno de estos grupos en días específicos de la semana. La tabla de abajo señala todos los misterios y explica en qué días de la semana rezarlos.

El diagrama de la página siguiente explica cómo rezar el Rosario. Muestra cuál oración rezar en cada cuenta. Usa este diagrama para ayudarte a rezar el Rosario por ti mismo, en clase o con tu familia.

Los Misterios del Rosario

Misterios Gozosos

(lunes y sábado)

1. La encarnación del Hijo de Dios
2. La visitación de Nuestra Señora a su prima Santa Isabel
3. El nacimiento del Hijo de Dios
4. La presentación de Jesús en el templo
5. El Niño Jesús es perdido y hallado en el templo

Misterios Dolorosos

(martes y viernes)

1. La oración de Jesús en el huerto
2. La flagelación del Señor
3. La coronación de espinas
4. Jesús con la Cruz a cuestas camino del Calvario
5. La Crucifixión y Muerte de Nuestro Señor

Misterios Gloriosos

(miércoles y domingo)

1. La Resurrección del Hijo de Dios
2. La Ascensión del Señor a los cielos
3. La venida del Espíritu Santo sobre los Apóstoles
4. La Asunción de Nuestra Señora a los cielos
5. La coronación de la Santísima Virgen como Reina de los cielos y tierra

Misterios Luminosos

(jueves)

1. El Bautismo de Jesús en el Jordán
2. La autorrevelación de Jesús en las bodas de Caná
3. El anuncio del Reino de Dios invitando a la conversión
4. La Transfiguración
5. La Institución de la Eucaristía

The Rosary

The Rosary is a special devotion dedicated to the Virgin Mary. Praying the Rosary helps us think about Jesus' life and his suffering, death, Resurrection, and Ascension. The main part of praying the Rosary is repeating the Lord's Prayer, a group of ten Hail Marys, and the Glory Be.

We pray the Rosary using rosary beads. The rosary beads help us keep track of our prayers. Each group of beads is called a decade. Before starting each decade, we think about an event from Jesus' or Mary's life. We call these events mysteries.

The mysteries of the Rosary are divided into four groups. These groups are called the Joyful Mysteries, the Sorrowful Mysteries, the Glorious Mysteries, and the Luminous Mysteries. Each group has five mysteries. We pray each of these groups on specific days of the week. The chart below names all the mysteries and tells on which days to pray them.

The diagram on the next page explains how to pray the Rosary. It shows which prayer to say on each bead. Use this diagram to help you pray the Rosary on your own, in class, or with your family.

The Mysteries of the Rosary

Joyful Mysteries

(Monday and Saturday)

1. The Annunciation
2. The Visitation
3. The Birth of Jesus
4. The Presentation of Jesus in the Temple
5. The Finding of Jesus in the Temple

Glorious Mysteries

(Wednesday and Sunday)

1. The Resurrection
2. The Ascension
3. The Coming of the Holy Spirit on the Apostles
4. The Assumption of Mary into Heaven
5. The Crowning of Mary as Queen of Heaven

Sorrowful Mysteries

(Tuesday and Friday)

1. The Agony in the Garden
2. The Scourging at the Pillar
3. The Crowing with Thorns
4. The Carrying of the Cross
5. The Crucifixion

The Luminous Mysteries

(Thursday)

1. The Baptism of Jesus
2. The Miracle at Cana
3. Jesus Proclaims the Kingdom of God
4. The Transfiguration of Jesus
5. The Institution of the Eucharist

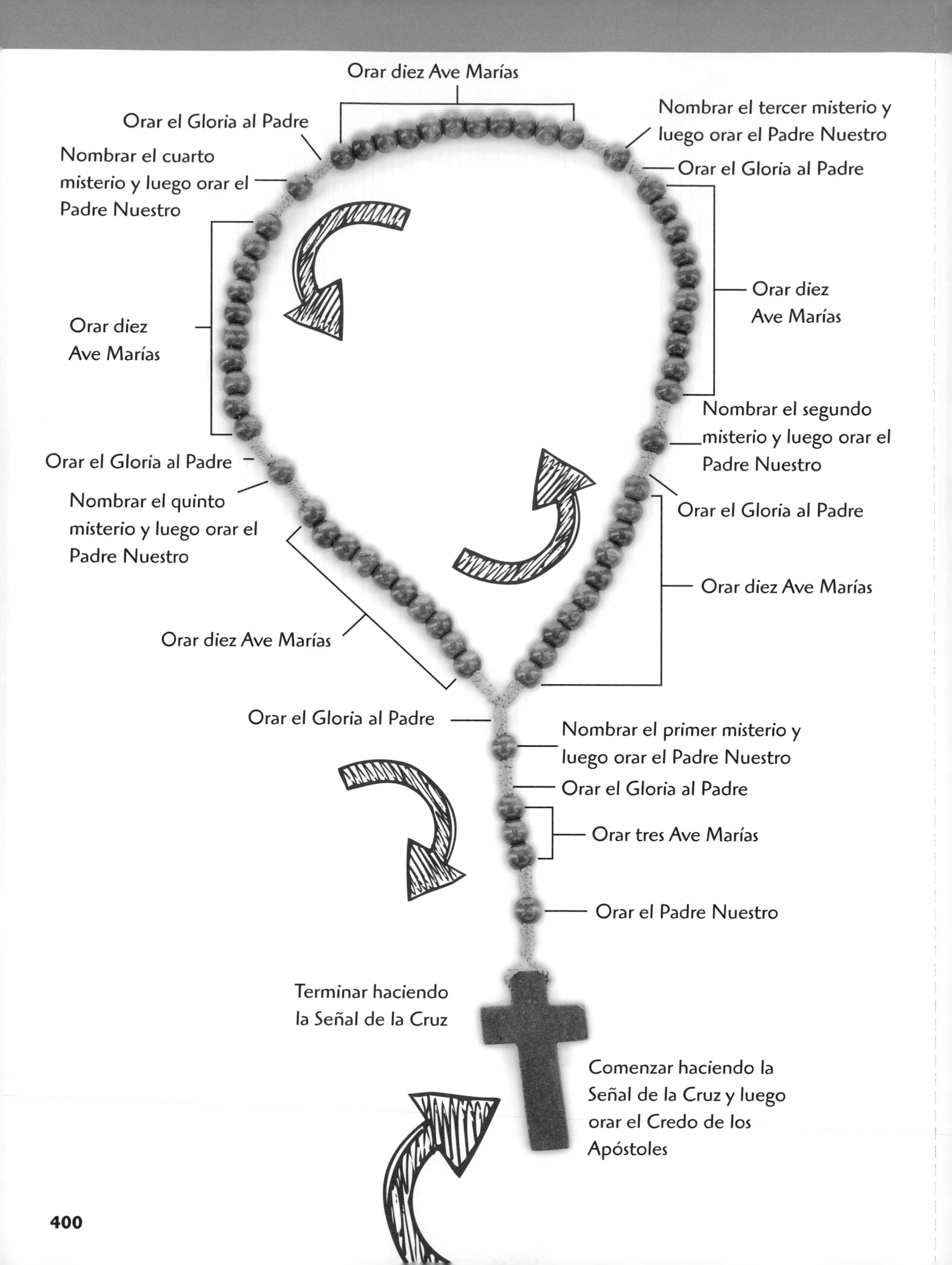
Orar diez Ave Marías
Orar el Gloria al Padre
Nombrar el tercer misterio y luego orar el Padre Nuestro
Nombrar el cuarto misterio y luego orar el Padre Nuestro
Orar el Gloria al Padre
Orar diez Ave Marías
Orar diez Ave Marías
Nombrar el segundo misterio y luego orar el Padre Nuestro
Orar el Gloria al Padre
Orar el Gloria al Padre
Nombrar el quinto misterio y luego orar el Padre Nuestro
Orar diez Ave Marías
Orar diez Ave Marías
Orar el Gloria al Padre
Nombrar el primer misterio y luego orar el Padre Nuestro
Orar el Gloria al Padre
Orar tres Ave Marías
Orar el Padre Nuestro
Terminar haciendo la Señal de la Cruz
Comenzar haciendo la Señal de la Cruz y luego orar el Credo de los Apóstoles

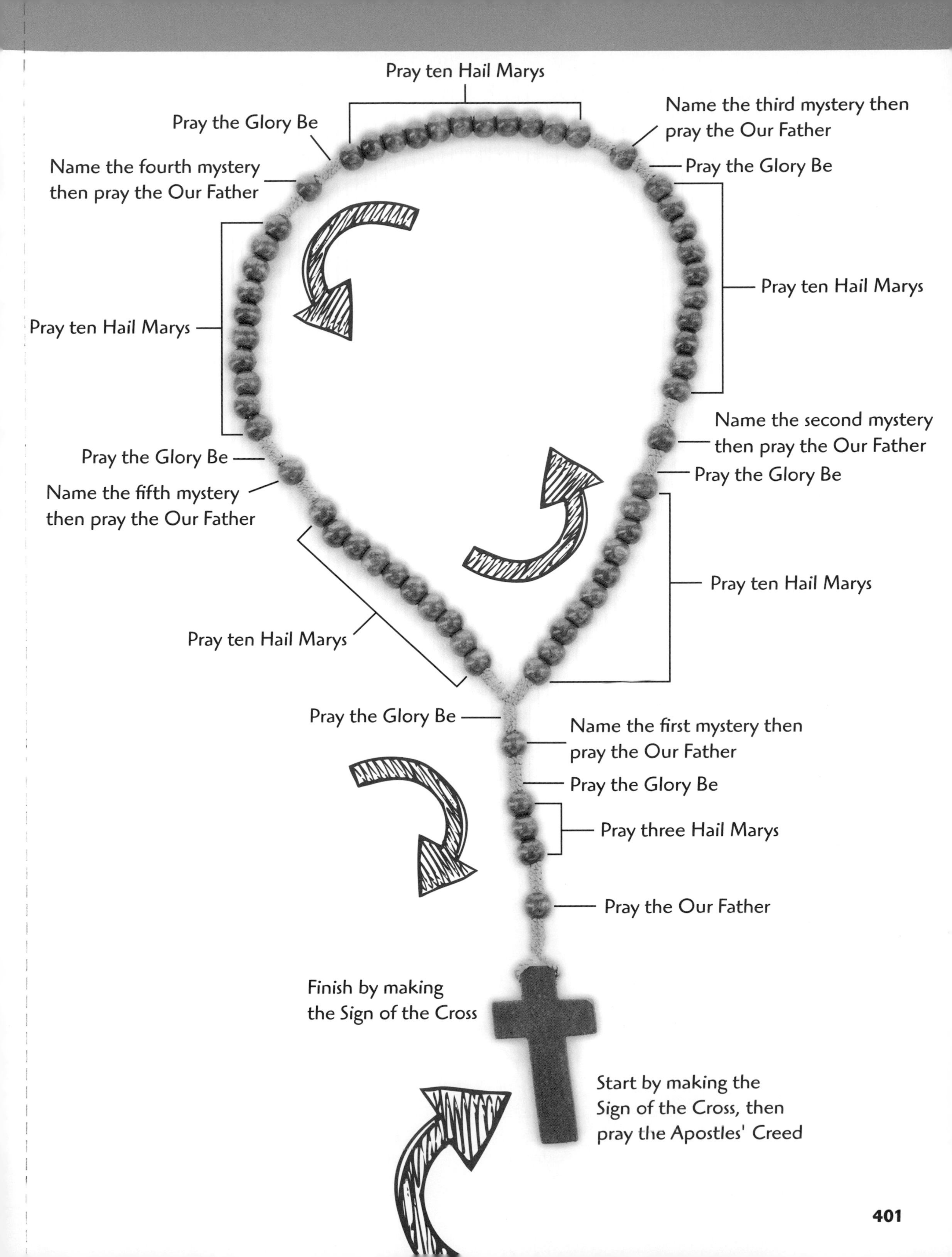
Pray ten Hail Marys
Pray the Glory Be
Name the third mystery then pray the Our Father
Name the fourth mystery then pray the Our Father
Pray the Glory Be
Pray ten Hail Marys
Pray ten Hail Marys
Name the second mystery then pray the Our Father
Pray the Glory Be
Pray the Glory Be
Name the fifth mystery then pray the Our Father
Pray ten Hail Marys
Pray ten Hail Marys
Pray the Glory Be
Name the first mystery then pray the Our Father
Pray the Glory Be
Pray three Hail Marys
Pray the Our Father
Finish by making the Sign of the Cross
Start by making the Sign of the Cross, then pray the Apostles' Creed

Las Estaciones de la Cruz

Las Estaciones de la Cruz son una oración especial dedicada a Jesús. Nos ayudan a pensar en los sucesos del sufrimiento y muerte de Jesús en la Cruz. Las Estaciones generalmente se oran los viernes de Cuaresma, pero las podemos orar en cualquier momento.

Jesús es condenado a muerte

Jesús carga con la cruz

Jesús cae por primera vez

Jesús encuentra a su Santísima Madre

Simón el Cirineo le ayuda a llevar la cruz

Verónica limpia el rostro de Jesús

Jesús cae por segunda vez

Las mujeres de Jerusalén lloran por Jesús

Jesús cae por tercera vez

Jesús es despojado de sus vestiduras

Jesús es clavado en la cruz

Jesús muere en la cruz

El cuerpo de Jesús es bajado de la cruz

El cuerpo de Jesús es colocado en el sepulcro

The Stations of the Cross

The Stations of the Cross are a special prayer devoted to Jesus. They help us think about the events of Jesus' suffering and death on the Cross. The Stations are usually prayed on the Fridays of Lent, but we can pray them any time.

Jesus is condemned to death

Jesus accepts the Cross

Jesus falls the first time

Jesus meets his mother

Simon helps Jesus carry the Cross

Veronica wipes the face of Jesus

Jesus falls the second time

Jesus meet the women of Jerusalem

Jesus falls the third time

Jesus is stripped of his garments

Jesus is nailed to the Cross

Jesus dies on the Cross

Jesus is taken down from the Cross

Jesus is buried in the tomb

Creencias y prácticas católicas

Los Diez Mandamientos

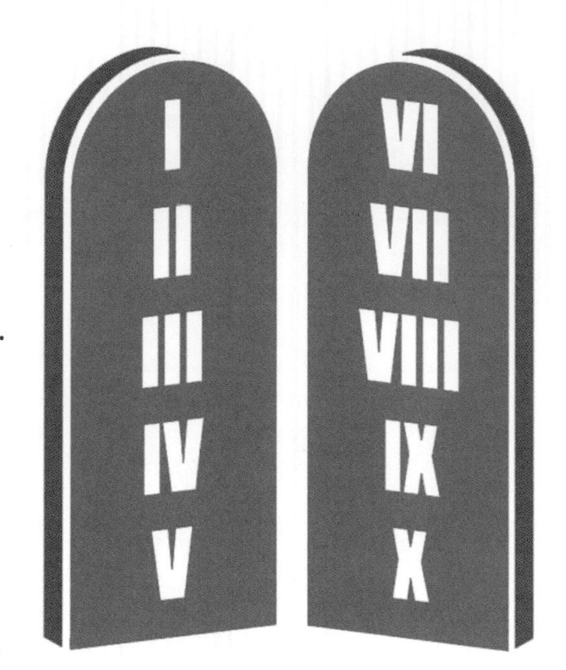

1. Yo soy el Señor, tu Dios. No habrá para ti otros dioses delante de mí.
2. No tomarás en falso el nombre del Señor tu Dios.
3. Guardarás el día del sábado para santificarlo.
4. Honra a tu padre y a tu madre.
5. No matarás.
6. No cometerás adulterio.
7. No robarás.
8. No darás testimonio falso contra tu prójimo.
9. No desearás la mujer de tu prójimo.
10. No codiciarás... nada que sea de tu prójimo.

El Gran Mandamiento

(El doble Mandamiento del amor)

- Amarás al Señor tu Dios con todo tu corazón, con toda tu alma y con toda tu mente.
- Amarás a tu prójimo como a ti mismo.

(Mateo 22, 37; Marcos 12, 28-31; Lucas 10, 27)

El Nuevo Mandamiento

- Ámense unos a otros como yo los he amado. (Juan 15, 12)

Catholic Beliefs and Practices

The Ten Commandments

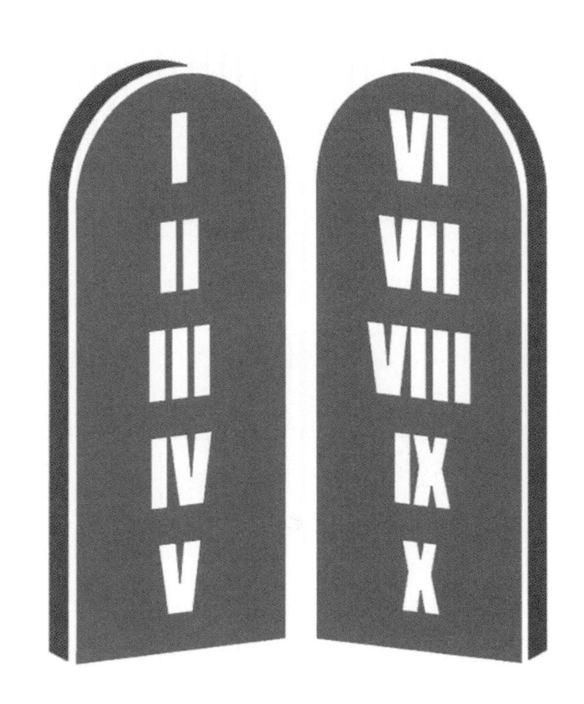

1. I am the LORD your God. You shall not have other gods besides me.
2. You shall not take the name of the LORD, your God, in vain.
3. Remember to keep holy the Sabbath day.
4. Honor your father and mother.
5. You shall not kill.
6. You shall not commit adultery.
7. You shall not steal.
8. You shall not bear false witness against your neighbor.
9. You shall not covet your neighbor's wife.
10. You shall not covet anything that belongs to your neighbor.

The Great Commandment

(The Two Commandments of Love)

- You shall love the Lord your God with all your heart, with all your soul, with all your mind, and with all your strength.
- You shall love your neighbor as yourself.
  (Matthew 22:37, Mark 12:28–31, Luke 10:27)

The New Commandment

- Love one another as I love you.
  (John 15:12)

Las Bienaventuranzas

Jesús nos enseñó las Bienaventuranzas durante el Sermón de la montaña. Ellas nos dicen cómo debemos vivir y ser parte del Reino de Dios.

Felices los que tienen el espíritu del pobre, porque de ellos es el Reino de los Cielos.

Felices los que lloran, porque recibirán consuelo.

Felices los pacientes, porque recibirán la tierra en herencia.

Felices los que tienen hambre y sed de justicia, porque serán saciados.

Felices los compasivos, porque obtendrán misericordia.

Felices los de corazón limpio, porque verán a Dios..

Felices los que trabajan por la paz, porque serán reconocidos como hijos de Dios.

Felices los que son perseguidos por causa del bien, porque de ellos es el Reino de los Cielos.

—Mateo 5, 1-10

Los Preceptos de la Iglesia

1. Debes asistir a Misa los domingos y los demás Días de Precepto.
2. Confiesa tus pecados al menos una vez al año.
3. Recibe la Sagrada Comunión al menos una vez al año, durante el tiempo de Pascua.
4. Observa los días de ayuno y de abstinencia establecidos por la Iglesia.
5. Ayuda a sostener las necesidades materiales de la Iglesia.

Días de ayuno

(para personas entre 18 y 59 años de edad)

Miércoles de Ceniza, Viernes Santo

- Ayunar significa hacer solo una comida completa y una o dos comidas pequeñas al día.
- También ayunamos una hora antes de la Comunión. Esto significa que no comemos ni bebemos nada, excepto agua, durante ese tiempo.

Días de abstinencia

(para personas de 14 años de edad o mayores)

Miércoles de Ceniza, todos los viernes de Cuaresma

- La abstinencia significa privarse de algo. Durante la Cuaresma, nos abstenemos de comer carne roja el Miércoles de Ceniza y todos los viernes de Cuaresma.

The Beatitudes

Jesus taught us the Beatitudes during the Sermon on the Mount. They tell us how to live as part of the Kingdom of God.

Blessed are the poor in spirit, for theirs is the kingdom of heaven.

Blessed are they who mourn, for they will be comforted.

Blessed are the meek, for they will inherit the land.

Blessed are they who hunger and thirst for righteousness, for they will be satisfied.

Blessed are the merciful, for they will be shown mercy.

Blessed are the clean of heart, for they will see God.

Blessed are the peacemakers, for they will be called children of God.

Blessed are they who are persecuted for the sake of righteousness, for theirs is the kingdom of heaven.

—Matthew 5:1–10

The Precepts of the Church

1. You must attend Mass on Sundays and on the other Holy Days of Obligation.
2. Confess your sins at least once a year.
3. Receive Holy Communion at least once a year, during the Easter season.
4. Observe the Church's days of fasting and abstinence.
5. Help support the needs of the Church.

Days of Fast

(for those between 18 and 59 years of age)

Ash Wednesday, Good Friday

- To fast means to eat only one full meal and one or two small meals a day.
- We also fast for one hour before Communion. This means we have no food or drink, except water, in that time.

Days of Abstinence

(for those age 14 and older)

Ash Wednesday, All Fridays in Lent

- Abstinence means going without something. During Lent we abstain from eating meat on Ash Wednesday and all the Fridays of Lent.

Enseñanza social católica

Jesús enseñó que debemos tratarnos los unos a los otros con amor y compasión. La Iglesia nos ayuda a hacer esto con las enseñanzas sobre justicia social, llamadas la Enseñanza social católica. La Enseñanza social católica ayuda a crear un mundo donde trabajemos juntos por el bien común, como Dios quiere.

La vida y la dignidad de la persona humana Todas las personas son creadas a imagen de Dios y todas las vidas humanas son sagradas. Estamos llamados a tratar a todas las personas con dignidad y a proteger los derechos de todas las personas. Esto significa que también debemos trabajar para corregir las injusticias en nuestra sociedad.

El llamado a la familia, la comunidad y la participación Para poder tener una sociedad saludable, todos debemos contribuir con ella de manera positiva. Podemos comenzar demostrando preocupación por nuestra familia y por todas las familias.

Solidaridad Todas las personas son miembros de la familia de Dios. Como miembros de una familia, todos somos responsables los unos por los otros. La solidaridad significa que compartimos unos con otros tanto bienes espirituales como bienes materiales.

La opción por los pobres e indefensos Dios ama a todas las personas y nos llama a amarnos los unos a los otros así como Él nos ama. Esto significa especialmente que debemos cuidar a los pobres y ayudarlos a tener lo que necesitan para vivir.

Derechos y responsabilidades Todas las personas tienen el derecho a la vida y el derecho a vivir con dignidad. Esto significa que todas las personas tienen derechos básicos y que debemos trabajar para proteger esos derechos.

El cuidado de la creación de Dios Dios es el Creador de todas las personas y de todo lo que existe en la naturaleza. Él quiere que disfrutemos y cuidemos de su creación, para nuestra generación y las generaciones por venir.

La opción por los pobres e indefensos En la sociedad, hay personas que son ricas y personas que son pobres. Estamos llamados a proteger y apoyar a los pobres, para que puedan vivir con dignidad.

Catholic Social Teaching

Jesus taught that we should treat one another with love and compassion. The Church helps us do so with teachings on social justice, called Catholic social teaching. Catholic social teaching helps create a world where we work together for the common good, as God wants.

Life and Dignity of the Human Person Every person is created in God's image, and every human life is sacred. We are called to treat all people with dignity, and to protect the rights of all people. This means we should also work to correct any injustices in our society.

Call to Family, Community, and Participation In order for our society to be healthy, we all have to contribute to it in good ways. We can start by showing care for our family and all families.

Solidarity All people are members of God's family. Like members of a family, we are all responsible for one another. Solidarity means we share with one another both spiritual goods and material goods.

Option for the Poor and Vulnerable God loves all people, and he calls us to love one another as he loves us. This especially means that we should care for those who are poor and help them have what they need to live.

Rights and Responsibilities Every person has a right to life and the right to live with dignity. This means every person has basic rights, and that we should work to protect those rights.

Care for God's Creation God is the Creator of all people and everything that exists in nature. He wants us to enjoy and care for his creation, for our generation and generations to come.

Option for the Poor and Vulnerable In society, there are people who are rich and people who are poor. We are called to protect and support those who are poor, so they can live with dignity.

Las Obras de Misericordia

Las Obras de Misericordia nos ayudan a seguir la enseñanza de Jesús de amar a nuestro prójimo. Al poner en práctica las Obras de Misericordia, podemos cuidar de los demás espiritual y físicamente. Las Obras de Misericordia que atienden las necesidades físicas de las personas se llaman las Obras de Misericordia Corporales. Aquellas que atienden las necesidades espirituales se llaman las Obras de Misericordia Espirituales.

Las siete Obras de Misericordia Corporales	Las siete Obras de Misericordia Espirituales
Dar de comer al hambriento.	Dar buen consejo al que lo necesita.
Dar de beber al sediento.	Enseñar al que no sabe.
Vestir al desnudo.	Corregir al que yerra.
Dar posada al peregrino.	Consolar al triste.
Visitar y cuidar a los enfermos.	Perdonar las injurias.
Redimir al cautivo.	Sufrir con paciencia los defectos de los demás.
Enterrar a los muertos.	Rogar a Dios por vivos y difuntos.

Los Dones del Espíritu Santo

Recibimos estos siete dones del Espíritu Santo en la Confirmación.

- **Sabiduría** es conocer y aceptar la voluntad de Dios para nosotros.
- **Entendimiento** es conocer cómo Dios quiere que vivamos.
- **Consejo (buen juicio)** es darse cuenta de la diferencia entre lo que es moralmente bueno y lo que es pecaminoso.
- **Fortaleza (valor)** es tener la fuerza para hacer lo que es moralmente bueno, aunque sea difícil.
- **Ciencia** es descubrir más acerca de Dios.
- **Piedad (veneración)** es respetar y amar a Dios.
- **Temor de Dios (asombro y admiración)** es reconocer la grandeza de Dios y querer complacerlo siempre.

Los Frutos del Espíritu Santo

Los doce Frutos del Espíritu Santo también pueden llamarse los efectos del Espíritu Santo. Esto es porque la presencia del Espíritu Santo fortalece estas cualidades en nosotros.

- Amor
- Alegría
- Paz
- Paciencia
- Longanimidad
- Bondad
- Benignidad
- Mansedumbre
- Fe
- Modestia
- Continencia
- Castidad

The Works of Mercy

The Works of Mercy help us follow Jesus' teaching to love our neighbor. By putting the Works of Mercy into action, we can take care of others spiritually and physically. The Works of Mercy that care for people's physical needs are called the Corporal Works of Mercy. Those that care for spiritual needs are called the Spiritual Works of Mercy.

The Corporal Works of Mercy	The Spiritual Works of Mercy
Feed the hungry.	Counsel the doubtful.
Give drink to the thirsty.	Instruct the ignorant.
Clothe the naked.	Admonish sinners.
Shelter the homeless.	Console the suffering.
Visit the sick.	Forgive those who hurt you.
Visit the imprisoned.	Bear wrongs patiently.
Bury the dead.	Pray for the living and the dead.

The Gifts of the Holy Spirit

We receive these seven Gifts of the Holy Spirit in Confirmation.

- **Wisdom** is knowing and accepting God's will for us.
- **Understanding** is knowing how God wants us to live.
- **Counsel (Right Judgment)** is realizing the difference between what is morally good and what is sinful.
- **Fortitude (Courage)** is having the strength to do what is morally good, even when it is hard.
- **Knowledge** is discovering more about God.
- **Piety (Reverence)** is respecting and loving God.
- **Fear of the Lord (Wonder and Awe)** is recognizing God's greatness and always wanting to please him.

The Fruits of the Holy Spirit

The twelve Fruits of the Holy Spirit can also be called effects of the Holy Spirit. That is because the presence of the Holy Spirit strengthens these qualities in us.

- Charity
- Joy
- Peace
- Patience
- Kindness
- Goodness
- Generosity
- Gentleness
- Faithfulness
- Modesty
- Self-control
- Chastity

Los siete Pecados Capitales (mortales)

Los Siete Pecados Mortales son actitudes pecaminosas que lastiman nuestra relación con Dios y con los demás. También puede llevarnos a cometer pecados más graves. Podemos superar los pecados mortales practicando las virtudes. (Ver las siguientes dos listas.)

- **Soberbia** es creer que somos mejores que los demás. La soberbia también significa no reconocer las buenas cualidades de los demás.
- **Avaricia** es querer cosas materiales, tales como dinero o posesiones, con mucha intensidad, hasta el punto de hacer algo indebido para obtenerlas.
- **Ira** es odio hacia otra persona y el deseo de vengarse.
- **Envidia** es tener celos de lo que alguien tiene y sentirse infeliz cuando algo bueno le sucede a otra persona porque queremos que nos suceda a nosotros.
- **Gula** es comer mucho más de lo que necesitamos.
- **Pereza** es holgazanería, especialmente en la manera en que vivimos nuestra fe.
- **Lujuria** es como la avaricia y la envidia. Se trata de querer algo tanto que esto lleva a hacer elecciones pecaminosas.

Las Virtudes Teologales

Estas tres virtudes son hábitos que vienen de Dios y nos ayudan a vivir en una buena relación con la Santísima Trinidad.

- **Fe** es creer en Dios y querer vivir felices con Él.
- **Esperanza** es confiar en Dios y apoyarse en Él.
- **Caridad (amor)** es pensar en Dios y en los demás con amor, y mostrar ese amor a través de nuestras buenas acciones.

Las Virtudes Cardinales

Estas cuatro virtudes también se llaman las virtudes humanas. Las aprendemos a medida que aprendemos acerca de nuestra fe. Las fortalecemos con la práctica.

- **Prudencia** es ser capaces de identificar lo que es bueno y elegir hacerlo.
- **Justicia** es atender y respetar las necesidades de los demás y trabajar para ser justos con los demás.
- **Fortaleza** es la habilidad de resistir las tentaciones y elegir lo correcto.
- **Templanza** se refiere a tener autocontrol. Esto significa ser capaces de tener un balance entre lo que queremos y lo que necesitamos en nuestra vida.

The Seven Capital (Deadly) Sins

The Seven Deadly Sins are sinful attitudes that hurt our relationship with God and others. They also can lead to more serious sin. We can overcome the deadly sins by practicing the virtues. (See the next two lists.)

- **Pride** is believing that we are better than others. Pride also means not recognizing the good qualities of others.
- **Greed** is wanting material things, such as money or possessions, very badly, even to the point of doing something wrong to get them.
- **Anger** is hatred toward another person and wanting to have revenge.
- **Envy** is jealousy of what someone else has, and being unhappy when something good happens for someone else because we want it for ourselves.
- **Gluttony** is eating far more than we need.
- **Sloth** is laziness, especially in the way we live our faith.
- **Lust** is like greed and envy. It is about wanting anything so much that it leads to sinful choices.

The Theological Virtues

These three virtues are habits that come from God and help us live in a relationship with the Blessed Trinity.

- **Faith** is believing in God and wanting to live in happiness with him.
- **Hope** is trusting God and relying on him.
- **Charity (Love)** is thinking about God and others with love, and showing that love through our good actions.

The Cardinal Virtues

These four virtues are also called the human virtues. We learn them as we learn about our faith. We strengthen them through practice.

- **Prudence** is being able to identify what is good and choosing to do it.
- **Justice** is caring about and respecting the needs of others, and working to be fair to others.
- **Fortitude** is the ability to resist temptation and choose what is good.
- **Temperance** is about having self-control. It means we are able to have balance between wants and needs in our lives.

Los cuatro Atributos de la Iglesia

Los Atributos de la Iglesia son cuatro cualidades que identifican a la Iglesia de Cristo.

Una	**Santa**
Católica	**Apostólica**

Los siete Sacramentos

Los Sacramentos llevan la gracia de Dios dentro de nuestra vida. Ellos nos ayudan a crecer en santidad como miembros de la Iglesia. Hay tres grupos de Sacramentos.

Sacramentos de la Iniciación Cristiana	Sacramentos de Curación	Sacramentos al Servicio de la Comunidad
Bautismo Confirmación Eucaristía	Penitencia y Reconciliación Unción de los Enfermos	Matrimonio Orden Sagrado
Estos tres Sacramentos celebran convertirnos en miembros de la Iglesia.	En estos dos Sacramentos recibimos la gracia de Dios para la curación de nuestra mente, cuerpo y espíritu.	Estos dos Sacramentos celebran el compromiso de las personas de servir a Dios y a los demás.

Días de Precepto

Tenemos la obligación de asistir a Misa en estos Días de Precepto y todos los domingos.

- **Solemnidad de la Santísima Virgen María, la Madre de Dios,** 1 de enero
- **Ascensión del Señor,** cuarenta días después de Pascua
- **Asunción de la Santísima Virgen María,** 15 de agosto
- **Día de Todos los Santos,** 1 de noviembre
- **Inmaculada Concepción de la Santísima Virgen María,** 8 de diciembre
- **Navidad,** 25 de diciembre

Four Marks of the Church

The Marks of Church are four qualities that identify Christ's Church.

One	Holy
Catholic	Apostolic

The Seven Sacraments

The sacraments bring God's grace into our lives. They help us grow in holiness as members of the Church. There are three groups of sacraments.

Sacraments of Christian Initiation	Sacraments of Healing	Sacraments at the Service of Communion
Baptism Confirmation Eucharist	Penance and Reconciliation Anointing of the Sick	Matrimony Holy Orders
These three sacraments celebrate our membership into the Church.	In these two sacraments we receive God's grace for the healing of our mind, body, and spirit.	These two sacraments celebrate people's commitment to serve God and others.

Holy Days of Obligation

We have an obligation to attend Mass on these holy days, and on every Sunday.

- **Solemnity of the Blessed Virgin Mary, the Mother of God,** January 1
- **Ascension of the Lord**, forty days after Easter
- **Assumption of the Blessed Virgin Mary**, August 15
- **All Saints' Day**, November 1
- **Immaculate Conception of the Blessed Virgin Mary**, December 8
- **Christmas**, December 25

Ordinario de la Misa

Ritos Iniciales
Canto de entrada
Saludo
Acto penitencial
Señor, ten piedad (*Kyrie*)
Gloria
Colecta (Oración inicial)

Liturgia de la Palabra
Primera lectura
Salmo responsorial
Segunda lectura
Aclamación del Evangelio
Lectura del Evangelio
Homilía
Profesión de fe
Oración de los fieles

Liturgia Eucarística
Canto del ofertorio
Presentación y preparación de los dones
Oración sobre las ofrendas
Plegaria Eucarística
Sanctus (Santo, Santo, Santo)

Rito de la Comunión
Padre Nuestro
Rito de la paz
Agnus Dei (Cordero de Dios)
Comunión
Canto de Comunión
Orar en silencio o Canto de alabanza
Oración después de la Comunión

Rito de Conclusión
Bendición final
Despedida

Order of the Mass

The Introductory Rites
Entrance Chant
Greeting
Penitential Act
Kyrie (Lord, Have Mercy)
Gloria
Collect (Opening Prayer)

The Liturgy of the Word
First Reading
Responsorial Psalm
Second Reading
Gospel Acclamation
Gospel Reading
Homily
Profession of Faith
Prayer of the Faithful

The Liturgy of the Eucharist
Offertory Chant
Presentation and Preparation of the Gifts
Prayer over the Offerings
The Eucharistic Prayer
Sanctus (Holy, Holy, Holy)

The Communion Rite
The Lord's Prayer
Sign of Peace
Agnus Dei (Lamb of God)
Communion
Communion Song
Period of Silence or Song of Praise
Prayer after Communion

The Concluding Rites
Priest's Greeting and Blessing
Dismissal

Celebrar el Sacramento de la Penitencia

El examen de conciencia

En un examen de conciencia, reflexionas sobre si has seguido bien la voluntad de Dios. Con devoción, te preguntas si tus palabras o acciones han lastimado tu relación con Dios o con otras personas. La siguiente lista con los Diez Mandamientos y con preguntas te ayudará en tu examen de conciencia.

1 **Yo soy el Señor, tu Dios.** No habrá para ti otros dioses delante de mí. ¿Muestro siempre mi amor por Dios? ¿Trato siempre de complacerlo?

2 **No tomarás en falso el nombre del Señor tu Dios.** ¿Hablo siempre con respeto acerca de Dios, María y los santos?

3 **Guardarás el día del sábado para santificarlo.** ¿Voy a Misa todos los domingos y en días de precepto?

4 **Honra a tu padre y a tu madre.** ¿Obedezco a mis padres y a otros adultos que se preocupan por mí? ¿Los escucho con respeto?

5 **No matarás.** ¿Muestro respeto por toda vida humana? ¿Trato a los demás con amabilidad y amor?

6 **No cometerás adulterio.** ¿Trato a mi cuerpo y al cuerpo de los demás con respeto?

7 **No robarás.** ¿He tomado algo que no me pertenece? ¿He hecho trampa o ayudado a los demás a hacer trampa?

8 **No darás testimonio falso contra tu prójimo.** ¿Digo siempre la verdad, aunque me cueste?

9 **No desearás la mujer de tu prójimo.** ¿Me visto, hablo y actúo de manera que muestre respeto por mí mismo y por los demás?

10 **No desearás la mujer de tu prójimo.** ¿Siento envidia de lo que tienen los demás? ¿Deseo que lo que tienen los demás me pertenezca?

Celebrating the Sacrament of Penance

Examination of Conscience

In an examination of conscience, you reflect on how well you have followed God's will. You prayerfully ask yourself if your words or actions have hurt your relationship with God or with other people. The following list of the Ten Commandments and questions will help you in your examination of conscience.

1. **I am the LORD your God, you shall not have other gods before me**. Do I always show my love for God? Do I always try to please him?

2. **You shall not take the name of the LORD, your God, in vain.** Do I always speak about God, Mary, and the saints with respect?

3. **Remember to keep holy the Sabbath.** Do I go to Mass every Sunday and on Holy Days of Obligation?

4. **Honor your father and mother.** Do I obey my parents and other adults who care for me? Do I listen to them with respect?

5. **You shall not kill.** Do I show respect for all human life? Do I treat others with kindness and love?

6. **You shall not commit adultery.** Do I treat my body and the bodies of others with respect?

7. **You shall not steal.** Have I taken anything that does not belong to me? Do I cheat or help others to cheat?

8. **You shall not bear false witness against your neighbor.** Do I always tell the truth, even when it is hard? Do I protect the reputations of others?

9. **You shall not covet your neighbor's wife.** Do I dress, talk, and act in a way that shows that I respect myself and others?

10. **You shall not covet your neighbor's goods.** Am I jealous of what others have? Do I wish that what others have belongs to me?

Pasos para celebrar el Sacramento de la Penitencia

Recuerda que puedes celebrar el Sacramento de la Penitencia hablando con el sacerdote cara a cara o detrás de la rejilla.

1. **El sacerdote te da la bienvenida.** Le dices cuánto tiempo hace de tu última confesión. Puedes usar estas palabras: "Bendígame, Padre, porque he pecado. Hace (número de semanas o de meses) desde mi última confesión". El sacerdote te guiará para hacer la Señal de la Cruz.
2. **Escuchas una lectura de la Sagrada Escritura.** Es posible que el sacerdote lea un texto breve de la Sagrada Escritura acerca del amor y la misericordia de Dios. Escucha la lectura con devoción.
3. **Confiesas tus pecados.** Piensa en el examen de conciencia que completaste. Dile al sacerdote todas las cosas que has dicho o hecho que han podido ofender a Dios. Haz lo mejor que puedas para decirle todos los pecados que has cometido. El sacerdote te ayudará a pensar en cómo puedes evitar el pecado y complacer a Dios. Él te dará una penitencia para que la cumplas. Esta puede ser una oración y un acto de bondad que puedes realizar.
4. **Le pides perdón a Dios.** Expresas tu arrepentimiento por tus pecados y tu amor por Dios, rezando la Oración del Penitente.
5. **Recibes la absolución.** El sacerdote extiende sus manos sobre tu cabeza. Él reza la oración de absolución. Él te perdona tus pecados en el nombre del Padre, del Hijo y del Espíritu Santo.
6. **Rezas una oración de acción de gracias.** El sacerdote continúa con estas palabras: "Demos gracias al Señor porque es bueno." Tú respondes: "Porque es eterna su misericordia". Cuando dejas el confesionario, dedicas un tiempo a orar. Si el sacerdote te pide que reces una oración como penitencia, la rezas en este momento. Le das gracias a Dios por su perdón. Le prometes a Dios y te prometes a ti mismo que tratarás de complacerlo.

Steps for Celebrating the Sacrament of Penance

Remember that you can celebrate the Sacrament of Penance by speaking to the priest face to face or behind the screen.

1. **The priest welcomes you.** You tell him how long it has been since your last confession. You can use these words: "Bless me, Father, for I have sinned. It has been (number of weeks or months) since my last confession." The priest will lead you in making the Sign of the Cross.
2. **You listen to a Scripture reading.** The priest may read a short Scripture passage about God's love and mercy. Listen to the reading prayerfully.
3. **You confess your sins.** Think about the examination of conscience you completed. Tell the priest all the things that you have said or done that may have offended God. Do your best to tell all the sins you have committed. The priest will help you think about how you can avoid sin and please God. He will then give you a penance to complete. This may be a prayer and an act of kindness that you can do.
4. **You ask God for forgiveness.** You express sorrow for your sins and your love for God by praying an Act of Contrition.

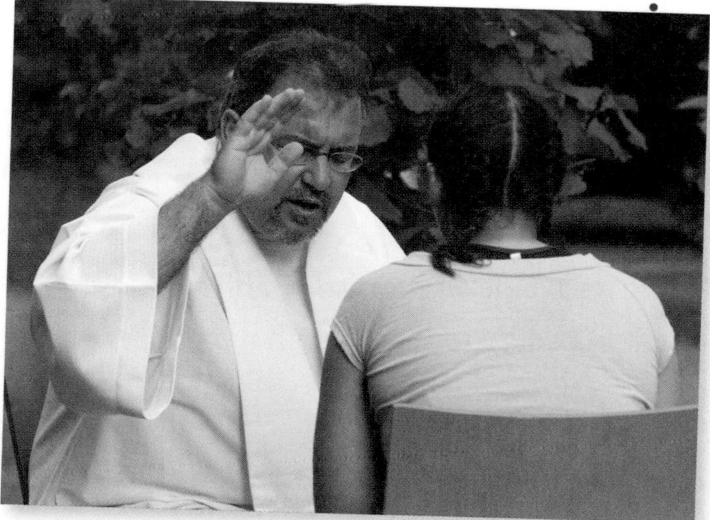

5. **You receive absolution.** The priest extends his hands over your head. He says the prayer of absolution. He forgives your sins in the name of the Father, the Son, and the Holy Spirit.
6. **You say a prayer of thanksgiving.** The priest continues with these words: "Give thanks to the Lord, for he is good." You respond: "His mercy endures forever." After you leave the confessional, you take time to pray. If the priest asked you to pray a prayer for your penance, you pray it now. You thank God for his forgiveness. You promise God and yourself that you will try to please him.

El Año Litúrgico

Tu familia tal vez celebre muchas ocasiones importantes todos los años, como cumpleaños y aniversarios. También es posible que tu familia conmemore sucesos importantes que pasan durante el año. Estos pueden incluir graduaciones o reuniones, o sucesos tristes como la muerte de un familiar o un amigo.

De la misma manera, la Iglesia celebra y recuerda muchos sucesos importantes todos los años. Estos sucesos y el momento para conmemorarlos se llaman días festivos y tiempos de la Iglesia. A los días festivos y tiempos de la Iglesia se les conoce como el **Año Litúrgico**.

El Año Litúrgico comienza con el Adviento, cuando esperamos el nacimiento de Jesús. Continúa con su nacimiento, Pasión, muerte, Resurrección y Ascensión, y con la expectativa de su regreso. Dentro de los tiempos del Año Litúrgico hay muchos días festivos que marcan sucesos especiales en la vida de Jesús, María y todos los santos. Un gran número de estos días son Días de Precepto. Esto quiere decir que estos días son tan importantes que tenemos que ir a Misa.

Aquí hay una lista de los tiempos del Año Litúrgico. El diagrama de la Página 424 muestra cuándo estos tiempos ocurren durante el año.

Tiempos del Año Litúrgico

Adviento

Durante el Adviento esperamos y nos preparamos para el nacimiento de Cristo. También nos preparamos para su regreso al final de los tiempos. El Adviento comienza cuatro domingos antes de la Navidad y termina en la Misa de la Vigilia en Vísperas de la Navidad.

El color litúrgico tradicional: Morado
Qué significa el color: La espera

El Tiempo de Navidad

Durante el tiempo de Navidad celebramos el nacimiento de Jesús y los sucesos relacionados. El tiempo comienza con la Misa de la Vigilia en Vísperas de la Navidad. Termina con la Fiesta del Bautismo del Señor.

Colores litúrgicos tradicionales: Blanco y dorado
Qué significa el color: Gozo

Cuaresma

Durante la Cuaresma nos preparamos para la Resurrección de Jesús. Recordamos la Pasión de Jesús: su sufrimiento y muerte en la Cruz. Compartimos el sufrimiento de Jesús al hacer sacrificios y actos de caridad y, especialmente, a través de la liturgia y la oración. La Cuaresma comienza el Miércoles de Ceniza y termina el Jueves Santo por la noche.

El color litúrgico tradicional: Morado
Qué significa el color: Penitencia

The Liturgical Year

Your family probably celebrates many important occasions every year, such as birthdays and anniversaries. Your family also probably commemorates important events that happen during the year. These might include graduations or reunions, or sad events like the death of a family member or friend.

In the same way, the Church celebrates and remembers many important events each year. These events and the time to commemorate them are called the Church's feasts and seasons. The Church's calendar of feasts and seasons is called the **Liturgical Year**.

The Liturgical Year begins at Advent, when we are awaiting Jesus' birth. It continues with his birth, Passion, death, Resurrection, and Ascension, and our expectation of his return. Within the seasons of the Liturgical Year are also many feasts that mark special events in the life of Jesus, Mary, and the saints. A number of these days are Holy Days of Obligation. This means these days are so important we are required to attend Mass.

Here is a list of the seasons of the Liturgical Year. The diagram on page 213 shows when these seasons happen during the year.

Seasons of the Liturgical Year

Advent

During Advent we wait and prepare for Christ's birth. We also prepare for his return at the end of time. Advent begins four Sundays before Christmas and ends at the Christmas Eve Vigil Mass.

Traditional liturgical color: Purple
What the color means: Waiting

The Christmas Season

During the Christmas season we celebrate Jesus' birth and the events associated with it. The season begins at the Christmas Eve Vigil Mass. It ends on the Feast of the Baptism of the Lord.

Traditional liturgical colors: White and gold
What the colors means: Joy

Lent

During Lent we prepare for Jesus' Resurrection. We remember Jesus' Passion—his suffering and death on the Cross. We share in Jesus' suffering by making sacrifices and doing acts of charity, and especially through the liturgy and prayer. Lent begins on Ash Wednesday and ends on Holy Thursday evening.

Traditional liturgical color: Purple
What the color means: Penance

El Triduo Pascual

El Triduo Pascual comienza con la liturgia del Jueves Santo. Incluye el Viernes Santo y termina el Domingo de Pascua por la noche. Durante estos tres días recordamos la Última Cena cuando Jesús instituyó la Eucaristía, el sufrimiento y Muerte de Jesús y su Resurrección.

Colores litúrgicos tradicionales: Rojo (el Viernes Santo) y blanco (los demás días del Triduo)
Qué significan los colores: Rojo es el sufrimiento de Jesús; blanco es el gozo

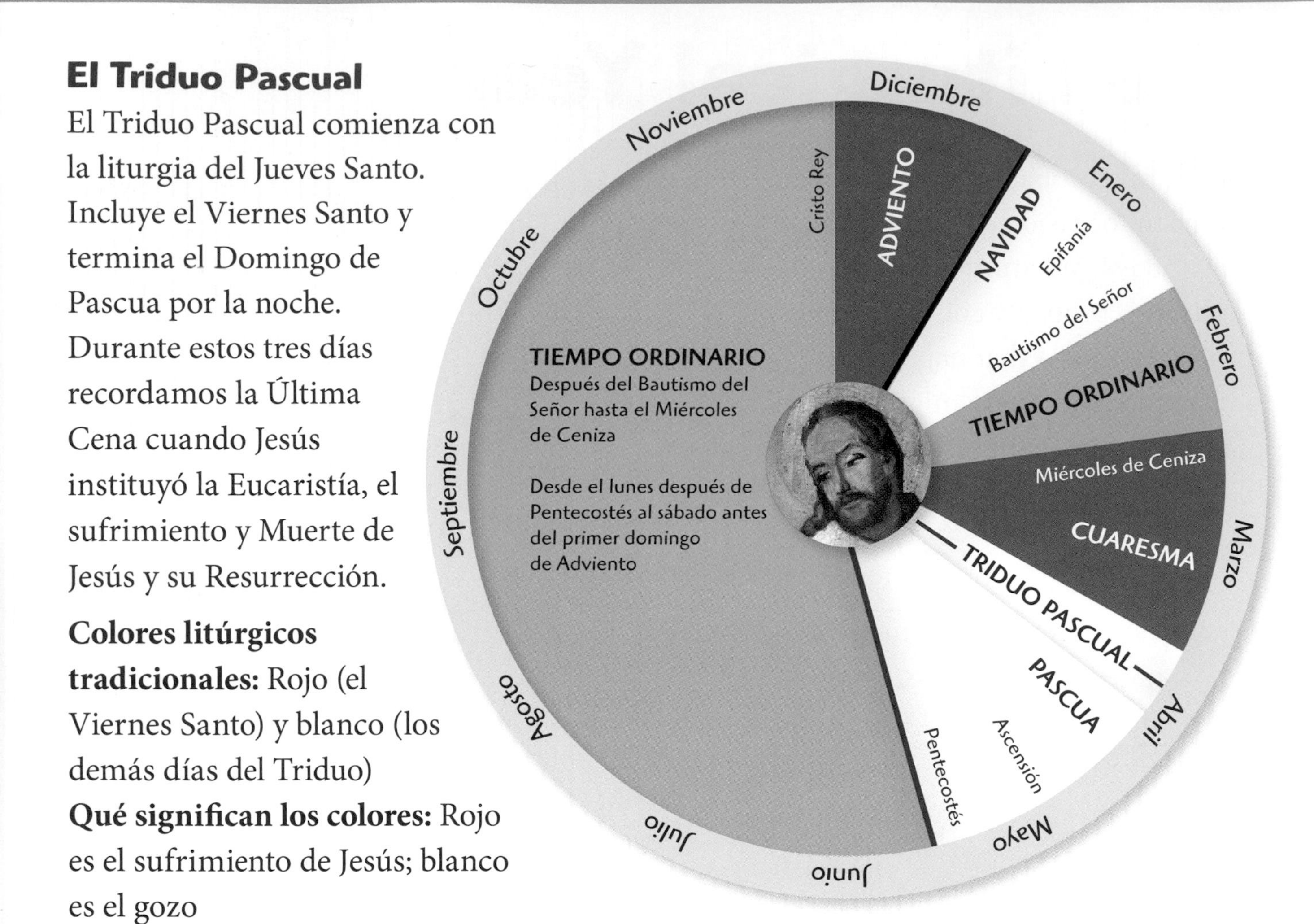

El tiempo de Pascua

El tiempo de Pascua dura cincuenta días. Comienza el Domingo de Pascua por la noche y dura hasta el Domingo de Pentecostés. Durante el tiempo de Pascua nos regocijamos con la Resurrección de Jesús y su salvación. También celebramos la Ascensión de Jesús al Cielo.

El color litúrgico tradicional: Blanco y dorado (todos los días del tiempo excepto Pentecostés) y rojo (en Pentecostés)
Qué significan los colores: Blanco es gozo; rojo representa la venida del Espíritu Santo.

Tiempo Ordinario

El Tiempo Ordinario ocurre dos veces durante el Año Litúrgico: entre el final del tiempo de Navidad y el comienzo de la Cuaresma, y entre el final de la Cuaresma y el comienzo del Adviento. Durante el Tiempo Ordinario celebramos y reflexionamos sobre los sucesos de la vida y enseñanzas de Jesús.

El color litúrgico tradicional: Verde
Qué significa el color: Esperanza

Easter Triduum

The Easter Triduum (tri-do-UM) begins with the Holy Thursday liturgy. It includes Good Friday, and ends on Easter Sunday evening. During these three days we recall the Last Supper, when Jesus instituted the Eucharist, Jesus' suffering and death, and his Resurrection.

Traditional liturgical colors: Red (on Good Friday) and white (the other days of the Triduum)
What the colors mean: Red is for Jesus' suffering; white is for joy

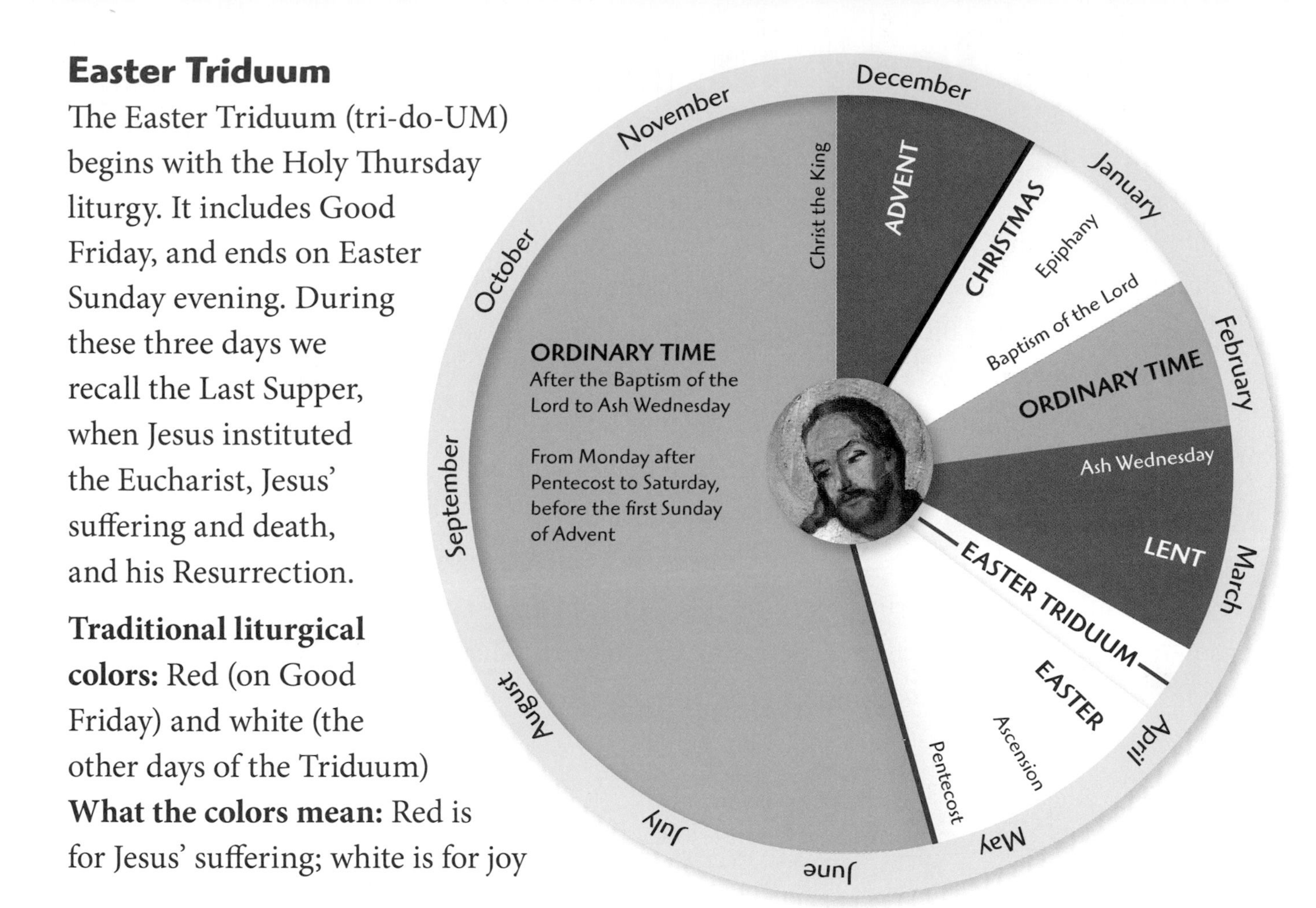

The Easter Season

The Easter Season lasts for fifty days. It begins on Easter Sunday evening and lasts until Pentecost Sunday. During the Easter season we rejoice in Jesus' Resurrection and our salvation. We also celebrate Jesus' Ascension into Heaven.

Traditional liturgical color: White and gold (all the days of the season except Pentecost) and red (on Pentecost)
What the colors mean: White is for joy; red represents the coming of the Holy Spirit.

Ordinary Time

Ordinary Time takes place twice during the Liturgical Year: in the time between the end of the Christmas season and the start of Lent and between the end of the Easter season and the start of Advent. During Ordinary Time we celebrate and reflect on the events of Jesus' life and his teachings.

Traditional liturgical color: Green
What the color means: Hope

Cómo leer la Biblia

¿Sabías que la Biblia es una colección de muchos libros? De hecho, la Biblia incluye setenta y tres libros. Estos setenta y tres libros contienen muchos tipos diferentes de escritos como poesía o instrucciones y dichos, o historia. De todos los libros de la Biblia, los Evangelios tienen un lugar especial porque nos dicen acerca de la vida de Jesús.

Todos los libros de la Biblia están organizados en dos partes principales: el Antiguo Testamento y el Nuevo Testamento. El Antiguo Testamento tiene 46 libros y el Nuevo Testamento tiene 27 libros.

Todos los libros del Antiguo Testamento son de la época anterior a Jesús. Estos libros nos describen la obra salvadora de Dios antes de que Él nos enviara a Jesús. Los libros del Nuevo Testamento describen la vida de Jesús y la Iglesia primitiva. Nos enseñan acerca de la vida y enseñanzas de Jesús y que Él es el Salvador. También nos dicen cómo los seguidores de Jesús compartieron la Buena Nueva de Jesús y ayudaron a que la Iglesia creciera.

Aunque los libros de la Biblia fueron escritos por personas, Dios es el autor de todo lo que está en la Biblia. Por eso llamamos a la Biblia la Palabra de Dios.

Estos son los libros de la Biblia.

El Antiguo Testamento

El Pentateuco

Gén	Génesis
Ex	Éxodo
Lev	Levítico
Núm	Números
Dt	Deuteronomio

Libros Históricos

Jos	Josué
Jue	Jueces
Rt	Rut
1 Sam	1.° Samuel
2 Sam	2.° Samuel
1 Re	1.° Reyes
2 Re	2.° Reyes
1 Crón.	1.° Crónicas
2 Crón.	2.° Crónicas
Esd	Esdras
Ne	Nehemías
Tob	Tobías
Jdt	Judit
Est	Ester
1 Mac	1.° Macabeos
2 Mac	2.° Macabeos

Libros Sapienciales

Jb	Job
Sal	Salmos
Pro	Proverbios
Ec	Eclesiastés
Cant	Cantar de los Cantares
Sab	Sabiduría
Sir	Sirácides

Libros Proféticos

Is	Isaías
Jer	Jeremías
Lam	Lamentaciones
Ba	Baruc
Ez	Ezequiel
Dn	Daniel
Os	Oseas
Jl	Joel
Am	Amós
Abd	Abdías
Jon	Jonás
Mi	Miqueas
Na	Nahúm
Hab	Habacuq
Sof	Sofonías
Ag	Ageo
Za	Zacarías
Mal	Malaquías

How to Read the Bible

Did you know that the Bible is a collection of many books? In fact, the Bible includes seventy-three books. These seventy-three books contain many different types of writing, such as poetry, or instructions and sayings, or history. Of all the books in the Bible, the Gospels have a very special place, because they tell us about the life of Jesus.

All the books of the Bible are organized into two main parts: the Old Testament and the New Testament. The Old Testament has 46 books and the New Testament has 27 books.

All the books of the Old Testament are from the time before Jesus. They tell about God's saving work before he sent Jesus to us. The books of the New Testament are about the life of Jesus and about the early Church. They teach us about Jesus' life and teachings, and that he is the Savior. They also tell us how Jesus' followers shared the Good News of Jesus and helped the Church grow.

Even though the books of the Bible were written by people, God is the author of everything in the Bible. That is why we call the Bible the Word of God.

Here are the books of the Bible.

The Old Testament

The Pentateuch

Gn	Genesis
Ex	Exodus
Lv	Leviticus
Nm	Numbers
Dt	Deuteronomy

Historical Books

Jos	Joshua
Jgs	Judges
Ru	Ruth
1 Sm	1 Samuel
2 Sm	2 Samuel
1 Kgs	1 Kings
2 Kgs	2 Kings
1 Chr	1 Chronicles
2 Chr	2 Chronicles
Ezr	Ezra
Neh	Nehemiah
Tb	Tobit
Jdt	Judith
Est	Esther
1 Mc	1 Maccabees
2 Mc	2 Maccabees

Wisdom Books

Jb	Job
Ps	Psalms
Prv	Proverbs
Eccl	Ecclesiastes
Sg	Song of Songs
Wis	Wisdom
Sir	Sirach

Prophetic Books

Is	Isaiah
Jer	Jeremiah
Lam	Lamentations
Bar	Baruch
Ez	Ezekiel
Dn	Daniel
Hos	Hosea
Jl	Joel
Am	Amos
Ob	Obadiah
Jon	Jonah
Mi	Micah
Na	Nahum
Hb	Habakkuk
Zep	Zephaniah
Hg	Haggai
Zec	Zechariah
Mal	Malachi

El Nuevo Testamento

Los Evangelios y Hechos

Mt	Mateo
Mc	Marcos
Lc	Lucas
Jn	Juan
He	Hechos de los Apóstoles

Las Cartas Paulinas (las Epístolas)

Rom	Romanos
1 Co	1.ª Corintios
2 Co	2.ª Corintios
Gál	Gálatas
Ef	Efesios
Fil	Filipenses
Col	Colosenses
1 Tes	1.ª Tesalonicenses
2 Tes	2.ª Tesalonicenses
1 Tm	1.ª Timoteo
2 Tm	2.ª Timoteo
Ti	Tito
Flm	Filemón
Heb	Hebreos

Las Cartas Pastorales y el Apocalipsis

Stgo	Santiago
1 Pe	1.ª Pedro
2 Pe	2.ª Pedro
1 Jn	1.ª Juan
2 Jn	2.ª Juan
3 Jn	3.ª Juan
Jud	Judas
Ap	Apocalipsis

Cómo buscar un pasaje en la Sagrada Escritura

Cada libro de la Biblia, como el Libro del Éxodo o el Evangelio de Lucas, está dividido en capítulos. Cada capítulo está dividido en versículos. Para hallar un relato o pasaje en la Biblia, usamos el nombre del libro de la Biblia con el número de capítulo y los números de los versículos. Aquí mostramos un ejemplo:

Lucas 10, 29-37

Estos son los pasos para hallar el pasaje en tu Biblia.

1. Encuentra el libro de la Biblia que buscas. Puedes usar la tabla de contenido para encontrar el número del pasaje donde comienza el libro.
2. Halla el capítulo del libro.
3. Encuentra el primer versículo del pasaje. Para encontrar el versículo, usa números pequeños en el texto. El pasaje incluye todos los versículos entre los números, incluido el último versículo. (En este ejemplo, puedes leer los versículos 29 a 37).
4. ¡Comienza a leer!

El nombre del libro

El número del capítulo

Los números de los versículos

LUCAS 10 — 132

vocar tu nombre.» 18 Jesús les dijo: «Yo veía a Satanás caer del cielo como un rayo. 19 Miren que les he dado autoridad para pisotear serpientes y escorpiones y poder sobre toda fuerza enemiga: no habrá arma que les haga daño a ustedes. 20 Sin embargo, alégrense no porque los demonios se someten a ustedes, sino más bien porque sus nombres están escritos en los cielos.»

21 En ese momento Jesús se llenó del gozo del Espíritu Santo y dijo: «Yo te bendigo, Padre, Señor del cielo y de la tierra, porque has ocultado estas cosas a los sa- [...] puesto todas las cosas en mis manos; nadie sabe quién es el Hijo, sino el Padre; nadie sabe quién es el Padre sino el Hijo y aquel a quien el Hijo quiera dárselo a conocer.»

23 Después, volviéndose hacia sus discípulos, Jesús les dijo a ellos solos: «¡Felices los ojos que ven lo que ustedes ven! 24 Porque yo les digo que muchos profetas y reyes quisieron ver lo que ustedes ven y no lo vieron, y oír lo que ustedes oyen y no lo oyeron.»

El buen samaritano

• 25 Un maestro de la Ley, que quería ponerlo a prueba, se levantó y le dijo: «Maestro, ¿qué debo hacer para conseguir la vida eterna?» 26 Jesús le dijo: «¿Qué está escrito en la Escritura? ¿Qué lees en ella?» 27 El hombre contestó: *«Amarás al Señor tu Dios con todo tu corazón, con toda tu alma, con todas tus fuerzas y con toda tu mente; y amarás a tu prójimo como a ti mismo.»* 28 Jesús le dijo: «¡Excelente respuesta! Haz eso y vivirás.» 29 El otro, que quería justificar su pregunta, replicó: «¿Y quién es mi prójimo?»

30 Jesús empezó a decir: «Bajaba un hombre por el camino de Jerusalén a Jericó y cayó en manos de unos bandidos, que lo despojaron hasta de sus ropas, lo golpearon y se marcharon dejándolo medio muerto.

31 Por casualidad bajaba por ese camino un sacerdote; lo vió, tomó el otro lado y siguió. 32 Lo mismo hizo un levita que llegó a ese lugar: lo vio, tomó el otro lado y pasó de largo.

33 Un samaritano también pasó por aquel camino y lo vio; pero éste se compadeció de él. 34 Se acercó, curó sus heridas con aceite y vino y se las vendó; después lo montó sobre el animal que traía, lo condujo a una posada y se encargó de cuidarlo. 35 Al día siguiente sacó dos monedas y se las dio al posadero diciéndole: «Cuídalo, y si gastas más, yo te lo pagaré a mi vuelta.»

36 Jesús entonces le preguntó: «Según tu parecer, ¿cuál de estos tres fue el prójimo del hombre que cayó en manos de

El pequeño vive su fe en cosas modestas, y sabe que nada de sus sacrificios se perderá. Porque Jesús nos da a conocer al Padre y, conociéndolo según la verdad, también compartimos con él su dominio sobre los acontecimientos. Nuestros deseos y nuestras oraciones son poderosos porque hemos llegado a ese centro, desde el

Es significativo que Jesús concluye su relato con otra pregunta diferente de la primera: *¿Cuál de estos tres fue el prójimo?* Es como si dijera: no calcules para saber quién es tu prójimo, sino déjate llevar por el llamado que sientes en ti y hazte prójimo, próximo a tu hermano que te necesita. Mientras consideremos la Ley del amor co-

The New Testament

The Gospels and Acts

Mt	Matthew
Mk	Mark
Lk	Luke
Jn	John
Acts	Acts of the Apostles

The Pauline Letters (The Epistles)

Rom	Romans
1 Cor	1 Corinthians
2 Cor	2 Corinthians
Gal	Galatians
Eph	Ephesians
Phil	Philippians
Col	Colossians
1 Thes	1 Thessalonians
2 Thes	2 Thessalonians
1 Tm	1 Timothy
2 Tm	2 Timothy
Ti	Titus
Phlm	Philemon
Heb	Hebrews

The Catholic Letters and Revelation

Jas	James
1 Pt	1 Peter
2 Pt	2 Peter
1 Jn	1 John
2 Jn	2 John
3 Jn	3 John
Jude	Jude
Rv	Revelation

How to Find a Scripture Passage

Each book of the Bible, such as the Book of Exodus or the Gospel of Luke, is divided into chapters. Each chapter is divided into verses. To find a story or passage in the Bible, we use the name of the book of the Bible, along with the chapter number and verse numbers. Here's an example:

Luke 10:29–37

Here are the steps for finding the passage in your Bible.

1. Find the Bible book you are looking for. You can use the table of contents to find the page number where the book begins.
2. Find the chapter in the book.
3. Find the first verse of the passage. To find the verse, use the small numbers in the text. The passage includes all the verses between the two numbers, including the last verse. (In this example, you would read verses 29 through 37.)
4. Start reading!

The name of the book

The chapter number

The verse numbers

LUKE 10 1578

have observed Satan fall like lightning from the sky. 19Behold, I have given you the power 'to tread upon serpents' and scorpions and upon the full force of the enemy and nothing will harm you. 20Nevertheless, do not rejoice because the spirits are subject to you, but rejoice because your names are written in heaven."

Praise of the Father. 21At th[illegible] very moment he rejoiced [in] the h[illegible]y Spirit and said, "I give you praise, [illegible]ather, Lord of heav[illegible] [illegible]u have hi[illegible] [illegible]se and the learned you have revea[illegible]ed them to the childlike. Yes, Father, such [illegible]has been your gracious will. 22All things ha[illegible]e been handed over to me by my Father. N[illegible] one knows who the Son is except the Fat[illegible]er, and who the Father is except the Son an[illegible] anyone to whom the Son wishes to reveal him."

The Privileges of Discipleship. 23Turning to the disciples in private he said, "Blessed are the eyes that see what you see. 24For I say to you, many prophets and kings desired to see what you see, but did not see it, and to hear what you hear, but did not hear it."

The Greatest Commandment.

with all your strength, and with all yo[illegible] mind, and your neighbor as yourself[illegible] 28He replied to him, "You have answer[illegible] correctly; do this and you will live."

The Parable of the Good Samarita[illegible] 29But because he wished to justify himse[illegible] he said to Jesus, "And who is my neig[illegible]bor?" 30Jesus replied, "A man fell victi[illegible] to robbers as he went down from Jerusale[illegible] to Jericho. They stripped and beat him an[illegible] went off leaving him half-dead. 31A prie[illegible] happened to be going down that road, b[illegible] when he saw him, he passed by on the op[illegible]posite side. 32Likewise a Levite came t[illegible] the place, and when he saw him, he passe[illegible] by on the opposite side. 33But a Samarita[illegible] traveler who came upon him was move[illegible] with compassion at the sight. 34He ap[illegible]proached the victim, poured oil and win[illegible] over his wounds and bandaged them. The[illegible] [illegible]e lifted him up on his own animal, too[illegible] h[illegible]m to an inn and cared for him. 35The nex[illegible] day [illegible]e took out two silver coins and gave them [illegible] the innkeeper with the instruction, 'Take ca[illegible]e of him. If you spend more tha[illegible] what I ha[illegible]e given you, I shall repay you on my way [illegible]ack.' 36Which of these three, in your opin[illegible], was neighbor to the robbers' victim?" 37He answered, "The one who treated him with mercy." Jesus said to him, "Go and do likewise."

El Catecismo de la Iglesia Católica

Un catecismo es un libro que enseña acerca de la fe. El *Catecismo de la Iglesia Católica* nos enseña acerca de nuestra fe católica. Este explica las enseñanzas de la Iglesia y lo que creemos los católicos. Nos habla acerca de la liturgia y los Sacramentos de la Iglesia. Nos enseña acerca de los Diez Mandamientos y cómo seguirlos en nuestra vida. También nos enseña acerca de cómo tener una relación con Dios a través de la oración. El *Catecismo de la Iglesia Católica* está organizado en cuatro partes principales. Estas son las cuatro partes con algunos ejemplos de lo que puedes aprender. Los números entre paréntesis indican el número del párrafo en el Catecismo en donde puedes leer más acerca de cada enseñanza.

I La profesión de la fe; La profesión de la fe cristiana

- Cuando escuchamos la voz de nuestra conciencia y el mensaje de las criaturas, podemos saber que Dios existe. Dios es el creador y la causa y fin de todo. (*CIC,* 46)
- La fe necesita que le abramos a Dios nuestra mente y nuestro corazón. (*CIC,* 176)
- Jesucristo es el Hijo de Dios hecho hombre. Él es la imagen del Dios invisible. (*CIC,* 381)
- El nombre de "Hijo de Dios" nos ayuda a entender la relación eterna de Jesucristo con Dios su Padre. (*CIC,* 454)
- Jesucristo es verdadero Dios y verdadero hombre. Por esta razón Él es el único Mediador entre Dios y los hombres. (*CIC,* 480)
- La Encarnación es el misterio de la unión de la naturaleza divina y de la naturaleza humana de Jesucristo en una única Persona. (*CIC,* 483)
- Los que creen en Cristo y han recibido el bautismo, aunque no profesen la fe católica, están en una cierta comunión, aunque no perfecta, con la Iglesia católica. (*CIC,* 838)
- Los que sin culpa suya no conocen el Evangelio de Cristo, pero buscan a Dios con sincero corazón, pueden conseguir la salvación eterna. (*CIC,* 847)
- Jesús dio a la Iglesia la misión de llevar la Buena Nueva de la salvación a todos los hombres en todos los tiempos. (*CIC,* 849)
- La vida consagrada a Dios se caracteriza por la profesión pública de los consejos evangélicos de pobreza, castidad y obediencia. (*CIC,* 944)

The *Catechism of the Catholic Church*

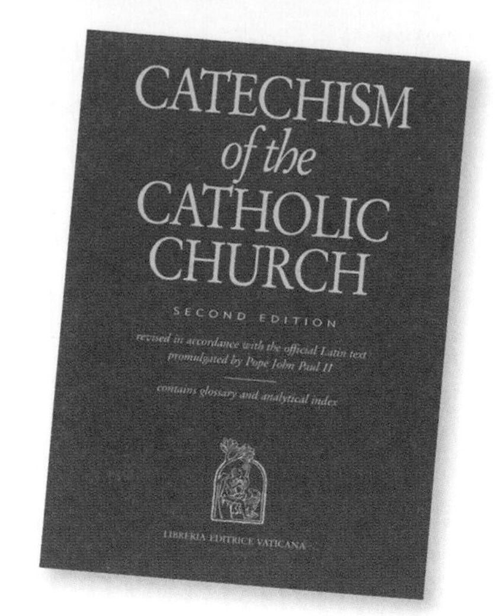

A catechism is a book that teaches about the faith. The *Catechism of the Catholic Church* teaches us about our Catholic faith. It explains the Church's teachings and what we believe as Catholics. It tells us about the Church's liturgy and the sacraments. It teaches about the Ten Commandments and how to follow them in our lives. It also teaches us about how to have a relationship with God through prayer.

The *Catechism of the Catholic Church* is organized into four main parts. Here are the four parts and some examples of what you can learn. The numbers in parentheses tell you the paragraph number where you can read more about each teaching in the *Catechism*.

I The Profession of Faith; The Profession of the Christian Faith

- By listening to our conscience and through creation we can know that God exists. God is Creator and the cause and end of everything. (*CCC*, 46)
- Faith requires us to open our minds and hearts to God. (*CCC*, 176)
- Jesus Christ is God's Son made man. He is the image of the invisible God. (*CCC*, 381)
- Jesus' title "Son of God" helps us know the eternal relationship of Jesus Christ to God his Father. (*CCC*, 454)
- Jesus Christ is truly God and truly man. For this reason he is the one and only mediator between God and man. (*CCC*, 480)
- The Incarnation is the mystery of the union of the divine and human natures of Jesus Christ in one Person. (*CCC*, 483)
- Non-Catholics who believe in Jesus Christ and have been baptized are in a certain, but imperfect, communion with the Catholic Church. (*CCC*, 838)
- Through no fault of their own, some people do not know the Gospel. If they seek God with a sincere heart they may achieve eternal salvation. (*CCC*, 847)
- Jesus entrusted the Church with the mission to bring the Good News of salvation to all people in all time. (*CCC*, 849)
- Religious life is characterized by the public profession of the evangelical counsels of poverty, chastity, and obedience. (*CCC*, 944)

II La celebración del misterio cristiano; Los siete Sacramentos de la Iglesia

- Una indulgencia es la remisión de las penas temporales consecuencia de los pecados que ya han sido perdonados por Dios. Podemos obtener indulgencias para nosotros y también para las almas del Purgatorio mediante las buenas obras o la oración. (*CIC*, 1498)
- Mediante el Bautismo nacemos a una vida nueva en Cristo. La Confirmación nos afianza y la Eucaristía nos alimenta. (*CIC*, 1275)
- Jesús está presente de manera verdadera en el pan y el vino consagrados. Por eso llamamos a la Eucaristía el Sacramento de la Presencia Real de Jesús. (*CIC*, 1413)

III La vida en Cristo; La vocación del hombre: La vida en el Espíritu

- La moralidad, o bondad, de nuestras acciones depende de la acción misma y de nuestra intención. Las circunstancias pueden afectar lo bueno o malo de un acto. Sin embargo, algunas acciones que siempre son pecaminosas, sin importar las circunstancias. Por ejemplo, lastimar a una persona que no se puede defender por sí misma siempre será errado. (*CIC*, 1747, 1761)
- El mérito de los hombres ante Dios pertenece al don de Su gracia y a nuestra respuesta. (*CIC*, 2025)
- El ateísmo es negar o rechazar la existencia de Dios. Este es un pecado contra el Primer Mandamiento. (*CIC*, 2140)
- El culto, o veneración, de las imágenes sagradas está fundado en el misterio de la Encarnación. Venerar imágenes sagradas no es contrario al Primer Mandamiento. (*CIC*, 2141)
- El Segundo Mandamiento nos prohíbe invocar a Dios como testigo de una mentira. Este es un pecado llamado perjurio y es una falta grave contra Dios, que es siempre fiel a sus promesas. (*CIC*, 2163)
- Los pecados contra la verdad son contrarios al Octavo Mandamiento. Debemos siempre mostrarnos verdaderos. (*CIC*, 2507, 2508)
- Cuando celebramos el Sacramento de la Penitencia, el sacerdote tiene prohibido contarle a nadie lo que le decimos. Esto se llama el sigilo sacramental. (*CIC*, 2511)

IV La oración cristiana; La oración en la vida cristiana

- La Iglesia promueve las prácticas devocionales que nos ayudan a proclamar nuestra fe y que fortalecen nuestra relación con Dios. (*CIC*, 2708, 2720)
- La Oración del Señor es el resumen de todo el Evangelio. (*CIC*, 2774)
- La oración nos pone en comunión con Dios Padre y con su Hijo, Jesucristo. (*CIC*, 2799)

II The Celebration of the Christian Mystery; The Seven Sacraments of the Church

- An indulgence is the remission of the temporal punishment due to sins already forgiven by God. We can obtain indulgences for ourselves and also for the souls in Purgatory through good works or prayers. (*CCC*, 1498)
- Through Baptism we are born to new life in Christ. We are strengthened by Confirmation, and we are nourished by the Eucharist. (*CCC*, 1275)
- Jesus is truly present in the consecrated bread and wine. Because of this we call the Eucharist the Sacrament of the Real Presence of Jesus. (*CCC*, 1413)

III Life in Christ; Man's Vocation: Life in the Spirit

- The morality, or goodness, of our actions depends on the action itself and our intention. The circumstances can affect the goodness or sinfulness of an act. However, some actions are always sinful, no matter the circumstances. For example, hurting a person who cannot defend himself or herself is always wrong. (*CCC*, 1747, 1761)
- We can be worthy in God's sight because of his gift of grace and our response. (*CCC*, 2025)
- Atheism is denying the existence of God. It is a sin against the First Commandment. (*CCC*, 2140)
- Our veneration, or reverence, of sacred images has its basis in the Incarnation. Venerating sacred images does not violate the First Commandment. (*CCC*, 2141)
- The Second Commandment forbids us from calling on God to be a witness to a lie. This is a sin called perjury, and it is a serious offense against God, who is always faithful to his promises. (*CCC*, 2163)
- Sins against the truth violate the Eighth Commandment. We must always be truthful. (*CCC*, 2507, 2508)
- When we celebrate the Sacrament of Penance, the priest is forbidden from sharing what we tell him with anyone. This is called the sacramental seal. (*CCC*, 2511)

IV Christian Prayer; Prayer in the Christian Life

- The Church encourages devotional practices that help us proclaim our faith and strengthen our relationship with God. (*CCC*, 2708, 2720)
- The Lord's Prayer is the summary of the whole Gospel. (*CCC*, 2774)
- Through prayer, we are united with God the Father and with his Son, Jesus Christ. (*CCC*, 2799)

Glosario

administración cuidar y proteger los dones de la creación que Dios nos ha dado *(página 224)*

alianza promesa o acuerdo sagrado entre Dios y los seres humanos, como las alianzas que hizo con Noé y Abraham *(página 48)*

alma la parte espiritual del ser humano que vive para siempre *(página 128)*

Anunciación anuncio del Ángel Gabriel a María de que Dios la había elegido para ser la Madre de Jesús *(página 108)*

Ascensión momento en que Jesús Resucitado subió al Cielo para estar con Dios Padre para siempre *(página 64)*

Asunción la enseñanza de que después de su vida terrenal, María fue llevada al Cielo, en cuerpo y alma, para estar con Dios *(página 112)*

Bienaventuranzas enseñanzas de Jesús acerca de cómo vivir participando del Reino de Dios *(página 300)*

Cielo felicidad plena de vivir con Dios para siempre *(página 128)*

Comunión de los Santos todos los que creen en Jesús y lo siguen: las personas en la Tierra y las personas que han muerto y están en el Purgatorio o en el Cielo *(página 256)*

conciencia habilidad que Dios nos dio y que nos ayuda a distinguir el bien del mal *(página 184)*

contemplación forma de oración en la que simplemente estamos en la presencia de Dios y nos concentramos en nuestro amor por Él *(página 328)*

creación todo lo que hay en el mundo hecho por Dios *(página 220)*

Cuerpo de Cristo Un nombre para la Iglesia. Cristo es la cabeza de la Iglesia y todos los bautizados son miembros del Cuerpo. *(página 96)*

devociones formas de oración que no pertenecen a la Misa ni a los Sacramentos *(página 360)*

Diez Mandamientos leyes que Dios le dio a Moisés en el Monte Sinaí. Ellas nos indican lo que debemos hacer para amar a Dios y a los demás. *(página 272)*

Doctor de la Iglesia título que la Iglesia da a personas cuyos escritos han ayudado a los demás a entender la fe *(página 348)*

Encarnación misterio de que el Hijo de Dios se hizo hombre para salvar a todas las personas *(página 64)*

evangelización compartir la Buena Nueva de Jesús a través de palabras y acciones de una manera que invite a las personas a aceptar el Evangelio (*página 80*)

fe don de Dios que nos ayuda a creer en Él y a obedecerlo *(página 28)*

gracia don libre y amoroso que Dios nos ha dado de su propia vida y ayuda *(página 168)*

infalibilidad papal don del Espíritu Santo dado al Papa y los obispos en unión con él para que enseñen acerca de la fe y la moral sin errores *(página 96)*

Infierno estar apartado de Dios para siempre por una decisión de alejarse de Él y no buscar su perdón *(página 128)*

Inmaculada Concepción verdad de que Dios mantuvo a María libre de pecado desde el primer momento en que fue concebida *(página 112)*

Juicio Final Victoria final de Dios sobre el mal que ocurrirá al final de los tiempos. En ese momento, Cristo regresará y juzgará a todos los vivos y los muertos. *(página 124)*

laicos todas las personas bautizadas en la Iglesia que comparten la misión de Dios pero que no están ordenadas; a veces se los llama laicado *(página 200)*

ley natural reglas sobre la bondad que están escritas en nuestro corazón y que es natural seguirlas *(página 272)*

libre albedrío libertad y habilidad para elegir lo que Dios nos ha dado *(página 236)*

liturgia culto público oficial de la Iglesia. La Eucaristía es la liturgia más importante de la Iglesia. *(página 152)*

Magisterio oficio de enseñar de la Iglesia, compuesto por todos los obispos en unión con el Papa *(página 32)*

meditación pensar en Dios y en su presencia en nuestra vida *(página 328)*

milagro suceso asombroso o maravilloso que ocurre por el poder de Dios *(página 196)*

ministerio una manera de ser un signo del Reino de Dios, al cuidar y servir a los demás *(página 196)*

Misa oración de la Iglesia de alabanza y de acción de gracias a Dios; celebración de la Eucaristía *(página 152)*

misericordia bondad y preocupación por los que sufren. Dios tiene misericordia de nosotros aunque seamos pecadores. *(página 180)*

misionero persona que responde al llamado de Dios de ayudar a que las personas de todo el mundo conozcan acerca de Jesús *(página 260)*

Misterio Pascual el sufrimiento, muerte, Resurrección y Ascensión de Jesucristo *(página 64)*

moral tener una relación correcta con Dios, contigo mismo y con los demás *(página 256)*

novena serie de oraciones por una intención especial que se reza durante nueve días *(página 360)*

Obras de Misericordia actos de amor para atender las necesidades físicas y espirituales de los demás *(página 304)*

parábola relato corto sobre la vida cotidiana que Jesús contó para enseñar algo acerca de Dios *(página 124)*

pecado pensamiento, palabra, obra u omisión deliberados que van en contra de la ley de Dios. Los pecados dañan nuestra relación con Dios y con los demás. *(página 180)*

pecado mortal pecado grave contra la ley de Dios que nos aparta de Él y de su gracia *(página 184)*

Pecado Original el pecado de nuestros primeros padres, Adán y Eva, que llevó a la condición pecadora de todas las personas *(página 168)*

pecado venial pecado menos grave contra la ley de Dios que debilita nuestra relación con Él *(página 184)*

Pentecostés fiesta que celebra la venida del Espíritu Santo cincuenta días después de la Pascua *(página 76)*

profeta persona elegida por Dios para hablar en su nombre *(página 60)*

Purgatorio estado de purificación final después de la muerte y antes de entrar al Cielo *(página 128)*

Reino de Dios mundo de amor, paz y justicia que está en el Cielo y se sigue construyendo en la Tierra *(página 124)*

Resurrección vuelta de Jesús a la vida al tercer día después de su muerte en la Cruz *(página 64)*

Revelación Divina manera en que Dios se nos da a conocer a sí mismo y nos da a conocer su plan para todas las personas *(página 32)*

Sacramento signo y celebración especial que Jesús le dio a su Iglesia. Los Sacramentos nos permiten participar en la vida y en la obra de Dios. *(página 148)*

Sacramento de la Eucaristía Sacramento en el cual, a través del ministerio del sacerdote y por el poder del Espíritu Santo, Jesús se da a sí mismo, y el pan y el vino se convierten en su Cuerpo y Sangre *(página 148)*

Sacramentos al Servicio de la Comunidad los dos Sacramentos que celebran el compromiso de las personas de servir a Dios y a la comunidad: el Orden Sagrado y el Matrimonio *(página 200)*

Sacramentos de Curación Penitencia y Unción de los Enfermos. En estos Sacramentos, Dios cura nuestra mente, cuerpo y espíritu. *(página 184)*

Sacramentos de la Iniciación Cristiana los tres Sacramentos que celebran ser miembros de la Iglesia: Bautismo, Confirmación y Eucaristía *(página 168)*

Sagrada Escritura otro nombre para la Biblia; la Sagrada Escritura es la Palabra de Dios escrita por los seres humanos *(página 32)*

Sagrada Tradición la Palabra de Dios transmitida a todos los fieles en los credos, Sacramentos y otras enseñanzas de la Iglesia *(página 32)*

Sagrario lugar especial en la iglesia donde se guarda el Santísimo Sacramento después de la Misa *(página 152)*

Santísima Trinidad un solo Dios en Tres Personas Divinas: Dios Padre, Dios Hijo y Dios Espíritu Santo *(página 48)*

Santísimo Sacramento un nombre para la Sagrada Eucaristía, especialmente el Cuerpo de Cristo que se guarda en el Sagrario *(página 152)*

tentación deseo de hacer algo que no debemos hacer o no hacer algo que deberíamos hacer *(página 236)*

Última Cena comida que Jesús compartió con sus discípulos la noche antes de morir. En la Última Cena, Jesús se dio a sí mismo en la Eucaristía. *(página 148)*

virtudes buenos hábitos espirituales que nos hacen más fuertes y nos ayudan a hacer lo que es correcto y bueno *(página 240)*

Glossary

Annunciation the angel Gabriel's announcement to Mary God had chosen her to be the Mother of Jesus *(page 109)*

Ascension when the Risen Jesus was taken up to Heaven to be with God the Father forever *(page 65)*

Assumption the teaching that after her earthly life, Mary was taken into Heaven, body and soul, to be with God *(page 113)*

Beatitudes Jesus' teachings about how to live as part of the Kingdom of God *(page 301)*

Blessed Sacrament a name for the Holy Eucharist, especially the Body of Christ kept in the Tabernacle *(page 153)*

Blessed Trinity one God in three Divine Persons—God the Father, God the Son, and God the Holy Spirit *(page 49)*

Body of Christ a name for the Church. Christ is the head of the Church, and all the baptized are members of the Body. *(page 97)*

Communion of Saints everyone who believes in and follows Jesus — people on earth and people who have died and are in Purgatory or Heaven *(page 257)*

conscience the God-given ability that helps us know right from wrong *(page 185)*

contemplation a way of praying by simply being in the presence of God and focusing on our love for him *(page 329)*

covenant a sacred promise or agreement between God and humans, such as the covenants he made with Noah and Abraham *(page 49)*

creation everything in the world made by God *(page 221)*

devotions forms of prayer that are separate from the Mass and the sacraments *(page 361)*

Divine Revelation the way God makes himself, and his plan for all people, known to us *(page 33)*

Doctor of the Church a title the Church gives to people whose writings have helped others understand the faith *(page 349)*

evangelization sharing the Good News of Jesus through words and actions in a way that invites people to accept the Gospel *(page 81)*

faith a gift from God that leads us to believe in him and obey him *(page 29)*

free will our God-given freedom and ability to make choices *(page 237)*

grace God's free and loving gift to us of his own life and help *(page 169)*

Heaven the full joy of living with God forever *(page 129)*

Hell being separated from God forever because of a choice to turn away from him and not ask for forgiveness *(page 129)*

Immaculate Conception the truth that God kept Mary free from sin from the first moment she came into being *(page 113)*

Incarnation the mystery that the Son of God became man to save all people *(page 65)*

Kingdom of God the world of love, peace, and justice that is in Heaven and is still being built on earth *(page 125)*

Last Judgment God's final victory over evil that will happen at the end of time. At that time, Christ will return and judge all the living and the dead. *(page 125)*

Last Supper the meal Jesus shared with his disciples on the night before he died. At the Last Supper, Jesus gave himself in the Eucharist. *(page 149)*

lay people all of the baptized people in the Church who share in God's mission but are not ordained; sometimes called the laity *(page 201)*

liturgy the official public worship of the Church. The Eucharist is the Church's most important liturgy. *(page 153)*

Magisterium the teaching office of the Church, which is all of the bishops in union with the Pope *(page 33)*

Mass the Church's prayer of praise and thanksgiving to God; the celebration of the Eucharist *(page 153)*

meditation thinking about God and his presence in our lives *(page 329)*

mercy kindness and concern for those who are suffering. God has mercy on us even though we are sinners. *(page 181)*

ministry a way of being a sign of the Kingdom of God by caring for and serving others *(page 197)*

miracle an amazing or wonderful event that happens by the power of God *(page 197)*

missionary a person who answers God's call to help people all over the world know about Jesus *(page 261)*

moral in right relationship with God, yourself, and others *(page 257)*

mortal sin a serious sin that separates us from God and his grace *(page 185)*

natural law rules about goodness that are written in our hearts and are natural to follow *(page 273)*

novena a series of prayers for a specific intention prayed over nine days *(page 361)*

Original Sin the sin of our first parents, Adam and Eve, which led to the sinful condition of all people *(page 169)*

papal infallibility the gift of the Holy Spirit given to the Pope and the bishops in union with him to teach about faith and morals without error *(page 97)*

parable a short story Jesus told about everyday life to teach something about God *(page 125)*

Paschal Mystery the suffering, death, Resurrection, and Ascension of Jesus Christ *(page 65)*

Pentecost the feast that celebrates the coming of the Holy Spirit fifty days after Easter *(page 77)*

prophet a person God has chosen to speak in his name *(page 61)*

Purgatory a state of final purification after death and before entering into Heaven *(page 129)*

Resurrection Jesus being raised from the dead three days after his death on the Cross *(page 65)*

sacrament a special sign and celebration that Jesus gave his Church. The sacraments allow us to share in the life and work of God. *(page 149)*

Sacrament of Eucharist the sacrament in which, through the ministry of the priest and by the power of the Holy Spirit, Jesus shares himself, and the bread and wine become his Body and Blood *(page 149)*

Sacraments at the Service of Communion the two sacraments that celebrate people's commitment to serve God and the community: Holy Orders and Matrimony *(page 201)*

Sacraments of Christian Initiation the three sacraments that celebrate membership into the Church: Baptism, Confirmation, and Eucharist *(page 169)*

Sacraments of Healing Penance and the Anointing of the Sick. In these sacraments, God heals our mind, body, and spirit. *(page 185)*

Sacred Scripture another name for the Bible; Sacred Scripture is the Word of God written by humans *(page 33)*

Sacred Tradition God's Word handed down to all the faithful in the Church's creed, sacraments and other teachings *(page 33)*

sin a deliberate thought, word, deed, or omission that goes against God's law. Sins hurt our relationship with God and other people. *(page 181)*

soul the spiritual part of a human that lives forever *(page 129)*

stewardship caring for and protecting the gifts of creation that God has given us *(page 225)*

Tabernacle the special place in church where the Blessed Sacrament is reserved after Mass *(page 153)*

temptation wanting to do something we should not or not doing something we should *(page 237)*

Ten Commandments the laws that God gave Moses on Mount Sinai. They tell us what is required to love God and others *(page 273)*

venial sin a less serious sin against God's law that weakens our relationship with him *(page 185)*

virtues good spiritual habits that make us stronger and help us do what is right and good *(page 241)*

Works of Mercy loving acts of caring for the physical and spiritual needs of other people *(page 305)*

Índice

T

U

V

Z

Index

S

T

V

W

Z